KB272057

데이터로 질문하고
직관으로 결정하라

일러두기

- 본문에 소개된 도서 중 국내 출간 도서는 번역 출간된 제목을,
  국내 미출간 도서는 제목을 번역하여 원제목과 함께 기재하였다.

- 옮긴이 주는 본문에 괄호로 표기한 후 옮긴이 주임을 밝혔다.

데이터로 질문하고 직관으로 결정하라

Decisions over Decimals

AI 시대,
데이터와 직관 사이에서
완벽한 균형을 찾는 법

오데드 네처
크리스토퍼 프랭크
폴 매뇨니 지음

알렉스 정 옮김

■ 더 나은 데이터 기반 의사결정을 내리고 싶은가? 그렇다면 이 책을 반드시 읽어야 한다. 《데이터로 질문하고 직관으로 결정하라》는 더 나은 결과를 얻기 위해 직관과 데이터, 그리고 비즈니스적 감각을 결합할 수 있는 도구와 프레임워크를 제공한다.

— 조나 버거, 펜실베이니아대학교 와튼스쿨 교수, 뉴욕타임스 및 월스트리트저널 베스트셀러 《컨테이저스》, 《보이지 않는 영향력》, 《더 카탈리스트》 저자

■ 데이터 중심 사고를 장려하는 대부분의 책은 독자에게 방대한 데이터 더미를 던져줄 뿐이다. 저자들은 그보다 훨씬 가치 있는 일을 해냈다. 바로 이 모든 데이터를 이해하는 법을 가르쳐준 것이다. 이 책을 다 읽고 나면 특정 결정에 도움이 될 법한 새로운 사실 몇 가지를 아는 데 그치지 않고, 어떤 결정이든 내릴 수 있는 새로운 접근 방식을 갖게 될 것이다.

— 세스 스티븐스 다비도위츠, 뉴욕타임스 기고가, 베스트셀러 《모두 거짓말을 한다》, 《데이터는 어떻게 인생의 무기가 되는가》 저자

■ 빅데이터의 위험 중 하나는 관리자들에게 결과에 대한 면책 특권을 가졌다는 착각을 준다는 점이다. 완벽한 결정이란 없으며, 그 어떤 방대한 데이터도 완벽한 결정을 보장할 수 없다. 세계에서 가장 존경받는 기업들의 정량 분석 전문가인 저자들은 정보가 직관을 대체할 수 없다고 주장한다. 나아가 오늘날처럼 초고속으로 팽창하는 시장에서 기민하게 의사결정을 내릴 수 있는 프레임워크를 제공한다.

– 존 거제마, 해리스 폴 CEO, 뉴욕타임스 베스트셀러 《아테나 독트린》 저자

■ 오늘날 경쟁 우위는 조직이 의사결정을 얼마나 신속하면서도 높은 품질로 내릴 수 있느냐에 따라 결정된다. 이 즐겁고 명쾌한 책에서 저자들은 당신을 숫자를 넘어 꿰뚫어 보는 법, 불완전한 정보 속에서도 전진하는 법, 그리고 원하는 결과를 얻는 법으로 안내한다.

– 리타 맥그레이스, 《모든 것이 달라지는 순간》 저자, 컬럼비아 경영대학원 교수

■ 저자들은 수년간의 연구와 업계 경험을 통해 데이터와 직관을 결합하는 방식, 즉 '정량적 직관'이 어떻게 더 현명한 결정으로 이어지는지 보여준다. 《데이터로 질문하고 직관으로 결정하라》는 모든 기업 경영진의 필독서 목록에 올라야 할 매력적인 책이다.

– 수닐 굽타, 하버드 경영대학원 교수

■ 수평적 사고의 관점에서 볼 때, 이 책은 현명하고 시기적절한 결

정을 내리기 위해 데이터와 경험, 창의성의 균형을 잡는 현대적인 프레임워크를 제시한다. 저자들이 말하는 '정량적 직관'이라는 개념은 모든 직급과 팀에 이보다 더 적절할 수 없다. 데이터를 이해하고, 끝없는 논쟁을 멈추고, 판단력을 발휘하여 실행에 옮겨라.

– 제프 핸슨, 마이크로소프트 전략적 파트너십 부문 총괄 본부장

■ 저자들은 데이터 분석과 경험 기반 직관을 통합하여 혁신적이며 동시에 실용적인 의사결정 프레임워크를 개발했다. 그들의 접근 방식은 의료를 포함한 산업 전반에 광범위하게 적용할 수 있다.

– 엘리스 M. 아르즈만드, 뉴올리언스아동병원 외과과장

■ 데이터가 매우 빠르게 퍼져나가는 세상에서 신속하면서도 데이터에 입각한 결정을 내리는 능력은 리더에게 필수적인 기술이 되고 있다. 정량적 직관에 대한 저자들의 접근 방식은 경험에서 비롯한 데이터와 통찰력의 훌륭한 균형이다. 독자는 이 균형을 배우고 이를 사용하여 더 나은 결정과 행동을 하는 데 큰 도움을 얻을 것이다.

– 트레이시 거셔, 데이터 분석 및 AI 매니지먼트 컨설턴트

■ 저자들은 체계적으로 인간의 인지적 편견에 도전하는 프레임워크를 만들어, 리더가 데이터의 혼돈 속에서 의미 있는 패턴을 볼 수 있는 체계적인 접근 방식을 제공한다. 이 책은 모든 리더들이 직관의 힘을 활용하여 의미 있는 데이터 기반 비즈니스 결정을 빠르게 내리

는 방법에 대한 기본적이며 핵심적인 가이드다.

■ 중대한 의사결정은 진실을 추구하고, '대략 타당하게' 접근하는 것이 매우 중요하다. 정량적 방법만 사용하는 많은 방법은 '정확히 틀린' 결과를 낳을 위험이 있으며, 거짓된 안전감을 제공할 수 있다. 《데이터로 질문하고 직관으로 결정하라》에 설명된 방법론은 독자들을 진실로 이끌고, 균형 잡힌 비즈니스 의사결정에 도달할 가능성을 높여줄 것이다.

■ 《데이터로 질문하고 직관으로 결정하라》는 새로운 리더나 기존 경영진 및 그들의 팀에게 통찰력 있고 새로운 생각을 자극하는 책이다. 정량적 직관과 해석이 없는 통찰력은 여전히 미완성 결과물에 지나지 않는다. 저자들은 빅데이터 세상을 조금 더 작고 명확하게 만드는 놀라운 일을 해냈다.

■ 《데이터로 질문하고 직관으로 결정하라》는 의사결정에서 인간의 판단력을 체계화하며, 해당 지식을 가르치고, 동시에 배울 수 있다

는 야심 찬 전제를 입증한다. 저자들은 데이터 과부하와 인간 직관 사이의 가장 적합한 절충안을 적절하게 조정하는 프로세스를 명확히 설명한다. 특히 스타트업부터 데이터가 가장 풍부한 조직에 이르기까지 다양한 기업에서 얻은 집단적 경험을 통해 이를 신뢰성있게 제시한다.

– 브랜트 크루즈, 채드윅 마틴 베일리(Chadwick Martin Bailey)
플랫폼 및 오디언스 실무 부문 부사장

■《데이터로 질문하고 직관으로 결정하라》는 우리가 방대한 정보의 바다를 항해하는 여정에서, 반드시 직관을 가져가야 한다는 것을 탁월하게 전달한다. 이 책은 결정을 내리고, 행동을 끌어내는 의사결정 능력을 향상하고자 하는 모든 전문가들의 필독서이다.

– 토마스 워커, 이베이 글로벌 소비자 인사이트 수석 이사

■ 가장 중요한 결정은 종종 가장 불확실하며, 아슬아슬한 경계에 놓여 있을 때가 많다. 이러한 상황에서 저자들은 이해관계자들에게 설명할 수 있는 방식으로, 더 나은 결정을 더 빠르게 내릴 수 있는 프레임워크를 능숙하게 제시한다.

– 알렉스 샤프, 샤프 매니지먼트 컨설팅 LLC

이 책을 우리의 뿌리이자 미래인 다음 사람들에게 바칩니다.

로코와 플로렌스, 알베르토와 그라치아, 막스와 드로라,
미셸, 수잰, 수전,
알렉산더, 로렌, 루크, 이브, 탈리아, 엘라, 아비브.

과거를 소중히 여기며, 호기심을 유지하길.
거침없이 미래를 계획하기를.

1장. 강력한 질문 던지기

2장. 문제의 프레임 설정하기

3장. 마지막에서 시작하는 역방향 접근법

■ 직관과 데이터 사이에서 완벽한 균형점을 찾아라.

– 오데드 네처, 크리스토퍼 프랭크, 폴 매뉴니

코로나19가 아직 세상을 휩쓸기 전인 2020년 2월, 나는 컬럼비아대학교 캠퍼스에서 저자들이 진행하는 정량적 직관(Quantitative Intuition™, QI™) 임원 대상 세미나의 객원 연사로 참여한 적이 있다. 저자 중 폴과 나는 수년간 사업적으로 긴밀히 협력해 왔고, 그가 컬럼비아에서 크리스, 오데드와 함께 일한 것도 알고 있었다. 그래서 나는 객원 연사이자 학생으로서 세미나에 참석하고 싶었다. 임원 세미나에 참석한 45명의 기업, 정부, 기관 리더들은 다양한 배경을 가졌으며, 각자의 분야에서 뛰어난 재능을 가진 이들이었다. 그런데 이렇게 뛰어난 사람들이 왜 이 세미나를 들으러 왔을까?

"시간이 지나야 깨달음이 온다"라는 말이 있다. 돌이켜보면 그제야 따라오는 깨달음을 의미한다. 그런데 이러한 통찰을 좀 더 일찍, 먼저 키울 수는 없을까? 남들보다 좀 더 빨리 선견지명을 기르는 방법은 없을까? 어쩌면 당시 수업을 들었던 뛰어난 이들은 남들보다 먼저 식견을 얻기 위해 세미나를 신청한 것은 아닐까?

《데이터로 질문하고 직관으로 결정하라》는 저자들이 7년 이상, 1년에 4번씩 열었던 '정량적 직관' 수업을 기반으로 두고 있다. 수십 년간 다양한 분야에서 활동한 저자들이 함께 경험한 내용을 바탕으로, 수업을 거듭하며 발전해 온 내용을 소개한다. 이 책은 우리가 왜, 그리고 어떻게 정보를 접하고 특정한 방식으로 해석하는지 설명한다. 동시에 저자들의 고유한 방법론과 기법을 제시하면서, 우리에게 좀 더 사안을 깊이 있게 바라보고 결과적으로 더 나은 선택을 할 수 있도록 돕는다.

이러한 다양한 영역을 아우르는 저자들의 관점은 그들의 고유한 관점과 깊은 통찰력, 그리고 독자들이 공감할 수 있는 경험을 하나로 모은다. 이 책은 시작과 끝이 명확한 프레임워크를 제공하며, 독자들은 책의 일부 또는 전체를 접하면서 자연스레 전략적 사고와 실행을 위한 지침을 얻는다.

저자들이 책을 통해서 강조하는 중요한 부분은 결정의 신속함이다. 흔히들 좋은 결정을 위해서 일정한 시간이 필요하다고 말한다. 시간을 응당 필요한 비용으로 해석한다. 하지만 저자들은 그와 다른 방향을 지향한다. 그들은 효과적이면서 동시에 효율적인 결정을 내려야 한다고 강조한다.

나는 고객과 비즈니스 파트너와 일하면서, 효과적이면서 동시에 효율적인 자세로 업무를 마주할 때 때로는 직면할 수 있는 어려움을 접한다. 통찰력과 빠른 속도를 동시에 요구하는 것은 때로는 조직을 마비시킬 만큼 어려운 일이다. 그런데 이 책은 데이터 분석과 인간의 통찰력을 연결하여 어려움으로부터 빠져나올 수 있는 방향을 제시한다. 특히 획기적인 점은 데이터와 인간 직관을 연결하며, 균형 잡힌 의사결정을 내릴 수 있는 종합적인 해석을 지향한다는 점이다.

경제경영 및 리더십 책을 열렬히 읽는 독자의 한 사람으로서, 《데이터로 질문하고 직관으로 결정하라》는 다양한 세부 요소를 언급하면서도 상쾌할 정도로 행동 지향적이며 놀랄 만큼 실용적이다. 나는 저자들이 설명한 방식을 적용하며 커다란 비즈니스 기회를 얻을 수 있었고, 이사회 승인을 끌어내며, 각 이해관계자를 조율하여 우리 편으로 독려했다. 그만큼 이 책은 포괄적이며 많은 측면을 소개한다. 저자들은 독자가 쉽게 경험하는 실수를 저지르지 않도록 사려 깊은 안전장치를 제시하고, 쉽게 지나치는 맹점을 밝힌다. 직관과 정보는 종종 한쪽으로 치우칠 수 있는데, 저자들은 이들 사이에서 더 나은 균형을 찾을 수 있도록 많은 가이드 라인을 제시한다.

매일 더 많은 데이터와 더 빠른 속도를 이야기하는, 그만큼 데이터가 기하급수적으로 증가하는 시대에 《데이터로 질문하고 직관으로 결정하라》는 매우 시의적절한 가이드가 아닐 수 없다. 불확실성과 명확성 사이에서, 가장 중요한 선택을 내려야 하는 우리에게 그만큼 커다란 안정감을 제공할 것이다.

토마스 M. 갈리치아

딜로이트 알파벳 구글 최고사업책임자(CCO)

딜로이트 컨설팅 LLP 파트너

무엇이 결정적인 차이를 만들까? 영리한 사람은 확신에 찬 모습으로 데이터 기반 의사결정을 내리지만, 그렇지 않은 사람도 있다. 이러한 차이의 의미는 무엇일까? 이러한 차이는 뛰어난 분석 기술만은 아니다. 성공적으로 의사결정을 내리는 사람은 데이터, 경험, 그리고 직관을 균형 있게 조절한다. 그들은 정보를 빠르게 분류하고 판단을 적용하되, 데이터를 날카롭게 파고들어 통찰력을 기른다. 그들은 의사결정에는 데이터 그 이상이 필요하다는 것을 알고 있다. 그들은 정보에 지나치게 매몰되지 않는다. 대신 그들은 가장 중요한 원칙을 적용하여 의사결정의 내용이 실제로 무엇인지, 왜 내려야 하는지, 어떤 목적을 위한 것인지 파악한다. 그리고 의사결정을 내리는데 도움이 되는 관련 데이터를 찾는다. 요컨대, 그들은 불완전한 정보 상황에서도 최대한 확실한 정보에 기반하여 빠르게 의사결정을 내린다.

이러한 접근 방식은 빠른 의사결정을 내리는 데 도움을 준다. 특히 기존과는 다른 기술들을 활용하여 정보와 직관을 결합할 수 있는데, 이는 기존의 사고방식과는 확연히 다른 결과물을 내놓는다. 우리는 이 접근 방식을 '정량적 직관(Quantitative Intuition™, QI™)'이라고 한다. QI는 효과적이고 효율적인 의사결정에 대한 오랜 연구의 결과물이었다. 우리는 오랜 시간 동안 빅데이터의 가치, 정확성, 다양성에 대한 논쟁을 해왔다. 이러한 논쟁의 결과, 최근 트렌드는 데이터 탐색보다는 적절한 데이터의 선별에 주안점을 둔다. 이 책은 불완전한 정보로 의사결정을 재구성하는 새로운 방법을 탐구한다. 정량적 직관은 모든 비즈니스 과제의 핵심에 도달하기 위한 일련의 신속한 대응 도구를 공유하고, 독자가 데이터를 신속하게 조사하고 통합하여, 빠르고 효과적이며 종종 대담한 의사결정을 내릴 수 있도록 돕는다. 정량적 직관은 풍부한 데이터가 모든 불확실성을 제거하고 완벽한 의사결정으로 이어질 수 있다는 믿음을 깨야 한다고 강조한다.

너무 많은 정보가 쏟아지면서, 리더는 종종 데이터가 질문과 답을 모두 제공할 것이라고 잘못 기대한다. 그들은 무엇이 해결해야 할 필수적인 질문인지에 대한 고민보다는 데이터에서 어떤 통찰력을 찾을 수 있는가에 집중한다. 그들은 앞으로 나아가고 있다고 생각하지만, 종종 그저 같은 자리에서 빙빙 돌면서 열심히 일할 뿐 거의 성과를 내지 못한다.

이 책의 저자들은 데이터에 빠져드는 유혹이 엄청난, 경쟁이 매우 치열하고 빠르게 움직이는 산업에서 일해왔다. 우리는 스타트업부터 가장 영향력 있는 핵심 IT 기업에 이르기까지, 저명한 교육 기관에서 강의하는 것부터 전 세계 동료들과 함께 일하는 것까지 다양한 면면을 경험하였다.

그 결과, 《데이터로 질문하고 직관으로 결정하라》는 이론과 실제를 고유한 방식으로 연결한다. 오데드 네처 교수는 컬럼비아 경영대학원(Columbia Business School, CBS) 연구 부학장 겸 아서 J. 샘버그 석좌교수이며, 컬럼비아대학교 데이터 사이언스 연구소 겸임 교수이기도 했다. 또한, 아마존에서 대규모 기술 과제에 참여하여 실제 데이터를 자문하고 연구하는 아마존 스칼라(Amazon Scholar)로서 일했다. 크리스토퍼 프랭크는 아메리칸 익스프레스에 재직 중이며, 이전에는 마이크로소프트에서 근무했다. 폴 매뇨니는 구글에 재직 중이며, 이전에는 IBM과 딜로이트 컨설팅에서 근무했다. 프랭크와 매뇨니는 컬럼비아 경영대학원의 겸임 교수이며, 네처 교수와 함께 정량적 직관을 가르친다. 네처 교수는 다음과 같이 말한다.

한 단어로 나를 설명한다면 바로 '괴짜(nerd)'일 것이다. 두 단어를 사용한다면 '데이터 괴짜(data nerd)'일 것이다. 나는 데이터를 응시하면서 패턴과 비즈니스 응용 사례를 찾는 것을 좋아하는 사람이다. 때로는 데이터 속에서 통찰력을 놓치기도 하고, 때로는 존재하지 않는 패턴을 보기도 하지만, 어떤 경우에는 정말 흥미롭고 유용한 정보를 찾기도 한다. 더 진지하게 이야기하면, 내가 하는 일은 데이터 기반 의사결정과 관련하여 나의 경험을 설파하는 것이다. 나는 학부생, MBA 학생, 데이터 과학 대학원생, 박사 과정 학생, 임원 교육 프로그램의 경영진들에게 데이터 기반 의사결정을 가르치면서 전파한다. 또한 연구 및 컨설팅 업무를 동시에 실천한다. 나의 연구는 데이터가 풍부한 환경의 주요 비즈니스 과제 중 하나인, 데이터를 활용하여 고객 행동을 더 깊이 이해하고 회사의 의사결정을 안내하는 정량적 방법론 개발에 초점을 맞춘다. 마찬가지로 〈포천〉 500대 기업 및 스타트업의 컨설팅 업무, 그리고 아마존 스칼라로서 아마존에서 일하면서 데이터를 활용하여 더 나은 의사결정을 내리는 데 중점을 둔다.

공학 학위를 취득한 후, 나는 데이터 기반 의사결정과의 애증 관계를 시작했다. 컨설팅 업계에서 경력을 시작했는데, 그곳이야말로 정량적인 분석과 직관이 만나는 곳이었다. 몇 년이 지나면서 나는 컨설턴트가 복잡한 문제를 해결하는 데 사용하는 도구가 해결하려는 문제에 비해 너무 단순하다는 것을 깨달았다. 그러한 깨달음이 나를 학계 연구의 다른 측면으로 이끌었다. 나는 스탠퍼드대학교에서 통계학 석사 학위와 마케팅 분석학 박사 학위를 받았다. 칵테일 파티에서 내가 무슨 일을 하는지 설명하는 데 15분이나 걸리곤 했다(말할 필요도 없이 '데이터 괴짜'는 파티의 인기인이 아니었다!). 오늘날 데이터 과학은 거의 매일 사용하는 말이 되었기 때문에 사람들에게 나의 연구 분야를 설명하기가 더 쉬워졌다. 그 후

나는 캘리포니아의 태양을 뉴욕의 도시 생활과 맞바꿨다. 지난 18년 동안 나는 컬럼비아대학교에서 기업 임원과 임원이 될 사람들을 가르쳤다.

수년간 데이터 기반 의사결정을 가르치면서 얻은 중요한 교훈 중 하나는 사람들이 종종 데이터를 사용하여 의사결정을 내리는 것을 두려워한다는 것이다. 그들은 데이터 기반 의사결정은 학교에서 수학 과목 1등을 차지한 사람들만 할 수 있다고 잘못 믿고 있었다. 이는 오해이다. 데이터 기반 의사결정을 내리는 데 필요한 기술은 많이 있지만, 뛰어난 수학 실력만이 전부는 아니다. 나는 이 책에서 수년간의 교육, 연구 그리고 기업과의 업무에서 얻은 많은 교훈을 바탕으로, 숫자를 효과적인 비즈니스 의사결정으로 전환하는데 필요한 직관과 비즈니스 통찰력을 어떻게 발휘할 수 있을지를 제시했다.

크리스토퍼 프랭크는 아메리칸 익스프레스의 아멕스 인사이트 부사장으로, 글로벌 광고, 브랜드, 커뮤니케이션 연구 등을 이끌고 있다.

나는 기술 기업, 스타트업, 컨설팅 분야에서 경력을 쌓았고, 스티븐스공과대학에서 과학 석사학위를 받았다. 나는 계량 분석에 열정적이었지만, 그것만으로는 충분하지 않다는 것을 금세 깨달았다. IT 개발자로서 경력을 시작했을 때, 나는 그저 비즈니스에 필요한 것을 실행하는 것만을 중심으로 움직였다. 그러다가 컨설팅 분야로 옮겼다. 나는 그곳에서 과학적 방법을 적용하여 체계적인 관찰, 측정 및 가설의 공식화, 테스트 및 수정을 사용하여 비즈니스 문제를 해결했다.

그 이후, 마이크로소프트에서 기업 마케팅 연구 및 인사이트 그룹의 수석 이사로 10년 동안 일했다. 내가 연구팀에 들어갔을 때 팀원은 8명이었지만, 떠날 때는 103명으로 늘어나 의사결정에 있어 분석의 역할이 점점 더 커지고 있음을 확인할 수 있었다. 나는 숫자에 익숙했고, 내가 하는 가장 중요한 역할은 숫자를 사업 성과로 전환하는 것임을 금방 깨달았다. 나는 제품에 대한 수요와 브랜드에 대한 욕구를 창출하기 위해 분석과 전략을 연결하는 역할을 한다. 나의 일상적인 관심사는 태도, 행동 및 결과를 고객의 필요, 욕구 및 희망과 연결하여 성장을 촉진하는 것이다. 나는 더 신중한 의사결정을 가능하게 하기 위해 최고위층에서 고객의 관점이 영향력을 발휘할 수 있도록 일련의 접근 방식을 개발했다. 이어지는 내용에서, 이러한 실용적인 기술을 일상적인 의사결정에 적용하여 팀이 더 높은 수준에서 운영되고 더 큰 영향을 미칠 수 있도록 하는 방법을 공유할 것이다.

이러한 일상적인 적용 사례와 관련하여, 폴 매뇨니 역시 그만의 고유한 목소리를 더한다.

네처와 프랭크가 분석적 관점에서 의사결정에 접근하는 반면, 나는 팀을 구성하고 거래를 구조화하며 전략적 파트너십을 구축하는 방식으로 접근한다. 프랭크와 나는 같은 대학을 다녔기 때문에 과학적 방법론과 문제 해결 접근 방식에 대한 공통된 기반을 가지고 있다. 현재 나는 구글에서 일하지만, 시간을 거슬러 올라가면 나 또한 네처처럼 여전히 엔지니어의 배경을 갖고 있다. 그렇다. 엔지니어링에만 집중하는 사고방식 역시 시간이 흐르면 바뀔 수 있다.

나는 공과대학을 졸업하고 IBM에서 20년을 보냈다. 그중 10년 정도 복잡한 고객들과 일한 후, 나는 실리콘밸리, 유럽, 이스라엘의 벤처 캐피털 회사와 그들의 포트폴리오 회사에서 일하며 닷컴 시대의 최전선으로 이동했다. VC들과 함께 일한 후, 우리는 창의성을 발휘할 수 있는 모든 자원이 있다는 것을 깨달았다. 나는 사내 벤처 기업가(entrepreneur-in-residence)이자 사내 기업가(intrapreneur)로서 IBM의 신규 사업부를 시작하고, 몇 개의 특허를 개발하고, 30개국 이상에서 사업을 수행했으며, 소규모 소프트웨어 회사의 인수 통합을 추진하는 역할을 하게 되었다. 그런데 그 와중에 흥미로운 생각이 머리를 스쳤다. 어떻게 하면 '좋은 결정'이 아니라 '훌륭한 결정'을 내릴 수 있을까? 내가 중요한 갈림길을 놓친 건 아닐까? 평범한 성공과 10억 달러의 가치를 지닌 사업의 차이는 아주 작은 선택 몇 가지에서 비롯될 수 있다.

어떻게 하면 올바른 대안을 보고 올바른 선택을 할 수 있을까? 여기서 커피가 중요한 역할을 했다. 프랭크와 나는 주말마다 온라인으로 커피를 마셨다. 나는 "크리스, 당신은 시장 조사를 생업으로 하고 있잖아요. 내가 뭘 놓치고 있는 걸까요? 무수한 건초더미에서 제대로 된 바늘을 왜 찾지 못하는 걸까요?"라고 말하곤 했다. 그것이 이 책의 시작이었다. 그것은 연구 조사와 최전선 실무의 영역을 결합하게 된 시발점이었다.

나는 IBM 사내 벤처 기업가에서 시작하여, 5G 네트워크 기술의 최전선에 있는 소규모 통신 소프트웨어 회사로 옮겼고, 그다음에는 딜로이트 컨설팅 그룹으로 옮겼다. 현재는 구글의 클라우드 사업부에서 일하고 있다. 나는 학술적 관점을 높이 평가하고 이 책에 있는 많은 전략적 모델을 형성하는 데 기여했다. 하지만 무엇보다도 실제 업계 최전선에서 일한 경험을 바탕으로 직관과 정량적 수치의 영역, 즉 머리와 마음이 뒤섞인 혼란 속에서 리더의 중심을 잡아주는 데 어떤 실용적인 기술이 도움이 될지 이해하려고 노력하였다.

머리와 마음을 하나로 모으는 과정은 리더와 팀들이 가장 어려움을 겪는 부분이다. 자신감을 가지고 빠르게 전진할 수 있도록 적절한 균형을 찾아야 하기 때문이다. 그리고 그것이 이 책의 핵심이다. 우리는 현장의 최전선에서 일하면서 신속하고 효과적으로 이를 수행할 수 있는 구체적인 기술을 파악했다. 저자 3인 모두 분명한 공통점이 있다. 우리는 수천 명의 임원과 미래의 관리자들을 교육하고, 고도로 구조화되고 경쟁이 치열한 산업에서 글로벌 팀과 상호작용한 경험을 통해 '정량적 직관'이라는 개념을 도출했다.

의사결정에 관한 훌륭한 책들은 많다. 우리는 데이터 지능과 인간의 판단력 사이의 균형을 맞추는 방법을 논의함으로써 지식의 전당에 기여하고자 노력했다. 이 책은 더 현명한 결정을 내리는 실용적인 기술을 공유하기 위해 쓰였다. 이 책을 읽기 위해 수학 캠프에 갈 필요는 없으나, 당신은 IQ에 상응하는 필수적인 능력, 즉 QI를 습득하게 될 것이다. 이 책은 효과적인 의사결정자가 되려면 데이터에 의존해야 하지만, 동시에 정보에 지나치게 매몰되지 않아야 한다는 사실을 제시한다.

《데이터로 질문하고 직관으로 결정하라》는 의사결정 프로세스를 어떻게 간소화할 수 있는지 설명한다. 이 책은 일회성 책이 아니라, 독자들이 경력을 쌓아감에 따라 위로든 옆으로든 커리어를 이동할 때 반복적으로 활용할 수 있는 매뉴얼의 가치를 지닌다. 특정 산업이나 지역에 국한되지 않으며, 정량적 직관의 가치는 기업 세계의 경계를 훨씬 넘어 확장될 수 있다.

정량적 직관의 목표는 빅데이터에 매몰되지 않으면서도 빅데이터 너머 그 이상을 생각할 수 있는 인식을 기르는 것이다. 더 나아가 완벽한 결정이라는 것은 절대 존재하지 않는 것임을 깨달으면서도, 그것을 추구하는 리더의 자세를 갖추게 하는 것이다.

확실성에 대한
잘못된 믿음

우리는 흔히 사람들이 믿는 두 가지 통념이 틀렸다는 말로 시작하고 싶다. 이러한 통념은 널리 퍼져 있는데, 일종의 신화처럼 인식에 깊이 박혀있다. 첫 번째는 데이터로 의사결정을 내리기 위해서는 무조건 수학을 잘해야 한다는 믿음이다. 이러한 관점은 오히려 사람들이 의사결정에 데이터 활용을 주저하게 만든다. 이는 잘못된 믿음이다. 현실은 데이터를 활용한 의사결정은 선택이 아니라 이제 필수가 되었다는 점이다. 학창 시절의 수학 성적과는 상관없이 이제 데이터에 기반한 의사결정을 내려야 한다. 하지만 뛰어난 수학 능력을 갖추는 것이 훌륭한 의사결정자가 되기 위한 핵심 요구 사항은 아니다. 이는 마치 경주용 자동차 레이서가 기계공학자일 필요는 없지만, 자동차에 대한 이해를 겸비한다면 더 나은 레이서가 될 수 있는 것과 같다. 또한, 수학의 학문적인 역량과 깊이는 비즈니스 리더들에게 진정으로 필요한 것과 다르다. 리더들에게는 숫자에 대한 이해와 이를 실제 비즈니스에 적용하는 것이 중요한데, 이는 수학적 역량과는 다르다.

두 번째는 풍부한 빅데이터를 활용하여, 마침내 의사결정에 있어서 궁극의 경지, 즉 완벽한 결정을 내릴 수 있다는 환상이다. 이제 세상이 직면한 도전은 정보의 부족이 아니라 넘쳐나는 정보를 어떻게 활용할 것인지, 그 판단에 달려있다. 이는 앞서 언급한, 데이터 기반 결정을 내리기 위해 수학 전문가가 되어야 한다는 잘못된 통념과 관련이 있다. 오히려 당신은 정보와 인간의 판단, 경험, 그리고 직관 사이의 균형이 필요하다. 이러한 각각의 요소들이 균형을 이루며 의사결정에 활용하는 방식을 통틀어, 우리는 '정량적 직관'이라고 정의한다.

이어지는 풍경은 많은 사람에게 익숙할 법한 내용이다. 한 회의실에서 사람들이 모여 숫자로 가득한 발표를 하고 있다. 연달아 많은 숫자와 도표들로 가득 찬 슬라이드가 연이어 나타난다. 25번째 슬라이드를 소개하는 시점에서, 갑자기 회의실 뒤쪽에서 날카로운 목소리가 들려온다. 한 임원이 손을 들고 말했다. "잠깐만요. 하단에 있는 매출액 수치는 잘못되었어요. 이전에 보여주신 판매량 수치와 일치하지 않아요. 앞선 9번째 슬라이드에 언급된 내용과 다른데요." 지금 무슨 일이 일어난 것일까?

손을 들고 발표의 오류에 대해서 지적한 임원은 훌륭한 정량적 직관의 소유자라고 할 수 있다. 그녀는 수많은 숫자의 표면적인 수치만을 본 것이 아니다. 또한, 발표에서 언급된 숫자만 보고 싶은 유혹도 피했다. 그녀는 자신의 과거 경험과 이전에 제시된 수치의 맥락에서 데이터를 파악했다. 그녀가 잘못을 지적하기 위해서 복잡한 미분 방정식을 풀거나 많은 계산이 필요한 것도 아니었다. 이러한 오류를 파악하기 위해 그녀가 반에서 수학 1등을 해야 했을까? 그렇지 않다. 아마도 발표 내용에 언급된 매출액을 계산하기 위해 앞서 제시된 판매량에 제품 가격을 곱했을 뿐이다. 이는 초등학교 5학년 수준의 수학이다. 사실 여기서 더욱 중요한 것은 그녀의 직관이 잘못된 판매량을 간파하고, 문제를 더욱더 파고드는 사고방식을 취했다는 점이다. 이러한 질문하는 사고방식과 데이터를 맥락 속에서 분석하는 능력이 정량적 직관 역량을 갖춘 리더의 조건이다. 이는 자신의 직관을 데이터와 연결시키고, 데이터를 비즈니스 환경의 거대한 맥락 속에 배치하여, 날카롭고 정밀한 질문을 던지는 역량을 의미한다.

정량적 직관

기업과 공공 정책의 실패 사례 목록은 인류의 역사만큼이나 길다. 코카콜라가 '뉴 코크' 제품을 출시하고 몇 달 후 취소한 일, 플로리다의 이례적으로 추운 밤에 챌린저 우주 왕복선을 발사하기로 한 NASA의 결정, 그리고 와이파이를 연결할 수 있는 하이엔드 주스 기계를 700달러에 판매했다가 저조한 반응을 얻은 채 문을 닫은 스타트업 '주세로(Juicero)' 사례까지 그 예는 끝이 없다. 이 모든 사례의 공통점은 데이터 부족이나 데이터 자체의 문제가 아니라, 정보를 바탕으로 중요한 의사결정을 내릴 때 활용된 판단력이 문제였다는 점이다. 데이터가 더욱 보편화되고 데이터로부터 거창한 결론을 도출하려는 유혹을 뿌리치기가 더욱 어려워질수록, 우리는 이러한 사례들에서 귀중한 교훈을 찾아야 한다. 《데이터로 질문하고 직관으로 결정하라》는 문제 탐색부터 더욱 효과적으로 단단한 의사결정에 도달할 수 있도록 하는 정량적 직관 기법을 설명한다.

정량적 분석은 명확하다고 여겨지기 때문에 가치 있게 평가받는다. 숫자는 모든 사람이 동일하게 사용하는 보편적인 언어다. 인간은 본래 실패뿐만 아니라, 알지 못하는 미지의 것에 대해서 두려워하는 경향이 있다. 그러한 사람들에게 숫자와 데이터를 제공하는 경우, 사람들은 실패를 피해갈 수 있으며, 결정에 있어서 이 데이터가 확실성을 제공할 것이라고 믿는다. 하지만 이러한 두 견해는 전적으로 틀렸다.

데이터와 숫자는 정확성과 확실성이라는 편안한 느낌을 주지만, 전체 내용과 흐름을 알려주는 경우는 거의 없다. 숫자만으로는 결코 완벽한 솔루션이나 답변을 제공할 수 없으며, 불안정한 의사결정을 내리는 것을 피할 수도 없다. 이러한 분석의 반대편 축이라고 할 수 있는 직관은 측정하기 어렵고, 주관적이며, 편향과 조작에 취약하다는 비판을 받는다. 하지만 직관은 본능적이며 근본적인 믿음에 대한 이해에 기반을 두고 있으며, 이는 기업의 용어로 '비즈니스 통찰력'이다. 그래서 그간 애써 무시하고 외면하려 했던 내면의 목소리인 직관을 데이터와 비교하고 결합할 수 있다면, 더 나은 결정으로 가는 훌륭한 길잡이가 될 수 있다.

데이터와 분석에 직관을 결합한 정량적 직관은 처음에는 모순처럼 들리지만, 실제로는 효과적인 의사결정의 핵심이다. 정량적 직관은 정밀한 질문, 맥락에 기반한 분석, 그리고 상황을 전체적으로 볼 수 있는 종합을 통해, 불완전한 정보를 가지고 있음에도 좋은 의사결정을 내리는 능력을 의미한다. ([자료 P-1] 참조)

직관과 균형을 이룬 정량적 사고는 우리가 현재 살고 있는 데이터 중심 세계에서 의사결정을 내리는 데 필요한 조합이다. 정량적 직관은 불확실성에 직면하여 의사결정을 내릴 때 더 자신감을 가질 수 있도록 해준다. 정량적 직관은 데이터에 기반한 내용과 인간의 판단 사이에서 적절한 균형을 유지함으로써 위험과

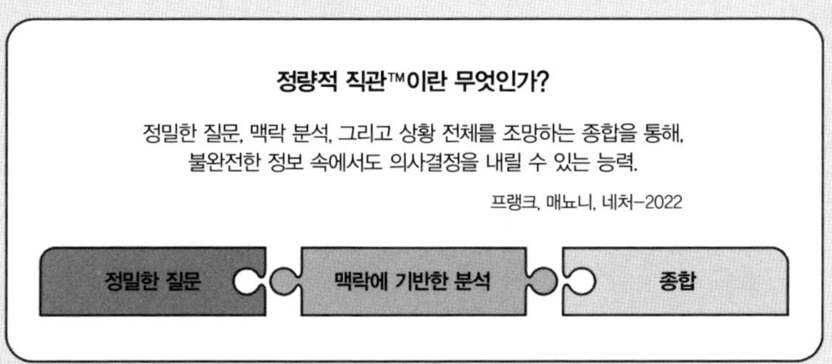

[자료 P–1] 정량적 직관의 정의

확실성 사이를 탐색하는 데 도움을 준다.

우리는 빅데이터의 세계에 살고 있지만 항상 더 많은 데이터를 찾으려 하며, 종종 보유한 데이터에 대해 의문을 제기하기도 하고, 실행되지 않는 상황에 좌절감을 느낀다. 점점 더 많은 데이터와 분석이 인간의 판단을 압도하면서, 우리는 심리적인 위축감을 느낀다. 이처럼 감당할 수 없이 쏟아지는 데이터와 분석 결과가 리더의 주관적 판단을 집어삼키게 방치하는 것은, 의사결정에 필요한 포괄적인 시각을 포기하는 것과 다름없다. 순전히 정량적인 정보만으로는 조직을 운영하고, 비즈니스를 성장시키거나, 팀을 이끄는 데 필요한 확실성과 해답을 기대할 수 없다. 정량적 정보와 면밀한 관찰으로 형성된 인간의 직관과 경험을 결합하는 것이 필수적이다.《데이터로 질문하고 직관으로 결정하라》는 분석과 직관 사이의 간극을 메우는 일련의 정량적 직관 기법을 제시하여, 빅데이터에 대한 사람들의 잘못된 통념을 부순다.

그렇다면 직관이란 무엇인가? 의사결정의 맥락에서, 직관은 경험과 관찰을 통해 발전된 인간의 판단력이다. 직관은 세 가지 뚜렷한 특징을 통해 더 자세히 정의할 수 있다. 이는 잠재의식적인 과정이고, 병렬적 사고(순차적이거나 분석적인 사고가 아닌 통합적인 사고)를 포함하며, 두뇌뿐만 아니라 당신의 장(gut, '본능적 감각'을 의미-옮긴이)이 함께 작용한다는 점이다. 이 세 가지 특징은 더 자세히 살펴볼 가치가 있다.

직관은 기본적으로 잠재의식적인 과정이다. 사람들은 문제를 파악하기 위해서 의식적인 역량을 사용하거나 직관적 판단의 결과를 합리화하지만, 직관은 이러한 의식적 노력을 들이지 않고 자연스레 일어난다.

이러한 개념적 구분은 노벨상 수상자인 대니얼 카너먼의 저서 《생각에 관한 생각》에서 자세히 살펴볼 수 있다. 이스라엘계 미국인 심리학자이자 경제학자인 그는 뇌가 생각을 형성하는 다양한 방식을 설명하기 위해 시스템 1과 시스템 2 사고의 개념을 제시한다. 시스템 1은 빠르고 자동발생적이며 무의식적이다. 뜨거운 난로에서 손을 떼거나, 우리를 향해 달려오는 자동차를 보고 길에서 벗어날 때 시스템 1은 발휘된다. 당신이 뛰어난 독자라면 시스템 1은 아마도 지금 작동 중일 것이다. 당신은 인지조차 하지 못한 채, 개념 간의 연결고리를 만들고 있다. 그에 비하여 시스템 2는 훨씬 느리고, 이성적이며, 노력이 필요하다. 우리는 기억에서 일정한 숫자를 떠올릴 때, 또는 기술적인 내용의 글을 읽어야 할 때 이 시스템을 사용한다. 45에 97을 곱하면 얼마인가? 이러한 질문을 받으면 시스템 2는 움직인다.

직관은 시스템 1 사고의 영역에 속한다. 직관은 우리가 답을 알고 있다는 사실을 의식하기도 전에 어떤 것에 대한 답을 알려준다. 그것은 마치 우리가 두 다리를 어떻게 움직이는지 모른 상태에서 자연스럽게 계단 꼭대기에 걸어 올라가는 것과 유사하다.

직관의 두 번째 특징은 그것이 순차적이기보다는 병렬적이라는 것이다. 직관을 활용하면 문제를 전체적으로 볼 수 있으며,

동시에 문제의 모든 특징과 구성 요소를 고려할 수 있다. 시냅스는 맹렬하게 작동하여 우리가 전체 그림을 신속하게 파악할 수 있도록 한다. 마치 재능 있는 체스 선수가 미래의 결과를 설계하기 위해 여러 수를 미리 내다보는 것과 같다. 의사결정의 맥락에서, 분석하는 사람은 데이터 분석 단계에 대해 체계적이고 차례대로 생각하도록 훈련받는다. 그에 비해, 의사결정자는 결정을 내리기 위해 다양한 정보를 동시에 소비하고 종합하며, 중요한 부분을 발췌, 통합, 연결한다. 이러한 과정을 통해 리더는 이점을 얻는 경우가 많다.

마지막으로, 직관은 두뇌뿐만 아니라 당신의 장(gut)까지 포함한다. 물론 이는 생리학적으로 정확한 말은 아니다. 우리의 위장이 스스로 생각할 수는 없기 때문이다. 하지만 우리가 "장(gut)을 사용하라"고 말할 때, 그것은 내장 깊은 곳에서부터 본능적이고 직감적으로 느껴지는 인간의 판단력을 의미한다.

이 세 가지 특성, 특히 그중에서도 마지막 특성을 아주 선명하게 입증하는 유명한 사례 하나가 말콤 글래드웰의 베스트셀러 《블링크》에 소개되어 있다. 글래드웰은 연구원인 게리 클라인이 불타는 집으로 출동한 소방관 팀의 이야기를 들려주었던 것을 회상한다. 처음 집에 불이 난 것은 주방에서 발생한 것으로 보였지만, 소방관들이 물 호스로 불을 끄려고 하자 불은 계속 거세졌다. 불타는 집 안에서 몇 분 동안 시간을 보내며 상황을 관찰한 후, 소방대장은 모든 사람에게 즉시 집 밖으로 대피하라고 지시했다. 그들이 대피하고 불과 몇 초 만에 바닥이 무너져 내렸다. 만약 누군가 그 집 안에 있었다면 즉사했을 것이다.

급박한 상황이 종료되고, 화재는 주방이 아닌 지하실에서 발생한 것으로 드러났다. 하지만 그에게 순간적인 결정을 내리고 모두에게 긴급히 밖에 나가라고 지시한 이유가 무엇인지 물었을 때, 소방대장은 뚜렷한 대답을 할 수 없었다. 그에게는 합리적인 결정을 내릴만한 구체적인 정보가 없었지만, 어떤 알 수 없는 본능적 감각이 그에게 집에서 대피하라고 이야기해 준 셈이다. 그는 직감으로 느꼈다. 그냥 본능적으로 알고 있었다.

이 화재 현장에는 뭔가 평소와 다른 점이 있었고, 그것이 소방대장으로 하여금 영웅적인 결단, 즉 집에서 대피하라는 지시를 내리게 했다. 이후 광범위한 질문을 통해 소방대장이 잠재의식적인 단서와 신호에 반응했다는 사실이 밝혀졌다. 그 당시에는 알지 못했지만, 그는 화염이 유난히 조용했고, 불이 실제로 부엌에서 시작됐다면 바닥이 훨씬 뜨거워야 함에도 불구하고 그렇지 않다는 것을 알아챘다. 이는 불을 관찰하는 눈, 소음의 정도를 듣는 귀, 그리고 눈으로 보이는 불보다 훨씬 강한 열기를 느끼는 등 이성과 본능의 조합, 즉, 병렬적 사고의 종합적인 결과물이었다. 수백 건의 다른 화재를 기반으로 한 데이터에 따르면, 불은 대개 주방에서 시작되었을 것이라고 짐작한다. 하지만 이 소방관이 자신의 직관에 주의를 기울이지 않았다면, 그날 사건은 훨씬 더 비극적인 방향으로 흘러갔을 것이다.

삶과 죽음이 결정되는 생사의 갈림길에서도 직관이 지배하는 경우가 많다. 앞서 언급한 시스템 1은 필연적으로 우위를 점한다. 이를 인간이 수천 년 동안 길러온 원초적 본능이라고 부를 수 있다. 하지만 다른 상황, 즉 기업의 관리자와 의사결정자로서 우리는 몇 초 만에, 그렇게 큰 위험을 감수하며 결정을 내려야 하는 상황에 직면하는 경우는 거의 없다. 그러므로 우리는 일상생활에서 좀 더 여유를 가지고 직관과 정량적 지식을 모두 활용하고, 하나가 다른 하나의 단점을 보완할 수 있는 특권을 누릴 수도 있다.

어쩌면 이는 너무 특수한 사례이고, 일반적이지 않은 상황이라고 느낄 수 있다. 사실 우리 대부분은 소방관처럼 삶과 죽음의 상황을 직면하지는 않는다. 우리 중 누구라도 그토록 빠르게 문제점을 감지하는 경우가 얼마나 될까? 답은 '매일'이다. 동료와의 대화가 잠시 중단될 때, 추가로 검토할 데이터가 없어도 사람들은 직관의 힘을 빌려 스스로 질문을 한다. 가족이나 친구들과 함께 있을 때에도 마찬가지다. 저녁 식사 테이블에서 대화 주제가 바뀌거나, 심지어 문자메시지 대화창에서 대답이 늦어질 때, 직관이 활성화되기 시작한다. 그간 언급된 사실과의 연결고리를 찾아내고, 방금 제시된 새로운 퍼즐의 열쇠를 찾기를 시작한다. 이것이 바로 정량적 직관이다.

정량적 분석력과 직관을 결합할 수 있는 능력은 실패의 두려움을 상쇄하면서 불완전한 정보를 가지고도 자신감 있는 결정을 내릴 수 있는 능력을 의미한다. 이는 정보를 개별적으로, 차례대로 고려하는 것이 아니다. 대신 중요한 모든 문제에 대한 병렬적 관점을 채택하여 다양한 정보를 하나의 결정으로 변환하는 것을 의미한다. 나아가 이는 패턴을 포착하는 능력으로 비즈니스 통찰력을 강화하는 동시에, 그 패턴과 데이터에 어느 정도의 가치를 부여할 것인지를 스스로 검증하는 능력을 뜻한다. 우리는 올바른 질문, 즉 비즈니스의 본질을 꿰뚫는 정밀하고 구체적인 질문을 던짐으로써 데이터가 보여주는 패턴에 끊임없이 도전해야 한다.

우리는 지난 수년간, 컬럼비아대학교에서 최고 경영자 과정 및 〈포천〉 500대 기업을 위한 맞춤형 비공개 강의를 통해, '정량적 직관'이라는 수업을 진행했다. 수업을 통해 우리는 실무에서 좀 더 필요한 다양한 프로그램 활용법을 가르쳤다. 이러한 수업에서 우리는 수업을 듣는 경영진들에게 그들이 맡은 업무를 중심으로, 데이터 기반 결정을 내릴 때 조직 내부에서 가장 큰 격차를 보이는 측면이 무엇인지 파악하라고 요청했다. 그리고 우리는 그들에게 의사결정의 5단계 요소를 다음과 같이 제시했다.

1. 문제 정의
2. 데이터 발견
3. 데이터 분석
4. 통찰력 또는 전달 방식
5. 실행

각 단계에는 정량적 요소와 직관적 요소가 모두 포함되어 있다. 그런데 1, 4, 5단계는 리더십 및 관리 기술에 가까운 좀 더 직관적인 단계(QI의 I에 해당하는)라고 말할 수 있다. 2단계와 3단계는 주로 분석 기술이 필요한 정량적 단계(QI의 Q에 해당하는)이다. 수백 명의 기업 임원을 대상으로 조사한 결과, 리더들은 정량적인 단계보다 직관의 영역에서 훨씬 더 큰 격차를 발견하는 것이 분명했다. 일부 리더들은 조직이 신뢰할 수 있는 데이터 부족으로 어려움을 겪고 있다고 지적했지만, 가장 쉽게 목격할 수 있는 격차는 문제를 파악하고, 분석을 통찰력과 행동으로 전환하는 것이었다. 이제 데이터 기반 의사결정과 관련하여 외부로부터 가장 많은 도움을 받는 부분이 어디인지 생각해 보자. 이미 우리에게는 데이터와 빛나는 여러 최신 분석 도구들을 판매하는 기업은 많이 있다. 하지만 우리는 문제를 정의하고, 통찰력을 생성하고, 이러한 통찰력을 행동으로 전환하는 데에 대한 도움은 거의 받지 못한다. 이 책은 이러한 격차를 해소하기 위한 것이다.

이러한 통찰은 비즈니스 의사결정에서 종종 강력한 역량과 도구들이 자주 간과되고 있다는 우리의 이론을 더욱 명확히 구체화해주었다. 앞서 언급한 많은 실패 사례와 마찬가지로, 리더는 직관을 적용하고 실행하는데 때로는 과도한 자신감을 느낄 수도 있고, 한편으로는 주저하거나 긴장하거나 내적 갈등을 경험하기도 한다.

이 책은 정량적 측면과 직관적 측면이라는 동전의 양면성을 동시에 개발하며, 팀 내 구성원의 작업 방식에 정량적 직관을 통합할 수 있도록 돕는다. 작은 결정을 서둘러 내려야 할 때뿐 아니라 사업, 개인의 삶, 생활에 큰 영향을 미칠 수 있는 중대한 결정을 내려야 할 때도 역시 유용하다.

정량적 역량은 교육적 훈련을 통해서 습득할 수 있다. 우리는 유치원 때부터, 어쩌면 더 어릴 때부터 수를 계산하는 방법을 배웠다. 정규 과정을 통해 숫자에 대해서도 익숙해진다. 그런데 가끔 받는 질문 중 하나는 이것이다. "정말로 직관을 가르칠 수 있나요?" 흔히들 말한다. "직관은 타고나는 것 아닌가요? 직관은 가지고 있거나, 가지고 있지 않은 사람으로 나뉘지 않나요?" 하지만 학습 이론에 따르면 걷기, 자전거 타기, 운전과 같이 많은 직관적 기술을 가르칠 수 있다고 설명한다. 기술을 습득하고 다시 활용하려는 적용의 과정일 뿐이다. 윌리엄 하월(William Howell)은 그의 저서 《공감적 커뮤니케이터(The Empathic Communicator)》에서 학습에는 두 가지 중요한 차원이 있다고 제안한다.[1] 바로 의식(consciousness)과 역량(competence)이다. 이 두 차원이 결합하여 '학습의 4단계'를 형성한다. ([자료 P-2] 참조)

학습의 가장 낮은 단계에서 우리는 너무나 무지해서 무의식적으로 무능하다. 이 단계에서 우리는 우리가 무엇을 모르는지조차 모른다. 다음 단계에서 우리는 의식적으로 무능하다. 즉, 자신의 역량이 부족하다는 사실을 적어도 의식하는 단계이다. 예를 들어, 우리는 《데이터로 질문하고 직관으로 결정하라》 같은 책

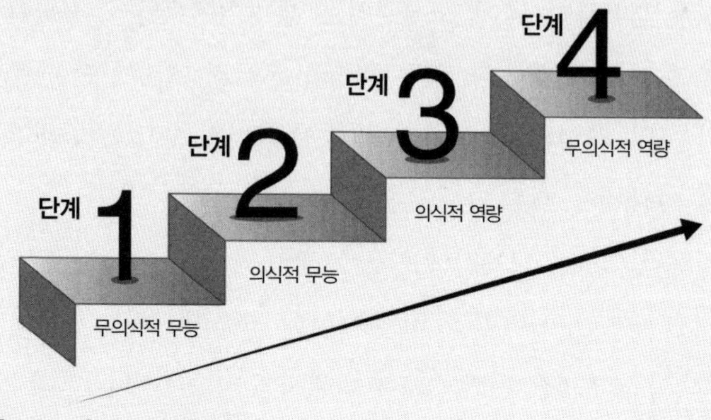

[자료 P-2] 학습의 차원과 단계

을 구매하고, TED 강연을 보거나, 온라인 강좌에 참석하면서 지식의 한계를 깨닫기 시작한다. 정량적 직관의 개념을 막 배웠으나, 정확히 아직 무엇인지는 모를 수 있다. 그러다가 책의 처음 몇 장을 읽으면서 정량적 직관이 무엇인지 이해할 뿐만 아니라, 직장에서 시도해 볼만한 몇 가지 새로운 기술도 배울 수 있다. 이때 우리는 학습의 세 번째 단계인 의식적 역량의 단계로 진입하게 된다. 우리는 배운 기술을 실행에 옮길 준비가 되었지만, 여기에는 상당한 노력이 필요하다. 즉, 이제 자신이 맡은 일에 대해서 의식적이고 신중하게 생각하는 시스템 2 사고가 필요해지는 것이다. 막 걷기 시작한 아기처럼 말이다. 넘어지지 않고 다음 발걸음을 내딛기 위해 아기는 가지고 있는 인지 능력을 모두 쏟아부어야 한다. 숙련된 운전자라면, 운전을 처음 시작했던 며칠을 생각해 보라. 아마도 바퀴가 네 개 달린 금속으로 만들어진 상자를 마음대로 유능하게 조종할 수 있다는 사실에 대해 매우 자랑스러워했을 것이다. 하지만 도로 상황과 도로 위의 다른 차량에 주의를 기울이면서 운전에 온 신경을 기울여야만 했다. 아마 운전하는 동안 옆에 탄 사람과 대화할 여유조차 없었을 것이다. 당시 당신은 운전에 있어 의식적 역량을 발휘하는 상태였기 때문이다. 학습의 가장 높은 단계이자 정점이라 할 수 있는 마지막 네 번째 단계에 이르면, 당신은 무의식적 역량을 갖추게 된다. 이 단계는 흔히 '습관' 혹은 '제2의 천성'이라 불린다. 당신이 특정 기술을 매우 빈번하게 연습한 결과, 그것이 마치 타고난 본능처럼 직관화된 것이다. 당신은 방금 직관을 '학습'한 셈이다.

걷기, 운전, 자전거 타기를 떠올려보라. 과거에 노력을 들여 배운 활동들은 시간이 지나 많은 반복을 통해 직관처럼 역량을 발휘한다. 앞서 언급한, 발표 도중에 수치를 비교하고 수치상 오류에 대해서 지적한 리더의 사례를 생각해 보라. 처음에는 그녀 역시 세심한 주의를 기울여야 하는 어려운 작업이었겠지만, 이제 그녀는 거의 모든 발표에서 이 과정을 수행하며 우리 또한 그녀에게 그런 모습을 기대하게 되었다. 당신이 이 책을 통해 다양한 정량적 직관 기술과 도구들을 배우고 연습하기 시작한다면, 이 기술들 역시 당신에게 본능과 같은 직관으로 자리 잡게 될 것이다.

이 책은 크게 세 부분으로 구성되어 있다.

첫 번째 부분인 정밀한 질문(1~3장)은 상황을 진단하고, 문제를 효과적으로 구조화하며, 우리가 묻고 궁극적으로 답을 찾고자 하는 핵심 질문을 확인하는 데 집중한다. 우리는 회의실에서 가장 똑똑한 사람은 맞는 답을 가진 사람이 아니라, 현명한 질문을 하는 사람이라고 굳게 믿는다. 질문은 가정을 드러내고, 반영하고, 검증하며, 데이터를 기반으로 한 문제 해결 과정을 행동으로 전환시킨다. 이 책은 독자가 핵심적인 질문에 집중하는데 필요한 여러 가지 도구를 제공한다.

책의 두 번째 부분은 맥락에 기반한 분석(4~6장)에 중점을 둔다. 데이터에서 출발하여, 분석을 거친 후, 실제 비즈니스 현장에서 실제 경험하는 문제와 이를 해결하기 위한 의사결정에 자신감을 가지고 활용할 수 있는 방법을 배울 수 있다. 이는 데이터와 분석에 대해 질문하고 검증하되, 당면한 문제와 결정에 관련성이 있을 때만 수행하는 것을 포함한다. 우리는 페르미 추정 방법을 소개하고, 근사치 계산을 통해 당신이 '숫자 감각'을 기를 수 있도록 돕는다. 당신은 데이터에 대한 날카롭고 직관적인 질문자가 되는 방법을 배우게 될 것이다. 또한, 비즈니스 맥락에 맞게끔 데이터를 해석하고 분석을 적용하며, 결론에 도달하는 방법도 배우게 될 것이다.

책의 마지막 부분(7~10장)은 분석을 통찰력으로, 통찰력을 행동으로, 행동을 결과로 전환하는 종합 단계에 집중한다. 전통적인 데이터 분석 기술은 데이터를 요약하는 체계적인 접근 방식을 지향하지만, 이 책은 좀 더 데이터와 통찰력을 종합하여 빠른 의사결정을 내릴 수 있는 병렬적 사고를 강조한다. 또한, 행동을 촉구하는 효과적인 의사소통의 중요성을 강조한다.

정량적 직관 접근 방식의 세 가지 핵심인 정밀한 질문, 맥락에 기반한 분석, 그리고 종합 전반에 걸쳐 우리는 먼저 데이터와 분석을 이행하고, 태생적 한계와 가치를 고려하여, 가장 효과적인 방법으로 정밀하게 조사하고 질문하는 방법을 알아볼 것이다.

이 책은 정량적 직관에 관한 지침서이다. 숫자로 계산하는 정량과 인간의 직관은 서로 모순처럼 들리지만, 각 장을 자세히 살펴보면 데이터 통찰력과 직관을 결합하는 것이 가능하다는 사실을 배울 수 있다. 또한, 현명한 결정을 내리는 가장 좋은 방법은 실제로 이 둘을 결합하는 것임을 이해할 수 있다.

왜 정량적 직관인가?

우리는 직관의 가치를 높이 평가하고 본능의 목소리를 경청해야 하지만, 직관에 전적으로 의존하고 데이터를 포기해야 한다고 말하는 것은 아니다. 직관과 데이터를 결합하는 주요한 이유는 수많은 편향 때문에 직관만으로는 우리를 잘못된 방향으로 이끌 수 있기 때문이다. 사람들은 데이터를 분석하지만 종종 왜곡된 렌즈로 해석하고 판단하거나, 아예 데이터를 무시하고 오로지 직관에 의존하는 경우 모두, 의사결정에 심각한 편향이 작용할 수 있다.

　　기업 경영진과 비즈니스 저술가들은 당시에는 매우 기발하다고 평가받았으나, 시간이 흘러 완전히 잘못된 것으로 판명된 것에 관한 내용을 언급하는 것을 좋아한다. 미국의 천문학자 클리퍼드 스톨(Clifford Stoll)은 1995년, 〈뉴스위크〉에 인터넷을 "일회성 유행이며, 과도하게 상업화된 커뮤니티"라고 말했는데, 이는 꾸준하게 조롱거리로 언급된다. IBM 회장인 토머스 왓슨(Thomas Watson)이 "어쩌면 5대의 컴퓨터"로 세계를 수용할 수 있을 것이라고 예측한 것 역시 흥미롭다. 그리고 1932년 알베르트 아인슈타인(Albert Einstein)이 핵에너지를 얻을 수 있다는 "일말의 조그마한 징후"도 없다는 언급은 여전히 사람들의 비웃음을 자아낸다. 하지만 우리 모두 어느 시점에서 이러한 실수를 범할 수 있다. 비록 앞서 언급한 유명인들처럼 극적인 방식으로 세계를 혁신한 개념이 아닐지라도 말이다.

　　역사에 비추어 볼 때 크게 잘못된 것으로 밝혀진 유명한 일화 중 하나는 예일대 교수가 대학생 시절 페덱스 아이디어를 제안한 페덱스 창립자 프레드 스미스(Fred Smith)에게 했던 말이다. (45쪽 박스 〈"C 학점보다 더 나은 점수를 받으려면 아이디어가 실현 가능해야 하네."〉 글 참조.) 그렇다면 왜 그렇게 똑똑하고 경험이 풍부한 사람들이 그렇게 잘못된 예측을 하는 걸까? 가장 큰 이유는 사람들이 우리를 잘못된 길로 인도하는 편향의 지배를 받기 때문이다. 사회의 한 계층으로서 리더들은 일반 대중과 유사한 편향을 겪을 뿐만 아니라, 어떤 경우에는 훨씬 더 두드러진 편향에 사로잡히기도 한다.

1944년 8월, 프레드 스미스는 미시시피주의 작은 마을인 마크스의 부유한 가정에서 태어났다. 프레드가 겨우 네 살이었을 때 그의 아버지가 세상을 떠났고, 가족은 깊은 슬픔에 빠졌다. 아버지 스미스는 당시 겨우 54세였지만, 그는 이미 매우 성공적인 경력을 쌓아왔다. 그는 뛰어난 사업적 통찰력과 놀라운 기업가 정신을 보여주었으며, 이는 사후에도 오랫동안 지속될 유산을 남겼다.

1925년, 이전 고용주로부터 중고 트럭을 선물로 받은 프레드의 아버지는 고속버스 서비스를 시작했는데, 1931년 그레이하운드 코퍼레이션이 경영권을 인수하면서 '딕시 그레이하운드 라인스'로 이름이 바뀌었다. 이후 테이크아웃 아침 식사를 전문으로 하지만 24시간 음식을 제공하는 토들 하우스라는 신생 레스토랑 체인에 투자하여 사장이 되었고, 이 체인은 나중에 엄청난 성공을 거두었다.

이러한 스미스 가문의 부유함에도 불구하고, 프레드의 어린 시절은 쉽지 않았다. 그는 어린 나이에 부모 중 한 명을 잃었을 뿐만 아니라, 칼베-페르테스병(Calve-Perthes Disease)이라는 선천성 질환을 가지고 태어났다. 이 병은 고관절로 가는 혈액 공급이 일시적으로 차단되는 질환이다. 생애 첫 10년 동안 프레드는 보조기와 목발에 의지해 걸었고, 이로 인해 어머니와 삼촌들의 노력에도 불구하고 그는 자신감과 야망을 잃었다.

다행히 나이가 들면서 상황은 좋아졌다. 십 대 시절에 프레드의 건강은 극적으로 향상되어 마침내 병에서 완전히 벗어났다. 그는 운동을 시작했고, 뛰어난 학업 능력으로 좋은 성적을 거두며 학교에서 두각을 보이다가 결국 1962년 예일대학교에 입학했다.

예일대학교는 프레드에게 새로운 기회를 열어줬다. 대학 연합 동아리인 델타 카파 엡실론(Delta Kappa Epsilon)의 회원이 되었고, 결국 회장까지 역임하면서 미래의 미국 대통령 조지 W. 부시의 동생과 인맥을 쌓았다. 또한, 추후 미국 상원의원과 국무장관을 역임한 존 케리와도 친구가 될 수 있었다. 이 두 지인 중 누구라도 프레드의 인생을 바꿀 수 있었지만, 예일대에서 일어난 다른 어떤 일보다도 그의 삶을 강하게 바꾼 것은 경제학 수업을 위해 작성한 그의 기말 보고서였다.

아마도 그는 아버지가 물류 분야에 남긴 지울 수 없는 흔적에서 영감을 받았을 수도 있다. 또는 완전히 다른 이유일 수도 있다. 하지만 그 보고서에서 프레드는 정보화 시대에 적합한, 믿을 수 있는 익일 배송 서비스의 필요성을 주장했다. 당시 화물은 여객기 하단 바닥에 마련된 제한된 공간을 활용하여 운송됐다. 일반적으로 사람들은 낮 시간대 비행기를 타길 원하고, 업무용 소포는 근무일이 끝난 뒤 발송되어 다음 날 아침 도착하기를 기대하는 경우가 많았다. 프레드의 아이디어는 소포 배송에 특화된 수화물 전문 항공사를 만드는 것이었다. 그는 그 개념에 대해 극도로 열정적이었고, 그의 열정은 기말 보고서에도 드러났다. 하지만 그의 교수는 그 아이디어에 냉담했다. 교수는 말했다. "콘셉트가 재미있고 탄탄하군. 하지만 C 학점보다 더 나은 점수를 받으려면 아이디어가 실현 가능해야 하네."

1966년, 프레드는 대학교를 졸업하고 해병대에 입대했다. 그는 베트남으로 파병되었고, 그곳에서 전혀 다른 교육을 받았다. 그는 1998년 기자와의 인터뷰에서 "베트남에서 소대장으로서 나와는 매우 다른 배경을 가진 젊은이들을 지휘했습니다. 그들은 철강 노동자, 트럭 운전사, 주유소 직원 등 블루칼라 배경의 사람들이었죠"라고 말했다. "이러한 경험을 통해 나는 몸을 움직여서 일하는 블루칼라 노동자들이 어떻게 생각하는지, 어떤 식으로 반응하는지, 그리고 그들을 공정하게 대하기 위해 무엇을 해야 하는지 배울 수 있었습니다. 고위 경영진에 오른 대부분의 사람들과는 매우 다른 관점을 갖게 되었죠."

두 번의 복무를 마친 후, 프레드는 베트남을 떠나 아칸소주 리틀록으로 향했다. 그곳에서 그의 의붓아버지는 항공기와 엔진 개조 사업을 하는 한 망해가는 회사를 인수했다. 그러는 동안에도 프레드는 과거 자신이 예일대에서 썼던 경제학 보고서와 그 보고서의 기초가 되었던, 익일 배송 서비스 아이디어를 종종 떠올렸다. 그러던 어느 날, 특정 항공기 엔진 부품을 조달하려 애쓰던 그는 결단을 내렸다. 자신의 아이디어가 정말로 C 학점보다 더 가치가 있을지 알 수 있는 유일한 방법은 한번 시도해 보는 것뿐이었다. 그리고 실행에 옮겼다.

그는 미국 전역의 소포가 중앙 허브로 날아가서 분류된 다음, 특정 경로 또는 한 지점을 기점으로 널리 퍼지는 통합 항공 및 육상 배송 시스템 계획을 개발했다. 실제 운송은 야간에 진행됐다. 소포는 주요 도시의 대규모 공항으로 배송된 다음, 아무리 외딴 곳이라도 트럭이 최종 목적지까지 운송했다. 프레드는 여전히 돌아가신 아버지로부터 상속받은 수백만 달러를 은행에 가지고 있었다. 그는 맹렬한 결단력으로 그 돈을 투자했다. 페더럴 익스프레스, 즉 페덱스는 1971년 4월부터 운영을 시작했다.

창립 50주년이 된 2021년, 페덱스의 시가총액은 약 800억 달러에 육박했다. 교수에게는 페덱스에 대한 아이디어가 C 학점 정도의 가치밖에 없었을지 모르지만, 프레드의 경우에는 성공했다. 2021년 4월까지 그의 개인 순자산은 65억 달러를 넘어선 것으로 추산됐다.

이 책을 집필하기 위한 연구를 수행하면서, 우리는 오래전 프레드에게 실망스러운 피드백을 줬던 교수를 찾았지만, 찾을 수 없었다. 만약 우리가 그와 연락이 닿을 수 있었다면, 그리고 그 교수가 아직 살아 있다는 것을 확인했더라면, 우리는 친절과 연민의 마음으로 그에게 두 가지를 말했을 것이다. 먼저 "당신은 혼자가 아닙니다"라고 말했을 것이다. 역사는 시간의 시험을 견디지 못한 잘못된 예측과 주장들로 가득하다. 두 번째로 우리는 그에게 "감사합니다!"라고 말했을 것이다. 페덱스 이야기는 현실에서의 편향이 우리가 결정을 내리는 방식에 어떻게 영향을 미치는지를 아름답고 생생하게, 심지어 영화처럼 보여주는 사례이기 때문이다.

휴리스틱(Heuristic)은 일반적으로 인간의 뇌가 어떤 것에 대한 결론을 도출하거나 결정을 내리는 데 사용하는 '경험 법칙' 또는 '지름길'이라고 정의할 수 있다. 이러한 휴리스틱은 앞서 논의한 대니얼 카너먼의 시스템 1 사고의 핵심이다. 휴리스틱은 우리가 삶을 계속 이어가고, 매일 24시간 안에 해야 할 모든 일을 처리할 수 있도록 돕는다. 때로는 이러한 경험적 방법이 완전히 적합하여 우리가 있어야 할 곳으로 가는 아주 좋은 통로 역할을 한다. 하지만 어떤 경우에는 우리를 완전히 잘못된 길로 이끌어 결함이 있는 결정과 판단을 하게 만들기도 한다. 직관의 맥락에서 편향을 이해하는 것은 특히 중요하다. 편향이 존재한다고 해서 좋은 의사결정의 구성 요소로서 직관의 가치가 떨어지는 것은 아니다. 하지만 직관적인 의사결정에서 발생할 수 있는 편향을 인식하는 것은 매우 중요하다. 편향을 피하는 첫 번째 단계는 편향 그 자체를 이해하고 탐색하는 방법을 인식하는 것이다.

인간이라는 존재의 아름다움, 즉 삶을 흥미롭고 견딜 만하게 만드는 것은 우리가 로봇이 아니라는 점이다. 우리는 모두 우리가 알지 못하는 요인, 즉 우리가 가지고 있다는 것을 모르는 선입견, 그리고 자신도 모르게 품고 있는 믿음에 의해 형성된 의견을 가지고 있다. 우리가 내리는 결정은 항상 편향의 영향을 받을 수밖에 없다. 그러나 가장 효과적인 의사결정자가 되고 정량적 직관을 육성하고 개발하고 싶다면, 편향의 존재와 편향이 미칠 수 있는 영향을 인지한 뒤, 가능한 한 이를 확인하고 통제하며 최소화해야 한다.

의사결정에서 편향의 위험성을 이야기하는 많은 책이 있다. 여기서 우리의 목표는 이 문헌을 하나씩 조사하는 것이 아니라, 우리의 삶에 녹아있는 편향이 언제 어떻게 직관적인 마음과 정량적 사고에 영향을 미칠 수 있는지 밝히는 것이다. 전적으로 직관에 따라서 일할 때, 우리의 직관이 틀렸다는 데이터가 없기 때문에 편향이 더 두드러질 수 있다. 반면, 편향된 관점에서 데이터를 볼 때 또 다른 종류의 편향이 발생할 수 있다.

직관에 의존할 때 발생하는 편향

아마도 의사결정자가 데이터를 보지 않도록 만드는 가장 흔한 편향은 스스로를 너무 과신하는 것이다. 과신은 특히 강력한 착각을 불러일으키는 주요 원인이기 때문에, 직관을 의사결정 도구로 사용할 때 이러한 위험성을 인식하는 것이 매우 중요하다. 과신의 얄궂은 본질은 순전히 우리가 무엇을 모르는지 모르기 때문에, 제대로 인식하기조차 어렵다는 점이다. 즉, 우리는 정답을 알고 있다는 확신이 지나치기 때문에, 우리가 틀릴 수도 있다는 생각을 아예 하지 않는다.

과신, 낙관주의, 그리고 700달러짜리 착즙 주스기

창업가 더그 에번스의 머릿속에는 무언가 대단한 것을 만들 수 있다는 생각으로 가득했다. 2013년, 그가 와이파이로 연결되는 고급형 주스기를 제조 및 판매하는 회사인 주세로(Juicero)를 설립했을 때, 사업이 큰 성공을 거둘 것이라고 믿을 만한 충분한 근거가 있었다.

건강하고 부유한 미국인들은 영양을 고려한 라이프 스타일을 유지할 수 있는 맛있고 새로운 방법을 절실히 원했다. 당시 착즙 주스가 대세였다. 시카고에 본사를 둔 시장 조사 기업

IRI(Information Resources Inc.)는 2013년 5월까지 냉장 주스 및 주스 음료 카테고리가 66억 달러 이상 달할 것으로 추정했다. 주스 음료 스무디 부문은 7억 100만 달러로 약 32%의 성장률을 기록하며 다른 카테고리의 성장 속도를 압도했다.[2] 데이터에 따르면, 신선한 주스에 대한 대중들의 갈증이 높아지고 있음을 분명히 알 수 있었다.

대기업들도 이러한 시장의 변화에 맞춰서 움직이고 있었다. 특히 2011년 11월 스타벅스가 인수한 에볼루션 프레시가 눈에 띄었다. 〈QSR 매거진〉에 따르면, "스타벅스는 주스 사업에 대해 매우 낙관적이어서 생산 및 유통 능력을 4배로 늘릴 수 있는 첨단 주스 제조 시설을 구축하고 있다. '약 34억 달러 규모로 성장 중인 냉압착 주스 카테고리'에 참여할 것이다."[3]

당시 투자 업계도 이러한 시장의 변화에 주목하는 것처럼 보였다. 에번스는 주세로를 시작하기 위해 투자금 1억 2천만 달러를 유치하는데 성공했으며, 그 과정에서 많은 긍정적인 언론 보도를 받기도 했다.

하지만 출시된 지 얼마 지나지 않아 균열이 나타나기 시작했다. 초기에 일시적인 급증 이후 수요가 부진한 추세를 나타냈다. 에번스와 그의 팀은 기계 가격을 700달러에서 400달러로 대폭 인하해야만 했다. 그러자 이전까지 호의적이던 언론도 갑자기 입장을 바꿨다. 대세에 올라탄 듯했던 여론이 돌아섰다.

주세로 기계는 미리 잘게 썬 채소를 담은 작은 주머니를 압착해서 적당한 크기의 주스 한 잔을 만드는 방식으로 작동했다. 그러나 블룸버그에서 '튼튼한 두 손으로 파우치를 단단히 움켜쥐면 정확히 똑같은 결과를 더 짧은 시간 내에 얻을 수 있다'는 기사를 보도하자, 뉴스는 온라인에 삽시간에 퍼졌고 주세로는 어마어마한 악평에 시달린다.

이 회사는 실제로 존재하지도 않는 문제에 대한 해결책을 찾으려는 실리콘밸리의 과잉과 집착을 보여주는 전형적인 사례라는 비난을 소셜미디어에서 받았다. 그 이후 2017년 9월 회사는 문을 닫았으며, 에번스는 자신의 야망에 걸맞은 비즈니스 결과를 창출하지 못한 수많은 기업가 중 한 명으로 전락한다.

에번스는 정량적 시장 조사를 통해 가능성을 목격했을 수도 있고, 아마도 뚜렷한 경쟁자는 없었을 것이다. 그는 자신의 비즈니스 모델이 지속 가능할 가능성이 높다는 보수적인 판매 예측을 세웠을 수도 있다. 하지만 그는 자신에게 정말 중요한 질문을 던졌을까? 고객의 관점에서, 자신이라면 과일과 채소가 담긴 작은 주머니를 작은 유리잔에 짜내는 데 3분이 걸리는 기계를 700달러를 주고 살 의향이 있었을까? 고객으로서 700달러나 하는 기계보다 자신의 두 손으로 더 짧은 시간에 주스를 만들 수 있다는 사실을 알았다면, 그는 그 사실에 주의를 기울였을까? 투자자 또는 주세로 팀의 구성원 중 누구라도 이러한 근이처럼 잘못된 결론에 대한 과신은 사람들이 데이터에서 정답을 찾을 필요가 없다고 생각하게 만든다. 이는 데이터 기반 의사 결정에 있어서 어마어마한 재앙을 불러일으킨다. 실제로 놀랍게도, 특정 분야의 리더와 전문가들은 자신이 옳을 가능성이 높다고 생각하기 때문에 비전문가보다 자신을 더욱 과하게 믿으며, 이러한 과신 편향에 더욱 취약하다.

말하자면 과신의 단짝은 낙관주의 편향이다. 많은 연구에 따르면, 기업가들은 자신의 사업의 성공 가능성에 대하여 자신과 유사한 사업보다 더욱 성공할 가능성이 크다고 답변하는 경향이 있다. 이는 자신의 사업이 아닌 일반적인 사업의 성공 가능성에 대한 질문을 받았을 때보다 더 큰 수치였다.[4] 실제로, 자신의 아이디어에 대한 강한 확신 때문에 기업가들은 종종 직관에 지나치게 의존하고, 아이디어에 위험이 있음을 암시하는 데이터 포인트를 무시하는 경향이 있다. (51쪽 박스 〈과신, 낙관주의, 그리고 700달러 짜리 착즙 주스기〉 글 참조.)

의사결정자가 주로 자신의 직관과 접근 가능한 정보에 의존할 때 나타나는 또 다른 편향은 가용성 편향(availability bias)이다. 가용성 편향은 사람들이 판단을 내리기 위해 가장 쉽게 이용할 수 있는 정보를 사용하는 경향이다. 인간은 어떤 사건을 쉽게 상상할 수 있거나 구체적으로 유사한 사건의 사례를 기억하기 쉬울 때, 그 사건이 발생할 가능성이 크다고 생각하는 경향이 있다. 예를 들어, 100명을 두 그룹으로 나누어 첫 번째 그룹에게는 디트로이트의 연간 살인 건수를, 두 번째 그룹에게는 미시간주의 연간 살인 건수를 추정하도록 했다. 그러자 첫 번째 그룹이 응답한 평균값은 두 번째 그룹의 평균값보다 훨씬 큰 경향성을 보였다. 미시간주의 수도인 디트로이트의 살인 사건 데이터가 미시간주 전체 살인 사건 데이터의 하위 집합일 뿐인데도 말이다.

이러한 결과의 이유는 무엇일까? 왜냐하면 사람들은 미시간주에 속하는 디트로이트에서 발생한 살인 사건에 대한 헤드라인과 뉴스 보도를 더 쉽게 떠올릴 가능성이 크기 때문이다.[5] 그러한 헤드라인은 더 충격적일 가능성이 크고, 바로 거기에서 가용성 편향이 작용한다. 마찬가지로, 사람들은 매년 상어 공격으로 인한 사망자 수를 실제보다 더 많다고 말한다. 우리가 듣는 상어 공격 사건은 그 자체가 매우 자극적이어서 잊기 쉽지 않고, 〈조스〉 같은 영화에서 본 인상을 쉽게 떠올리기 때문이다.

하지만 데이터를 활용하는 것이 항상 편향에 대한 해결책은 아니다. 데이터 자체가 일정한 편향으로 이어질 수도 있다.

데이터 작업을 하면서 발생하는 편향

데이터를 해석할 때, 사람들은 때로는 실제로 존재하지 않는 것을 볼 수도 있다. 즉, 존재하지 않는 패턴을 읽는 동시에 실제로 존재하는 패턴을 완전히 놓칠 때도 있다. 관련하여 널리 인용되는 예 중 한 가지는 선택적 주의력(Selective Attention)이라는 개념을 다룬 실험 연구다. 20여 년 전, 두 명의 학자는 실험을 구성했다.[6] 실험 참가자들은 검은색과 흰색 셔츠를 입은 두 팀이 농구공을 패스하는 비디오를 시청했다. 실험 참가자들은 세심한 주의를 기울여 흰색 셔츠를 입은 선수들이 서로에게 공을 몇 번 패스하는지 횟수를 세는 임무를 받았다. 그런데 짧은 영상 중간쯤에, 커다란 고릴라 탈을 쓴 사람이 경기장 한가운데로 걸어 들어와 가만히 서서 몇 초간 가슴을 두드린 뒤 다시 퇴장한다.

실험을 종료한 후, 참가자들에게 관찰한 내용에 대해 질문했다. 실험 참가자들은 선수들이 공을 몇 번이나 패스했는지 정확하게 말할 수 있었으나, 방해하는 고릴라를 알아차렸다고 답한 사람은 절반도 안 됐다. 그리고 무슨 일이 있었는지 듣고도 대다수는 그렇게 눈에 띄는 것을 놓쳤을 리가 없다고 주장했다. 이는 말 그대로 데이터상에 고릴라가 나타난다고 해도, 데이터의 특정 측면에 초점을 맞추면 다른 내용을 보는 데 방해가 될 수 있음을 보여주는 좋은 예다.

우리는 의사결정을 내릴 때 또 다른 편향에 직면할 수 있다.

기준점 편향(anchoring bias)은 인간이 일련의 데이터를 접하고 나중에 이를 평가할 때, 첫 번째 제공되는 정보를 과대평가하는 경향을 말한다. 예를 들어, 연봉 협상에서 기준점의 영향을 생각해 보라. 실제로 기준점의 엄청난 힘은 MBA 학생들을 가르치는 동안 수행된 실험을 통해 매우 두드러지게 입증되었다. 연구에서 MBA 수업을 듣는 학생들에게 좋은 와인 한 병을 두고 경매에 입찰하도록 했다. 그리고 경매를 시작하기 전에 학생들은 자신의 사회보장번호 마지막 두 자리를 종이에 적도록 요청받는다. 학생들은 대부분 매우 똑똑하고, 스스로를 대체로 합리적이라고 생각하며, 자신의 사회보장번호가 와인 입찰 가격에 어떤 영향을 미칠 것이라고 전혀 생각하지 않았다. 그런데 실험은 반복적으로 놀라운 결과를 보여주었다. 사회보장번호 마지막 두 자리가 50보다 큰 학생들은 50보다 작은 학생들보다 더 높은 가격으로 입찰하는 경향이 있었다. 이처럼 완전히 무작위 방식으로 수행된 실험에서 MBA 학생들의 사회보장번호는 와인 입찰 가격과 아무런 관련이 없다는 사실을 잘 알고 있음에도 불구하고, 그들이 내린 선택에 영향을 미쳤다.

이제 내년 사업 운영 계획을 전망하는 회의 자리에서 기준점 편향의 사례를 생각해 보자. 회의가 시작되고 회의에 참석한 누군가 내년 매출 전망치를 제시한다. 그 순간, 이 시점 이후로 제시되는 모든 숫자는 그것의 타당성 여부와 상관없이, 최초에 언급된 수치에 묶일 가능성이 크다. 처음에 언급된 수치가 너무 높거나 너무 낮다고 생각하는 사람들조차 새로운 추정치를 최초 수치에 고정할 가능성이 크다. 더욱 심각한 것은, 처음에 제시된 수치가 리더로부터 나온 경우 기준점 편향이 더 강해질 가능성이 높다는 것이다. 현실적으로 리더는 대개 비즈니스 회의에서 가장 먼저 이야기를 시작하는 경우가 많으므로, 실제로 기준점 편향의 효과가 더욱 뚜렷해질 가능성이 있다. 비즈니스 환경에서 기준점 편향을 완화하기 위한 두 가지 실용적인 조언이 있다. 첫째, 회의가 특정 수치에 관한 것이라면 회의 시작 시 회의 참석자에게 자신이 처음 생각한 추정치를 종이에 적도록 요청하라. 이렇게 하면 논의가 시작되고 사람들이 의견을 주고받으면서 영향을 받더라도, 적어도 자신이 처음 추정한 수치에 기준점을 갖게 된다. 둘째, 당신이 회의에 참석하는 가장 높은 직위의 사람이라면, 다른 사람들이 당신의 생각에 덜 영향 받을 수 있도록 가장 마지막에 발언하라.

확증 편향(confirmation bias)은 사람들이 데이터를 해석할 때, 특히 문제가 되는 부분이다. 확증 편향은 사람들의 최초 의견이나 믿음을 명시적으로 뒷받침하는 정보와 데이터에 더 많은 의미를 부여하거나, 과대평가하는 경향을 의미한다. 책의 후반부에서 논의하겠지만, 확증 편향을 벗어나기 위해서 전투적으로 데이터를 심문하는 자세로, "내가 지금 놓치고 있는 데이터는 무엇인가?" 또는 "누가 이 데이터를 제공했으며, 그 이유는 무엇인가?"와 같은 날카로운 질문을 던지는 것이 효과적이다.

데이터 해석에 있어서 또 다른 편향으로는 보수성 편향(conser-vatism bias)이 있다. 이는 사람들이 오래된 정보를 선호하고, 새로운 정보의 가치를 과소평가하는 경향을 말한다. 또한, 정보 편향(information bias)은 의사결정과 직접적인 관련이 없음에도 불구하고 계속 새로운 정보를 찾는 경향을 의미한다. 우리는 이어지는 장들에서 이 마지막 편향을 거듭 살펴볼 것이다. 이를 통해 왜 '완벽한 확실성'이나 '완벽한 의사결정'이라는 것이 결코 도달할 수 없는 신기루인지 강조하고자 한다.

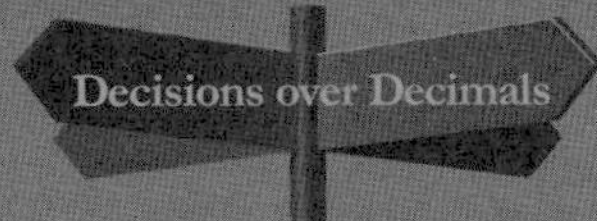

1장.

강력한
질문 던지기

■ 중요한 것은 질문을 멈추지 않는 것이다.

– 알베르트 아인슈타인

18개월. 심리학자들에 따르면 이 나이는 아이들이 정보를 찾기 시작하는 나이다. 약 36개월에 이르면 갓 태어난 아이들의 호기심은 언어적 질문으로 바뀐다. 질문은 셀 수 없이 많고 어디로 튈지 모른다. 한 주제에서 갑작스레 다른 주제로 넘어가기도 한다. 왜 비가 오나요? 달은 무엇으로 이루어져 있나요? 새들은 어떻게 나나요? 강아지는 어디로 갔나요? 언제 공원에 갈 수 있나요?

세 살이 되면 아이들은 자연스럽게 묻고자 하는 내용을 '무엇을(what), 언제(when), 어디서(where), 누가(who), 왜(why), 어떻게(how)'와 같은 육하원칙(5W1H)에 의해 질문을 한다. 이는 개방형 질문으로, 단순히 "예" 또는 "아니오"보다 더 많은 정보로 대답해야 한다. 육하원칙은 새로운 아이디어를 촉발하고, 대화에 영감을 주는 정보 탐색 질문이다. 아이들은 질문에 대한 답변이 만족스럽지 않으면 계속 질문한다.

어른들이 어떻게 아이의 육하원칙 질문에 반응하는가는 아이의 발달에 도움이 되고 새로운 사고방식을 더 빨리 증진하는데 영향을 미칠 수 있다. 아이의 질문에 다른 질문을 던지는 것은 아이가 비판적으로 생각하도록 동기를 부여할 수 있다. 예를 들어, "강아지는 어디로 갔나요?"라는 질문에 "강아지를 어디에서 찾을 수 있을까?"와 같이 질문하는 방식이다. 이는 새로운 답변을 자극하고, 새로운 관점을 불러일으키며, 다른 의견을 교류할 수 있도록 돕는다.

아이들이 나이를 먹을수록 질문의 빈도와 복잡성이 증가하여 분석 능력이 향상되었음을 알 수 있다. 아이들은 성장하고 발전하면서 일상생활의 모든 것에 의문을 갖기 시작한다. 십 대 청소년과 지속해서 교류하는 사람이라면 누구나 그들의 왕성한 질문을 경험했을 것이다.

그러나 질문을 통해 배우려는 이 만족할 줄 모르는 호기심은 초등학교 입학 이후로 다른 방향성을 띠게 된다. 이제 교육의 초점은 천천히 질문에서 대답으로 이동한다. 아이들은 답을 알고 있으면 손을 들면서 의사 표시를 하도록 요구받으면서, 이제 새로운 습관이 뿌리를 내리기 시작한다. 더 많은 질문을 하기보다는 답을 해야 한다는 기대를 충족하기 위한 마음가짐은 교육 과정을 거쳐가면서 더욱 깊어진다.

우리가 사회에 나가서 일을 시작할 때쯤이면, 답을 가지고 있어야 한다는 인식이 우리 안에 확고하게 자리를 잡은 상태다. 바쁘게 일하는 직장 환경에서 질문의 가치는 자주, 많은 경우 부당하게 과소평가 받는다. 그에 비해 답변은 매력적인 대상으로 추앙받고, 해결책은 당연시되며, 질문은 암묵적으로 환영받지 않는다. 회사 구성원의 성과를 검토하는 상황을 떠올려보라. 리더들은 팀원 누군가가 어떻게 현 상황에서 도전하는지, 새로운 사고방식을 시도하는지, 색다른 대화를 시도하는지를 검토하는 데 많은 시간을 할애하는 경우가 거의 없다. 대신 그들은 결과에 중점을 둔다. 물론, 결과는 중요하다. 하지만 이러한 결과를 덜 위험한 방식으로, 좀 더 지능적인 자원 할당이나 창의적인 전략을 통해, 이러한 결과를 더욱 유의미하게 달성할 수 있지 않을까? 우리는 최고의 성과를 내는 사람이야말로 질문하며 비판적인 사고를 활발하게 하는 사람이라는 사실을 자주 간과한다. 이들의 질문과 비판적인 사고가 현재 전략의 약점을 드러내거나 새로운 대체 경로를 제시한다.

젊고 호기심이 넘치는 과거의 모습으로 돌아가는 길은 어렵지 않다. 사실 우리의 직업적인 삶과 개인적인 삶을 연결하는 단 하나의 질문을 우리 스스로 던지는 것이 중요하다. "우리는 어떻게 성장하는가?" 이 질문은 모든 프로젝트, 모든 요청, 모든 회의는 물론 우리가 일하고 생활하기로 선택한 장소까지도 설명할 수 있을 만큼 강력하다. 이렇게 직접적으로 묻는 경우는 거의 드물지만, 이 근본적인 질문에 대한 답이 우리의 커리어와 삶을 형성한다. 우리는 질문을 통해 성장한다. 이 점을 이해하는 것은 삶에 있어서 단단한 지지대를 만든다. 그 지지대는 회사에 대한 개인 만족도는 물론 회사의 시장 점유율을 높이고, 고객 기반을 확대하며, 제품 사용량을 끌어올리고, 재구매율을 높이는 방법을 결정하는 데까지 도움을 줄 수 있다. 성장을 추구한다면 비판적 사고를 자극해야 하고, 그러기 위해서는 강력한 질문이 필요하다.

강력한 질문을 던지는 법

우리는 어릴 때부터 질문하도록 타고났지만, 효과적으로 질문하는 기술에 대해서는 거의 배우지 못했다. 매일 마주하는 업무에서, 우리는 질문의 중요성을 간과하는 경우가 너무 많다. 우리는 업무 수행에 필요한 필수 기술로서 질문의 가치를 제대로 인식하지 못한다. 효과적인 질문을 던지는 사람이 되도록 훈련하는 데 우리는 충분한 시간과 에너지를 투자하지 않는다.

정량적 직관의 기본은 치열하게 질문을 하는 사람이 되는 법을 배우는 것이다. 정량적 직관의 첫 번째 기둥은 정밀한 질문이다. 이 장에서는 일련의 질문을 던져 문제의 핵심을 규명하는 실용적인 접근 방식에 대해 논의한다. 핵심 주제를 빠르게 탐색하는 동시에, 이해관계자와의 파트너십을 구축하고 확장할 수 있다. 이 과정이 제대로 이루어질 때, 그것은 마치 하나의 춤과 같다. 각 파트너는 대화에 기여하고, 템포를 읽으며, 서로의 반응에 맞춰 조율하고 지지한다. 그 결과물은 매끄럽고 유려한 움직임으로 나타난다.

표면적으로, 당신은 질문을 인식하고 던지는 방법을 알고 있다. 옥스퍼드 영어 사전에 따르면, 기본적으로 질문은 '정보를 얻기 위해 표현된 문장'이다. 한 단계 더 나아가, 질문을 가설의 형태로 발전시켜 묻고자 하는 내용이 사실인지 또는 개선이 필요한지 확인할 수도 있다. 과학적 방법을 응용하면, 분석이 가능한 새로운 데이터를 생성하는 '질문-가설-학습' 루프가 생성된다. 지속적인 학습이 가능하도록 만드는 사이클이다. 새로운 정보를 얻으면 테스트하고, 향후 개선할 새로운 가설을 나올 수 있도록 추가 질문을 한다. 이러한 학습 사이클은 근본적인 문제의 원인을 자세히 살펴보고 결론에 도달할 수 있게 만든다.

당신이 업무를 맡았을 때 활용하는 과정이 정말 이러했는가? 안타깝게도 우리는 학습 루프를 생략하는 경우가 너무나 많다. 대신 우리는 데이터 의사결정을 한 방향으로만 나아가야 하는 일방통행처럼 생각한다. 실제 업무 환경에서 우리는 행동으로 옮길 수 있는 안을 제시하고, 관련 데이터를 갖춘 설득력 있는 결론을 제시해야 한다. 즉, A 지점에서 B 지점까지 직선으로 연결한 가장 효율적인 경로여야 한다. 그에 비해, 반복적인 질문-

가설-학습의 과정은 높은 평가를 받지 못하고 무시된다.

정밀한 질문

소크라테스식 문답법은 비판적 사고를 육성하는 가장 오래되고 여전히 가장 강력한 전술이다. 이 방법은 서양 철학의 창시자 중 한 명인 소크라테스가 2,400여 년 전에 개발한 방법이다. 소크라테스식 문답법은 생각을 자극하는 질의응답을 통해 학습을 촉진한다. 이 방법은 답변보다 더 많은 질문을 만드는 데 중점을 두고 있으며, 여기서 답변은 종착점이 아니라 더 깊은 분석의 시작이다. 현대 기업의 관리자는 조직에서 이 방법을 사용하여 동료, 고객 또는 이해관계자 간의 대화를 만들 수 있다. 이는 일련의 단계를 통해, 데이터 검색을 안내하고 향후 생산적인 경로를 찾는 데 사용된다. 각각의 단계는 문제를 검토하고, 결과에 대해 의심하고, 다양한 유형의 질문을 적용하여 진정한 지식을 찾는 과정을 포함한다.

소크라테스식 문답법의 현대적 버전 프로그램은 실리콘밸리에서 인기를 끌었던 정밀 질문/정밀 응답(PQ/PA) 기법이다. 이 방법은 스탠퍼드대학교 교육 및 학습 센터의 테니스 매티스와 모니카 월라인이 만들었다. 정밀한 질문은 실무자에게 고도로 구조화된 일문일답 토론 형식을 제공하여 문제 해결이나 심층 분석 수행을 돕는다.

정밀 질문/정밀 응답 방식은 참가자가 질문하면 응답자는 이를 답하는 방식이다. 질문자는 그 답변을 사용하여 후속 질문을 계속하고, 이 과정은 마침내 응답자가 "모르겠어요"라고 말할 때까지 계속된다. 응답자가 대답할 수 없는 최종 지점에 도달하기 전에 가능한 한 많은 질문에 대답하는 것이 핵심이다. 이 과정은 비판적 사고를 더 깊은 수준으로 끌어올리고 새로운 정보나 분석을 끌어낼 수 있다.

예를 들어, 그간의 경험에 비추어 볼 때 기업의 현장에서 분석가들은 일반적인 프레젠테이션에서 공유하는 것보다 더 많은 것을 알고 있는 경우가 많다. 그들은 의도적으로 도움을 주기 싫어서가 아니라, 정확성을 지나치게 강조한 나머지 자신이 알고 있는 정보를 이야기하지 않을 수 있다. 그간의 경험과 개인적인 성향상 분석가들은 종종 구체적이고 합리적이며 설명 가능한 것에 주로 집중한다. 이때 정밀한 질문과 정밀한 답변은 그들과 다른 팀원들이 기존의 틀을 벗어나 더 폭넓게 생각하도록 장려한다.

우리 저자들은 매티스에게 정밀 질문/정밀 응답 기법에 대해 직접 배울 수 있었다. 이 기법의 본질은 직접적이고, 속사포처럼 거침없으며, 핵심을 찌른다. 이러한 일문일답 방식은 사고의 약점을 찾아내도록 설계되었다. 정밀한 질문은 정보를 신속하게 수집한다는 이상향을 담고 있다. 주제에 대해 깊이 파고들 때 질문자는 개인적인 내용을 피하려고 노력하며, 질문이 개인을 향한 비난으로 여겨지지 않도록 애써야 한다. 그러나 다루고자 하는 문제나 질문자의 숙련도에 따라 이 방법이 일부 기업 문화에서는 바로 적용되기는 어려울 수 있다. 이러한 문제를 해결하기 위해서 리더는 더욱 개방적인 환경을 조성해야 한다.

정밀 질문/정밀 응답 기법을 통해서 큰 성과를 얻으려면 리더는 질문을 활용하여, 조직적 차원의 통합으로 전환할 수 있어야 한다. 그래서 최고의 리더는 팀 구성원들이 공개적으로 의견을 제시하고, 아이디어를 공유하며, 현 상태에 도전할 수 있는 협업 문화를 조성하도록 노력해야 한다. 성공적인 회의의 특징은 열린 마음, 인내심, 그리고 상호 존중이다. 데이터 기반 리더로서 당신의 역할은 팀 구성원 각자의 고유한 지식과 인식을 파악하고 통합하는 코치 역할이다. 그리고 이 모든 과정은 질문을 통해서 효과적으로 완성된다.

정밀한 질문의 힘

질문은 기술이다. 적극적인 경청, 시간 관리, 협업과 같은 다른 기술과 마찬가지로, 질문 역시 능숙해지기 위해서는 훈련, 연습, 적용이 필요하다. 이러한 숙련의 과정은 다양한 유형의 질문에 대한 이해에서 시작된다. 질문은 크게 네 가지 범주로 분류할 수 있다.

- **사실형 질문**: 이 유형의 질문은 있는 그대로의 사실이나 인식을 바탕으로 한 명확한 답을 가지고 있다. 이러한 질문은 개방형 또는 폐쇄형일 수 있다. 질문에 대한 답변은 사실에 근거하지만, 때로는 배경 설명이 필요할 수도 있다.

- **수렴형 질문**: 정해진 답이 있는 폐쇄형 질문이다. 일반적으로 이러한 질문에는 하나의 정답이 있다. 가장 기본적인 수렴형 질문은 '예' 또는 '아니오'로 대답할 수 있다. 예를 들어, 마블 코믹스의 스파이더맨을 생각해 보라. 스파이더맨은 어떻게 능력을 얻었는가? 답은 명확하고 구체적이다. 그는 방사능 거미에게 물렸다.

- **확산형 질문**: 많은 답변을 유도하는 개방형 질문이다. 이러한 질문은 상황, 문제 또는 복잡성을 더 자세히 분석하고, 다양한 결과를 예측하기 위한 탐색적 수단으로 활용된다. 질문의 목표는 창의적 사고를 자극하거나 대화를 확장하는 것이다. 예를 들어, 모든 주유소에 여러 개의 고속 전기 충전소를 설치한다면 전기 자동차에 대한 수요 곡선은 어떻게 변할까? 배터리를 재충전하는 대신 단순히 배터리를 교체하는 것으로 연료를 가득 채울 수 있다면 전기차에 대한 소비자의 주행 거리 불안이 어떻게 바뀔까?(72쪽 박스 〈확산형 질문〉 글 참조)

- **평가형 질문**: 이 유형의 질문의 답변은 더 깊은 수준의 사고를 필요로 한다. 질문은 개방형 또는 폐쇄형일 수 있다. 평가형 질문은 새로운 종합 정보나 결론에 도달하기 위해 다양한 수

준과 다양한 관점에서 분석을 이끌어낸다. 예를 들어, '특정한 개념 사이의 유사점과 차이점은 무엇인가?'와 같은 질문이다.

질문하는 팀을 구성하라

최고의 링크트인 프로필 문구 중 하나는 "나는 호기심이 끝없이 많다"로 시작한다. 그렇다면 끝없이 호기심이 많고, 천성적으로 알고 싶은 것이 많은 사람들로 팀을 구성하려면 무엇이 필요할까? 배우고자 하는 갈망을 가진 팀 말이다. 끊임없이 질문하는 문화를 만들기 위해서는 '무엇(what)'과 '어떻게(how)'의 조합이 필요하다. 여기서 '무엇'은 앞서 설명한 질문 유형의 조합이며, '어떻게'는 이러한 질문을 가능하게 만드는 환경이다. 위대한 리더는 위대한 문화를 만든다. 질문하는 문화를 구축하는 데는 세 가지 기본 단계가 있다.

1. 개방형 질문으로 시작하라.
2. 성급하게 반응하지 말고 차분하게 들어라. 그리고 침묵을 받아들여라.
3. 일련의 흐름처럼 연달아 질문하라.

1단계: 개방형 질문으로 시작하라

다양한 질문을 능숙하게 활용하는 것은 모든 리더에게 필수적이지만, 그중에서 가장 핵심은 열려 있는 개방형 질문이다. 개방형 질문을 하는 것은 카메라 렌즈의 조리개를 열어 더 넓은 시야를 만드는 것과 같다. 이 넓어진 시야는 더 쉽게 받아들이는 분위기를 조성하여, 당신이 새로운 정보에 열려 있고, 배우는 자세를 갖고 있으며, 독백이 아닌 대화를 할 준비가 되어 있음을 보여준다. 대화를 시작하는 세 가지 실용적인 개방형 질문 방식은 다음과 같다.

1. …에 대해 이해할 수 있도록 도와주시겠습니까?

2. …을 생각해 보셨습니까?

3. 무엇이 당신을 놀라게 했습니까?

이 단순한 질문의 강력함은 사람들이 질문자의 권위나 힘을 느끼지 못하게 만든다는 점이다. 이러한 질문은 사람들 간의 대화를 증폭시키도록 설계되었기 때문에, 우리는 이를 '승수 질문(multiplier question)'이라고 부른다. 또한 개방형 질문은 사람들이 정답을 말해야 한다는 긴장감을 낮춰주기도 한다.

"이해할 수 있도록 도와주시겠습니까?"는 배우려는 자세와 함께 인간적인 겸손함을 담고 있는 표현이다. '내가 무엇을 모르는지 모르니, 나를 가르쳐 달라'는 의미이며, 배우고자 하는 열의를 보여준다.

"생각해 보셨습니까?"는 상대방의 생각에 힘을 실어주는 표현이다. 이는 그들이 내린 가정과 주의 사항을 이야기하고, 사전에 고려한 모든 절충안을 공유해달라는 의미다. 피드백을 제공할 때 유익한 이 질문의 변형은 "고려해 보는 것이 좋을 수 있습니다"가 있다. 다시 한번 강조하지만, 행동으로 옮길 건지 더 탐색할 건지 결정하는 것은 답변자의 몫이다. 이렇게 이야기함으로써, 당신은 그들에게 권한을 부여하는 것이다.

"무엇이 당신을 놀라게 했습니까?"는 편향을 줄이기 위해 설계된 개방형 질문이다. '놀라움'이라는 단어는 편향을 없애는 데 특효다. 우리는 모두 기존에 형성된 개념으로 만들어진 선입견에 사로잡혀 있다. 어떤 것은 의식적이고 어떤 것은 무의식적이다. 후자를 가리켜 흔히 '암묵적 편향(implicit biases)'이라고 하며, 오하이오주립대학교 커완 연구소는 이를 '우리의 이해, 결정 및 행동에 무의식적으로 영향을 미치는 태도나 고정관념'으로 정의한다.

이러한 영향을 인식하지 못한 채, 암묵적 편향은 우리가 데이터를 해석하고 전달하는 방식에 영향을 미친다. 인간의 뇌는 새로운 정보를 과거의 해석과 연결하여 빠르게 학습하도록 설계되어 있다. 이러한 정보처리 과정은 우리가 새로운 정보를 해석할 때 자연스럽게 편향을 유발한다. 데이터를 합리적으로 해석할 것으로 기대되는 분석가는 논리적으로 설명할 수 없는 데이터를 공유하는 것을 주저할 수 있다. 그들은 설명할 수 없는 결과를 이상치로 분류하고 싶은 유혹을 받을 수도 있으며, 애써 무시하거나 별도 부록에만 기재하고 싶을지 모른다. 하지만 리더로서 당신이 이러한 이상치를 모르면 풍부한 데이터 포인트나 잠재적으로 성공할 수 있는 솔루션을 놓칠 수도 있다. 이러한 맥락에서 "무엇이 당신을 놀라게 했습니까?"라고 물으면 당신은 동료들에게 그들이 예상하지 못했던 것, 논리적 관점에서 벗어난 것을 공유할 수 있도록 하는 셈이다. 이 질문은 스스럼없이 서로 의견을 밝힐 수 있는 신뢰할 수 있고 매력적인 분위기를 만드는 표현이다.

우리의 경험에 따르면, 분석가에게 "무엇이 당신을 놀라게 했습니까?"라는 강력한 질문을 던지는 것은 종종 두 가지 추가적인 유익한 결과를 가지고 온다. 첫째, 분석가가 지난 몇 주간 자신이 어떤 일을 했는지, 얼마나 열심히 일했는지 시간순으로 진행한 모든 분석을 열거하는 과정을 생략하게 만든다. 대신 그들이 발견한 흥미로운 대상을 직접 이야기하도록 직행하게 만든다. 둘째, 정의에 따르면 놀라움은 쉽게 설명되지 않는 패턴일 가능성이 크다. 이러한 '놀라움'의 실체를 파고들면, 분석하고자 하는 문제를 신속하게 파악하는 데 도움이 될 수 있다. 맥락을 아직 정확하게 인식하지 못한 분석가에게는 놀라움일 수 있지만, 맥락을 잘 알고 있는 리더에게는 쉽게 설명되는 현상일 수 있다.

2단계: 즉각 반응하지 말고 신중히 대응하라, 침묵을 기꺼이 수용하라

'적극적 경청(active listening)'이라는 말을 들어보았을 것이다. 이는 상대의 말과 비언어적 행동에 세심한 주의를 기울이고 피드백을 제공하여 상호 이해를 높이는 과정이다. 그렇다면 '소극적 경청(passive listening)'에 대해 진지하게 고민해 본 적이 있는가? 소극적 경청 역시 상대의 말을 주의 깊게 듣는 것이지만, 즉각적으로 반응하지 않는다는 점이 다르다. 대신 소극적 경청은 침묵을 위한 공간을 남겨둔다. 이 두 가지 방식을 결합할 때, 우리는 비로소 '효과적인 경청'을 할 수 있다.

효과적인 경청은 의사소통 과정의 두 가지 요소, 즉 침묵과 대응(반응)에 집중한다. 신뢰를 바탕으로 한 학습 환경을 조성하려면 반드시 들어야 한다. 그리고 경청은 침묵에서 시작된다. 침묵은 공백을 만들기 때문에 때로 불편함을 유발할 수도 있지만, 학습 효과를 높이는 데는 매우 효율적인 방법이다. 침묵이 흐르는 동안 화자는 그 공백을 채우려 노력하며 종종 더 많은 정보를 드러내게 되고, 결과적으로 당신은 더 많은 것을 배우게 된다. 또한 침묵은 당신이 대화에 완전히 몰입하고 있음을 보여주는 신호다. 즉, 상대의 이야기를 경청하고 공유된 내용을 깊이 고민하고 있으며, 그에 대해 의미 있는 방식으로 대응할 준비가 되었음을 의미한다.

대응(respond)과 반응(react)의 차이는 숙고의 정도에 있다. 반응은 대개 본능적이고 즉흥적이며, 결과를 고려하지 않은 채 감정에 휩쓸려 나오는 충동에 가깝다. 반응은 필터나 깊은 생각, 분석 없이 나오며, 발생 가능한 파급 효과를 고려할 시간조차 갖지 못한다. 설령 그 반응이 격렬하거나 부정적이지 않더라도, 그것은 의사소통의 흐름을 방해한다. 예를 들어, 청자가 상대의 말과 관련된 자신의 경험을 공유하고 싶어 하는 경우를 보자. 이해하고 있다는 것을 보여주려는 긍정적인 의도일지라도, 결과적으로는 화자의 주의를 청자 자신에게 돌리게 만드는 부작용을 낳는다. 결국 청자가 대화의 흐름을 바꾸고 주도권을 빼앗아 버리는 셈이다.

이와 대조적으로 대응은 사려 깊고 논리적이며 근거가 확실하다. 대응은 말을 내뱉기 전 머리와 가슴을 모두 동원하여 그 답변이 가져올 결과를 고려하는 과정이다. 대응은 신중하다. 새로운 정보를 처리하기 위해 시간을 할애하고 침묵을 활용하는 과정을 수반하기 때문이다. 또한 대응은 주도적이다. 직관과 경험을 발휘하여 자신과 회의 참석자 모두, 그리고 원하는 결과에 무엇이 최선인지를 고민한다. 그럴 때 비로소 당신은 목표 달성에 실질적인 도움이 되는 방식으로 대화에 참여할 수 있다. 업무든 사적인 상황이든, 반응 대신 대응을 선택할 때 훨씬 더 풍성한 결과를 얻게 될 것이다. 누군가 아이디어나 정보를 발표할 때뿐만 아니라, 질문을 던질 때도 이러한 태도를 기쁘게 받아들여야 한다.

3단계: 연속적인 질문을 통해 본질을 포착하라

가장 강력한 대응 기술 중 하나는 바로 질문을 던지는 능력이다. 질문은 문제를 구성하고, 모호함을 제거하고, 격차를 드러내고, 위험을 줄이고, 참여 권한을 부여하고, 대화를 활성화하고, 기회를 발견하고, 검증하고자 하는 논리를 규명한다. 정보에 기반하고, 사려 깊으며, 관련성이 높은 질문은 학습을 촉진한다. 연속적인 질문을 하는 것은 참여를 지속시키고 창의적인 사고를 촉진한다. 질문의 목적은 단 하나의 정답을 얻는 것만이 아니라, 질문 과정을 통해 지식을 축적하고 확장하는 데 있다.

앞서 언급한 카메라 렌즈 비유처럼, 개방형 질문은 광각 렌즈와 유사하다. 이는 더 넓은 그림을 포착하고 중요한 배경 요소를 담아낼 수 있게 하여, 좁은 분석적 렌즈를 통해서가 아니라 제한 없는 시야로 전체 장면을 탐색할 수 있도록 한다. 물론 이 광각 렌즈는 때로는 왜곡을 일으키기도 한다. 개방형 질문은 작업할 수 있는 공간을 훨씬 더 많이 제공하지만, 궁극적으로 더 현명한 결정을 내리려면 더 선명한 그림이 필요하다. 유명한 보도사진 작가 로버트 카파(Robert Capa)가 말했듯이, "만약 당신의 사진이 만족스럽지 않다면, 당신은 충분히 다가가지 않은 것이다." 렌즈를 좁혀가듯 질문을 통해서 문제의 본질에 좀 더 가까이 다가갈 수 있다. 다양한 유형의 질문을 연속으로 던짐으로써, 당신은 마침내 데이터가 보여주는 그림을 선명하게 포착할 수 있다.

초점 맞추는 능력은 사실형, 수렴형, 확산형, 평가형의 네 가지 유형의 질문에 익숙해지는 것에서 시작한다. 네 가지 질문 유형은 일관된 질문의 흐름을 만드는 능력을 갖추도록 하는 질문 라이브러리다.

논의가 점차 깊이 있게 진행되면서, 질문의 진정한 비결은 정밀함에 있다. 질문의 형태는 개방형이지만, 궁극적으로 달성하려는 특정한 결과에 초점을 맞춰야 한다. 예를 들어, "매출을 어떻게 늘리나요?"와 같이 광범위한 질문에서 좀 더 정확한 질문으로 나아가야 한다. "밀레니얼 세대 사이에서 가장 높은 반응을 얻은 특정 프로모션이 무엇인가요?", "분석 결과 성별에 따른 차이가 발견되었습니까?", "지리적 관점에서 볼 때 판매 데이터에 놀라운 내용이 있었습니까?", "만약 당신이 경쟁사라면, 당신의 결론은 어떻게 달라질까요?", "지금 공유된 새로운 정보를 고려할 때, 그것이 원래 문제나 당신이 달성하고자 하는 결과와 어떤 관련이 있는지 명확히 이야기할 수 있나요?"

회의실에서 가장 똑똑한 사람

회의실에서 가장 똑똑한 사람은 답을 아는 사람이 아니라, 최고의 질문을 하는 사람이다. 이것이 아이러니다. 좀 더 대담한 내용을 듣기를 원한다면, 더 나은 질문을 해야 한다. 정답은 탐색하려는 과정에서 나온다. 일련의 질문을 던지고, 전환하고, 심층분석과 복습의 과정이 필요하다. 질문하는 것은 스웨터의 실을 잡아당기는 것과 비슷하다. 어떤 느슨한 실은 그냥 빠져나오지만, 다른 실은 잡아당기면 스웨터 전체가 풀릴 수 있다. 우리는 질문을 통해 어떤 실이 불필요하고, 어떤 실이 필수적이며, 어떤 실이 중요한지 빠르게 확인할 수 있다.

이처럼 제대로 질문하기는 시간을 내어 연습하고 마스터할 가치가 있는 기술이다. 제일 먼저 질문의 카테고리를 이해해야 한다. 다양한 유형의 질문을 이해하고, 그 질문이 가지고 있는 힘을 이용하면, 더 나은 결정을 내릴 수 있다. 또한 질문을 통해 새로운 연결을 만들고 전략을 수립할 수 있다.

강력한 질문자가 되는 것은 질문을 통해 새로운 학습을 이끌어 내는 협력의 과정을 만드는 것이기도 하다. 우리는 질문을 하면서 데이터 속에 존재하는 눈에 잘 보이지 않는 관점이나 분석을 끌어내고, 데이터에 대한 추론과 연결을 할 수 있다. 이러한 탐색적 사고방식은 사람들에게 새로운 시도와 반복을 장려한다. 예상치 못한 혁신적 해결책은 데이터가 아닌 토론 과정에서 나온다. 당신이 리더라면, 질문과 학습의 순환을 촉진하는 환경을 만들기 위해 노력해야 한다.

질문하는 사람들로 팀을 구성하는 것은 승리로 향하는 길이자, 많은 기업이 추구하는 강력한 성장을 달성하는 유일한 길이다. 이 중요한 역량을 팀 문화에 배양하고 내재화하면, 팀원들은 데이터 의사결정 여정을 신속하게 탐색하고, 보다 야심 찬 목표를 설정할 수 있게 된다. 이를 통해 팀원들은 비판적 사고자가 되어 팀 전체의 창의성, 협업, 커뮤니케이션을 강화할 것이다. 이러한 상호 작용이 바람직한 자세로 장려되면, 조직은 견고하고 건강하며 생산적인 문화를 갖게 된다.

이 모든 것을 아는 것은 시작에 불과하다. 이제 리더로서 스스로에게 질문할 때이다. 당신은 비판적 사고를 하는 팀원에게 적절한 보상을 해주고 있는가? 비판적 사고가 당신의 리더십 행동의 일부인가? 당신은 팀원들에게 질문과 비판적 사고에 대한 교육을 제공하는가?

일만 하고 놀지 않는 것은 지루하므로, 업무 외 환경에서 질문을 효과적으로 사용하여 다양한 사람들을 알아가는 방법을 공유하고자 한다. 가장 잘 알려진 질문 세트 중 하나는 프루스트 질문지(Proust Questionnaire)이다. 이 질문들은 사려 깊고, 재미있고, 간결하다. 프루스트 질문지는 자신의 본성을 드러내는 질문에 답함으로써 개인의 진정한 모습을 알 수 있다고 믿었던 프랑스 소설가 마르셀 프루스트에 의해 대중화되었다.

프루스트 질문지

마르셀 프루스트의 유명한 질문 리스트는 다음과 같다.

1. 당신이 생각하는 완전한 행복은 무엇입니까?

2. 당신의 가장 큰 두려움은 무엇입니까?

3. 당신이 가장 싫어하는 당신의 특성은 무엇입니까?

4. 당신이 가장 싫어하는 다른 사람들의 특성은 무엇입니까?

5. 당신이 가장 존경하는 살아있는 인물은 누구입니까?

6. 당신의 가장 큰 사치품은 무엇입니까?

7. 당신의 현재 마음 상태는 어떻습니까?

8. 당신이 생각하기에 가장 과대평가된 미덕은 무엇입니까?

9. 당신은 어떤 경우에 거짓말을 합니까?

10. 당신의 외모 중 가장 마음에 들지 않는 점은 무엇입니까?

11. 당신이 가장 경멸하는 살아있는 사람은 누구입니까?

12. 당신이 남성에게서 가장 좋아하는 특성은 무엇입니까?

13. 당신이 여성에게서 가장 좋아하는 특성은 무엇입니까?

14. 당신이 가장 많이 사용하는 단어나 구절은 무엇입니까?

15. 당신의 인생에서 가장 큰 사랑은 무엇 또는 누구입니까?

16. 당신은 언제, 어디서 가장 행복습니까?

17. 당신이 가장 갖고 싶은 재능은 무엇입니까?

18. 자신에 대해 한 가지를 바꿀 수 있다면 무엇을 바꾸고 싶습니까?

19. 당신이 생각하는 당신의 가장 큰 성취는 무엇입니까?

20. 만약 당신이 죽었다가 사람이나 사물로 다시 태어난다면 무엇이 되고 싶습니까?

21. 당신은 어디에서 가장 살고 싶습니까?

22. 당신의 가장 소중한 보물은 무엇입니까?

23. 당신이 생각하는 가장 깊은 불행의 나락은 무엇입니까?

24. 당신이 가장 좋아하는 직업은 무엇입니까?

25. 당신의 가장 두드러진 특징은 무엇입니까?

26. 당신은 친구들에게서 무엇을 가장 중요하게 생각합니까?

27. 당신이 가장 좋아하는 작가는 누구입니까?

28. 당신이 가장 좋아하는 소설 속 영웅은 누구입니까?

29. 당신이 가장 공감하는 역사적 인물은 누구입니까?

30. 당신의 현실 속 영웅은 누구입니까?

31. 당신이 가장 좋아하는 이름은 무엇입니까?

32. 당신이 가장 싫어하는 것은 무엇입니까?

33. 당신이 가장 후회하는 일은 무엇입니까?

34. 당신은 어떻게 죽고 싶습니까?

35. 당신의 좌우명은 무엇입니까?

1장의 핵심 내용

- 회의실에서 가장 똑똑한 사람은 답을 아는 사람이 아니라, 최고의 질문을 하는 사람이다.

- 다양한 개방형 질문을 계속할 수 있는 탐구적인 팀을 구성하라.

- 질문에 즉각 반응하지 말고 신중히 대응하라.

- 대화를 진전시키기 위해 다음 질문들을 활용하라. "…에 대해 이해할 수 있도록 도와주시겠습니까?", "…을 생각해 보셨습니까?", "무엇이 당신을 놀라게 했습니까?"

- 사실형, 수렴형, 확산형, 평가형 등 네 가지 유형의 질문에 익숙해져라. 일상적으로 질문하는 연습을 하라.

2장.

문제의 프레임
설정하기

■ 나에게 문제를 해결하는데 1시간이 주어진다면, 55분은 문제에 대해 생각하고 5분은 해결책에 대해 생각할 것이다.

– 알베르트 아인슈타인

우리는 앞서 질문의 힘을 강조했다. 이번 장에서는 이 개념을 확장하여, 단순하지만 동시에 매우 강력한 질문을 소개한다. '최고의 결정을 내리기 위해서 우리는 무엇을 할 수 있을까?' 이제 문제 해결을 위해 우리가 명명한 IWIK™, 즉 "I wish I knew(알고 있었으면 좋았을 텐데)"라는 핵심적인 장치를 소개한다. IWIK를 사용하면, 본질적인 질문에 신속하게 집중할 수 있으며, 노력의 우선순위를 정하여 효율적이고 효과적인 결정을 내릴 수 있다.

의사결정에는 시간이 오래 걸릴 수밖에 없다. 하지만 오래 걸리는 이유를 설명하기란 쉬운 일이 아니다. 기원전 500년경, 부처가 살았던 당시로 거슬러 올라가는 이 우화는 코끼리를 처음 만난 시각장애인들 무리의 이야기다. 그들은 동물에게 다가가서 각자 손을 뻗어 그 거대한 몸의 여러 부분을 만지기 시작했다. 코끼리의 꼬리를 만진 남자는 코끼리가 뱀과 유사하지만 길고 마른 동물임이 틀림없다고 주장했다. 그러자 코끼리의 옆구리를 만진 남자가 격렬하게 반대했다. 그는 코끼리는 마치 살아 있는 벽처럼 하늘까지 높게 뻗은, 크지만 납작한 동물이라고 말했다. 다른 부위를 만진 사람들은 완전히 다른 의견을 피력했다. 귀를 만진 사람은 코끼리가 장어처럼 납작하고 부드럽다고 믿을 수밖에 없었다. 그들은 왜 그렇게 확신했을까? 모두 자신의 손가락으로 느낀 실제 증거를 바탕으로 주장했기 때문이다.

물론 이 우화는 사람들이 전체 그림을 이해하지 못한 채 절대적인 진리를 알고 있다고 강하게 주장하는 경향을 지적한다. 사람들은 일반화된 결론을 도출하기 위해 자신의 주관적인 경험에 크게 의존하기도 한다. 자신의 경험을 다른 사람의 경험과 결합하면 가장 종합적이고도 객관적으로 대상의 정확한 실체를 이해할 수 있다. 그러나 많은 경우, 다른 사람의 주관적 경험을 무시한다.

이러한 이야기는 직장에서도 매일 반복된다. 이 우화에서 코끼리를 '데이터'로 바꾸면, 데이터 기반 의사결정 과정에서 직면하는 많은 문제의 실체가 선명하게 드러날 것이다.

예를 들어, 당신이 제설 제품 제조업체인 아크메 스노우(ACME SNOW)의 마케팅 부서에서 일하고 있다고 가정해 보자. 당신의 메일함에 유럽 지역 매출이 8% 성장했다고 축하하는 메일이 도착했다. 마침 최근에 출시한 긁힘을 방지하는 스노우 브러시와 성에 제거기의 성능이 떠오른 당신은 이러한 매출 증가는 그에 대한 성과려니 쉽게 결론을 내렸다. 그런데 2012년 2월 4일, 로마의 아침에 약 30센티미터가 넘는 어마어마한 눈이 내렸다. 즉, 그 성과는 기술력이 아닌 날씨가 만든 성과였다.

이러한 폭설 때문에 로마시 당국은 어쩔 수 없이 4천 개의 삽을 구매했다. 그리고 밤 사이 눈이 얼어붙기 전에 사람들이 거리를 청소할 수 있도록 조치했다. '8%의 매출 상승' 데이터만 보는 사람이라면 유럽 사업부가 엄청난 성장 궤도에 있다고 확신했을지 모른다. 그런데 조금만 더 시간을 들여 동료들에게 경쟁사들의 소식이나 현황을 물어봤다면, 캐나다의 주요 경쟁업체인 가스페(Gaspé)가 이탈리아에서 제설 제품 매출이 12%가 증가했다는 사실을 들었을 것이다. 이러한 맥락과 내용에 대해서 사전에 알고 있었다면, 앞서 내린 제품력에 의한 매출 상승과는 사뭇 다른 결론에 도달할 수밖에 없다. 아크메 스노우의 매출 증가율은 경쟁사보다 4%포인트나 낮았다.

이 이야기는 비즈니스에서 매일 일어나는 일이다. 사람들은 맥락을 파악하는데 시간을 들이지 않고, 데이터만을 주목한다. 하지만 맥락에 대한 설명이 없는 데이터는 위험하다. 이는 잘못된 결론과 잘못된 결정으로 이어질 수 있다. 데이터를 맥락 안에서 제대로 이해하기 위해서는 항상 세 가지 관점에서 입체적으로 검토하고 분석해야 한다. 첫째는 절대적인 관점, 둘째는 시간의 경과에 따른 관점, 마지막으로는 다른 곳에서 일어나는 상황 등을 종합적으로 헤아리는 관점이다. 이러한 세 가지 관점에서 검토하고 분석해야 한다.

우리가 이토록 맥락과 큰 그림, 부분적 정보의 위험성, 그리고 상대적 성장의 중요성을 상세히 설명하는 이유가 있다. 그것이 좋은 의사결정을 내리기 위한 첫 번째 단계의 중요성을 극명하게 보여주기 때문이다. 제일 먼저, 스스로 솔직하며 강력한 질문을 던져야 한다. "최고의 결정을 내리기 위해, 내가 무엇을 알았으면 좋았을까?" 앞서 언급한 시각장애인들과 코끼리의 우화를 다시 떠올린다면, 이 질문에 다음과 같은 답을 얻을 수 있다. "다른 많은 사람들이 코끼리가 무엇인지, 어떻게 생겼는지에 대해 어떤 구체적인 인상을 느꼈는지 알고 싶다. 그들의 느낀 코끼리는 내 생각과 어떻게 다른지, 혹은 나와 비슷한지 좀 더 자세히 알고 싶다."

│ IWIK, 추론을 위한 도구 │

앞으로 '내가 알고 있었으면 좋았을 텐데(I wish I knew)'의 줄임말인 IWIK로 지칭할 이 공식의 목표는 단 하나이다. '앞으로 해결해야 할 핵심적이고 본질적인 문제'가 무엇인지 식별하는 것이다. IWIK는 현재 우리가 무엇을 알고 있으며, 정보에 입각한 현명한 결정을 내리기 위해 어떤 지식이 더 필요한지를 팀 전체가 빠르게 인지하도록 돕는다. IWIK는 중요한 것에 집중하게 하여 의사결정의 속도를 끌어올린다.

민첩한(agile) 의사결정은 우리가 얼마나 열심히 일하느냐가 아니라, 우리가 어떻게 생각하느냐에 달려있다. 우리는 과거의 경험 반복이나 관찰을 통해, 되레 문제 해결 능력을 저하하는 습관을 갖기도 한다. 문제를 해결해야겠다는 의지가 강력한 나머지 표면적인 문제의 보이는 부분만을 그대로 받아들이고, 종종 바쁘게 행동하는 것과 실질적 임팩트를 보이는 것을 혼동한다. 해결책을 찾아 서두르는 과정에서 문제의 프레임을 설정하는 일은 뒷전으로 밀려나기 일쑤다. 하지만 우리는 좀 더 중요한 측면을 주목해야 한다. 의사결정의 질은 문제를 프레이밍 하는 데 들인 노력에 정비례한다. 올바른 프레임을 사용하면 해결해야 할 문제의 범위를 좁힐 수 있다.

IWIK는 문제의 프레임을 잡는 것을 돕기 위해 설계된 방법으로, 일종의 사고 기법이다. 이 기법은 우선순위를 명확히 하고, 의사결정에 필요한 필수 정보를 찾아낸다. 우리가 무엇을 모르는지 신속하게 식별하고, 엉성하게 내린 가정은 없는지 알 수 있다. 또한 의사결정에 영향을 미치거나, 지연시키거나, 결과를 왜곡할 수 있는 편향의 가능성을 제거한다.

그렇다면 IWIK는 어떻게 작동하는가? 당신이 대기업에 근무하고 있으며, 스트리밍 서비스를 성장시켜야 하는 과제를 맡고 있다고 가정하자. 무작정 시청자 데이터를 직접 분석하기 전에, 다음 질문에 먼저 답하는 것이 더 생산적일 것이다.

1. 프리미엄 콘텐츠를 추가로 제공함으로써 매출을 늘릴 수 있는가?
2. 우리는 순이익(bottom-line) 증대에 집중하는가? 아니면 매출 및 가입자 수(top-line)에 집중하는가?
3. Z세대와 같은 기존과 다른 고객을 유치하고 싶은가?
4. 가입자 숫자가 감소하고 있는가?
5. 우리의 마케팅, 상품 구성, 또는 미디어 예산이 경쟁사보다 우위에 있는가?
6. 우리는 고객에게 서비스를 알리는 데 집중하는가? 아니면 판매 증대에 집중하는가?
7. 현재 직면한 문제가 브랜드 인지도의 부족인가? 아니면 가치 제안의 문제인가?

기업의 성장을 추구하는 목적은 같지만, 이러한 목적을 달성하는 방법은 매우 다양하다. 그리고 이러한 방법을 어떻게 수행하느냐에 따라서 특정한 의사결정으로 이어진다. 예를 들어, 전체적인 비즈니스 사례 구축부터 필요한 예산 규모에 대한 추천안, 그리고 기업의 궁극적인 성공 달성 여부까지 특정한 경로와 방식으로 모두 연결되어 있다.

흥미로운 점은 다른 동료들과 이야기를 나눴을 때 그들이 제각각 '성장'을 다르게 정의하고 있다는 것을 발견했다면, 당신은 문제의 근본적인 원인이라고 할 수 있는 '인식 불일치'를 발견한 것이다. 이처럼 문제의식의 가장 중요한 부분을 확인함으로써, 당신은 시간과 노력을 절약하고 회사를 성공으로 이끌 수 있다.

질문 이면에 숨겨진 진짜 의도를 제대로 이해하기 위해 잠시 멈추지 않는다면, 당신은 혼란에 빠져 허우적대게 될 것이다. 하지만 IWIK를 적용하면, 이해관계자나 고객이 정말로 답을 얻고 싶어 하는 '핵심 본질'이 무엇인지 빠르게 파악하고 그 중요성을 실감하게 될 것이다.

IWIK는 문제의 근본 원인, 즉 '제1원인' 혹은 '제1원리'라고 불리는 본질을 밝히는 기술이다. 아리스토텔레스는 제1원리를 '어떤 사물을 알게 되는 가장 기초적인 근거'라고 정의했다. IWIK는 이러한 제1원리 추론을 활용하여 문제를 핵심 단위까지 해체한다. 이러한 의사결정의 구성 요소를 이해하면, 빠르게 문제 해결을 시작할 수 있다. 또한 IWIK는 데이터의 탐색과 분석, 그리고 투입되는 노력이 고스란히 꼭 필요한 곳에만 비례하여 집중되도록 도움을 준다.

제1원리 추론은 의사결정에 있어 아주 현명한 접근 방식이다. 팀이 더 빠르게 움직이고, 불필요한 재작업을 줄이고, 복잡한 상황을 능숙하게 헤쳐 나가기를 원한다면 말이다.

IWIK 프로세스

IWIK는 단순하지만 강력한 기술로, 문제의 본질을 명확하게 정의하는 촉매제 역할을 한다. 우리는 먼저 "당신이 무엇을 알았으면 좋았을까요?"라는 질문으로 시작한다. 이 질문에 대한 결과물은 모두 "알고 있었으면 좋았을 텐데…(I wish I knew…)"로 시작하는 중요한 진술이며, 이는 동료나 고객의 인식과 그들이 마음속 깊이 실제로 무엇을 원하는지를 알려주는 대상이 된다. 그래서 IWIK는 표면적인 목표 이상으로, 상대방에게 꼭 필요한 본질적 내용에 대해 본능적으로 이해할 수 있도록 돕는다. 이는 동료들이 의사결정을 내리기 위해 진짜로 필요로 하는 것이 무엇인지 알 수 있는, 신선하고 예상치 못한 방법이다.

IWIK 프로세스는 크게 네 단계로 구성된다.

1. 질문하기(Ask)

2. 브레인스토밍(Brainstorm)

3. 포착하기(Capture)

4. 고찰하기(Deliberate)

이제 각 단계를 순서대로 살펴보자.

질문하기: 적합한 사람에게 적합한 질문을 하라

IWIK 프로세스는 문제 해결에 필요한 분석을 수행하고, 결론을 도출하며, 최종 제안을 마련해야 하는 과제를 부여받는 그 순간부터 본격적으로 시작된다.

문제 해결을 위한 여정을 고민하기 전에, 먼저 자기 자신과 동료, 혹은 고객에게 누가 주요 이해관계자인지 물어봐야 한다. 당신이 내릴 결정이나 최종 제안을 실행하는 데 역할을 맡을 사람들의 목록을 만들자. 이 프로젝트의 성공과 실패 여부에 대해 누가 가장 신경 쓰는지 고민해야 한다. 그리고 이 정보를 활용해서 이해관계자 지도를 만들어본다. 지도를 만든 후, 그중 가장 중요한 사람들로 압축해 범위를 좁혀간다. 실제 실행하는데 있어 가장 두드러진 역할을 하거나, 결과에 가장 큰 영향을 받을 사람들의 최종 후보 명단을 만들 수 있다. 그렇게 선정된 최종 후보 명단은 가능한 다양한 사람들이어야 하며, 다양한 연공서열과 직책을 가진 개인들로 구성되어야 한다. 최대한 서로 다른 배경을 가지면 좋다. 선정된 사람들에 대해서 확신한다면, 당신이 속한 조직 문화에 따라 각 구성원에게 약 20분의 시간을 내달라는 이메일을 보낸다. 그리고 다음 세 가지 초기 사항을 결정할 수 있도록 답변을 구한다.

1. 해당 프로젝트를 성공적으로 진행하는 데 필요한 본질적인 질문

2. 그들이 중요하게 생각하는 성공 또는 결과를 결정하는 지
   표의 최종 목록
3. 아직 정확히 밝혀지지 않았으나, 당면한 문제 해결에 관련
   하여 그들이 탐구하고 싶어 하는 모든 것들

이 조사는 온전히 그들에 관한 것이다. 즉, 그들의 문제, 그들의 질문, 그들의 비즈니스, 그리고 그들의 성공에 초점을 맞춘다.

이러한 초기 의사소통은 생각의 과정을 막 시작하는 단계에 해당하며, 앞으로 좀 더 사고를 원활하게 할 수 있도록 돕는다. 포스트잇, 화이트보드 혹은 세부적인 내용 설명은 지양하여, 그들에게 심리적 부담감을 주지 말아야 한다. 그저 지금 그들이 생각 회로를 연결할 수 있도록, 좀 더 많은 내용을 생각할 수 있도록 요청하는 단계이다. 그 결과, 그들을 직접 만나거나 온라인에서 만날 때쯤이면 사람들은 좀 더 창의적으로 생각할 수 있는 올바른 마음가짐을 갖게 된다.

우산 공유 사업의 슬픈 결말

2017년, 중국 기업가 자오수핑(Zhao Shuiping)은 자신이 일군 스타트업 사업에 매진하여 열성적으로 박차를 가하고 있었다. 그 사업은 갑작스러운 폭우에 대비해 좀처럼 우산을 가지고 다닐

수 없는 바쁜 도시 통근자들 상대로 한 우산 공유 모델이었다. 그는 자신의 아이디어가 훌륭하고 독창적인 콘셉트라고 생각했다. 당시 공유경제는 엄청난 성장세를 그리고 있는 시점이었다. 2017년 3월, 브루킹스 연구소는 공유경제 모델이 2014년 140억 달러에서 2025년까지 3,350억 달러로 성장할 것으로 추산된다고 발표했다. [1] 뉴욕에 본사를 둔 시티바이크(Citi Bike) 사용자들은 2016년 1,400만 건의 주행을 기록했는데, 이는 전년의 1,000만 건에서 대폭 증가한 수치였다. [2] 자오수펑은 집카(Zipcar, 회원제 렌터카 공유회사-옮긴이)와 시티바이크가 이미 성공했다면, 자신의 사업도 성공할 수 있다고 믿었다.

비즈니스 모델은 간단했다. 셰어링 E 엄브렐러(Sharing E Umbrel-la)라 불린 이 회사는 부유한 상하이, 난징, 광저우를 포함한 중국의 11개 도시에 30만 개의 무지개 우산을 배치했다. 하지만 다음에 일어난 일은 자오를 완전히 당혹스럽게 만들었다.

몇 주도 지나지 않아 우산이 사라지기 시작했다. 아마도 몇몇 사용자들이 공공 대여 장소에 우산을 반납하는 것을 잊고 집에 그냥 가지고 가서 일어난 일처럼 보였다. 이를 보도한 미디어 복스(Vox)는 우산 한 개를 교체하는 데 약 9달러가 소요됐을 것이며, 만약 우산 30만 개가 모두 사라질 경우 거의 270만 달러에 해당하는 금액이라고 예상했다. [3] 이 금액은 자오가 사업 초기 투자금으로 받은 140만 달러를 훌쩍 뛰어넘는 금액이었다.

처참한 시작을 한 기업가들 중 몇몇은 모래 속에 머리를 집어넣고 언론의 관심이 지나갈 때까지 기다리기도 한다. 하지만 자오는 수백만 개의 우산을 더 쏟아부으며 다시 시도하고 싶다고 밝혔고, 더 집요하게 매달렸다. 그 이후로 그의 소식은 좀처럼 들리지 않는다. 그는 잊힌 사람이 되었다.

자오와 사라진 우산의 이야기는 어찌 보면 이해가 되는 측면이 있다. 적어도 처음에는 데이터와 증거가 그럴듯해 보였기 때문이다. 우산의 경우, 사람들은 공유하는 것을 좋아한다. 그것은 부인할 수 없는 사실이다. 사람들은 자전거, 자동차, 심지어 아파트를 공유하기도 하는데, 우산이라고 해서 다를 이유가 무엇이겠는가?

하지만 자오는 자신의 직관을 좀 더 적극적으로 활용했어야 했다. 자오가 자기 스스로 우산을 잃어버리거나 혹은 우산을 어디에 두었는지 잊어버리는 습관을 잠시라도 고려했더라면, 만약 그가 자신의 사업에 대한 고객의 요구를 파악하기 위해 IWIK 세션을 진행해 보고, 누군가가 사랑스러운 무지개 무늬 우산을 실수로 집으로 가져가서 잃어버리는 일이 얼마나 쉬울지에 대해 한 번 고민해 볼 필요가 있었다. 그랬더라면 그는 과연 우산 공유 스타트업을 하고 싶었을까? 직관의 힘에 좀 더 주의를 기울였다면, 그는 자신의 사업 모델에 대해 쉽게 확신할 수 없었을 것이다.

브레인스토밍: 정보 탐색을 최적화하라

빠르게 변화하는 세상에서는 정보를 수집하고 다양한 솔루션을 생각해야 한다. 우리는 이것을 가리켜 브레인스토밍이라고 부르며, 이를 통해 문제를 해결해 왔다. '브레인스토밍'이라는 용어는 1953년 광고 대행사의 경영자인 알렉스 오스본이 자신의 저서 《상상력의 응용(Applied Imagination)》에서 처음 언급했다. 오스본은 창의적 상상력의 힘에 대해 '지식 획득의 기본 도구'라고 말한다. 오스본은 "지식이 상상의 과정을 통해서 예리하게 종합되고 역동적으로 확장될 때 더욱더 유용해진다"고 주장했다.[4] 이는 아주 뛰어난 선견지명이라고 할 수 있다. 하지만 현재 상상력을 적극적인 도구로 사용할 수 있는 문화를 구축하는 데 시간을 투자하는 리더는 거의 없다고 해도 과언이 아니다. 오늘날 흔히들 말하는 브레인스토밍의 일반적인 모습은 과거 오스본이 얘기했던 예리한 종합이나 역동적인 확장을 담고 있는 브레인스토밍과 확연히 다르다.

오늘날 현실에서 브레인스토밍은 시간이 부족한 팀들에게 종종 큰 골칫거리가 되는 경우가 많다. 사실 '브레인스토밍'이라는 말을 들으면 형형색색 포스트잇, 기나긴 회의, 플립 차트, 화이트보드, 마구잡이로 던지는 아이디어, 그리고 똑똑한 사람들이 입을 열지 못하게 만드는 시끄러운 참가자를 떠올린다. 이러한 회의는 체계적으로 구성하기 어렵고, 생산적으로 이끌어가기 어려우며,

비효율적이고 효과도 떨어진다. 이러한 회의로 만들어진 결과물은 현실적으로 적용하기 어려운 아이디어인 경우도 많다. 온라인에서 진행되는 화상회의는 이러한 문제점을 더욱 가중한다.

IWIK는 이러한 문제를 해결할 수 있도록 설계되었다. IWIK 세션은 그룹 토론으로 진행할 수도 있지만, 우리의 많은 경험으로 비추어 볼 때 가장 생산적인 IWIK 세션은 일대일 또는 3명 이하의 소규모 그룹인 경우가 많았다. IWIK의 가치를 극대화하기 위해서는 다양한 이해관계자와 함께 연속적인 세션 라운드([자료 2-1] 참조)를 수행하도록 계획을 세워야 한다. 이러한 방법의 가장 중요한 본질적인 목표는 구성원들 사이에 존재하는 지식 격차를 드러내는 것이다. 어떤 사람들은 자신이 모르는 것을 이야기하고 자신 역량의 한계를 인정하는 데 있어 좀 더 편안함

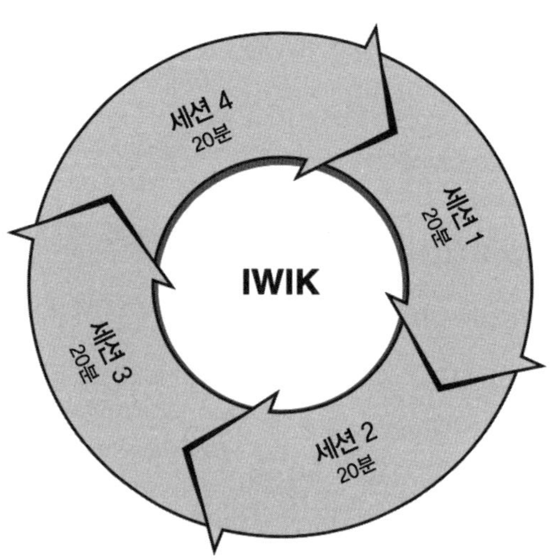

[자료 2-1] IWIK 진행 방식

을 느끼기도 하는데, 리더라면 이러한 그들의 모습을 있는 그대로 이해하고 때로는 감사해야 할 필요가 있다. 소규모 그룹 토론은 두려움을 느끼거나, 자신을 억제하려는 다른 그룹 환경에서는 쉽게 일어나지 않는 대화를 풀어낼 수 있다는 장점이 있다.

또한, 소규모로 구성된 친밀한 그룹은 다양한 성격 유형과 소통 방식에 민감하게 반응할 가능성이 크다. 특히 내향적인 사람들은 대규모 그룹에 참여하는 것을 불편해할 수 있다. 마지막으로, 실용적인 측면에서 소규모 그룹 회의는 회의 시간이 더 짧을 수 있고 일정 잡기도 더 쉽다. 인원수가 적으니 조정해야 할 일정이 적으며, 소수의 이해관계자와 함께 보내는 시간은 중요한 관계를 독특한 방식으로 발전시킬 수도 있다.

**당신은 물 속으로 뛰어드는 사람인가,
아니면 발가락만 살짝 담그는 사람인가?**

공저자인 크리스는 컬럼비아 경영대학원에서, 오랜 시간 동안 함께 일해 온 그룹의 구성원을 대상으로 팀 내 역학을 프로파일링하는 흥미로운 활동에 참여했다. 진행자는 다음과 같은 시나리오를 소개하며 시작했다.

"덥고 화창한 여름날, 당신은 한 번도 가본 적이 없는 호수를 방문하고 있습니다. 수영을 좋아하는 당신은 날씨가 습하고 끈적

해서 물에서 더위를 식히기로 합니다." 그런 다음 진행자가 물었다. "당신은 어떻게 하시겠습니까? 발가락만 살짝 담글 건지, 천천히 물속으로 들어갈 건지, 아니면 바로 뛰어들겠습니까?" 사람들은 각자의 답변을 적어서 제출했다. 10명 중 8명이 발가락만 살짝 담근다고 답했다. 이 시나리오는 팀이 미지의 영역에 어떻게 접근하는지, 모호함을 얼마나 편안하게 수용하는지, 그리고 기꺼이 뛰어들려는 의지가 있는지에 대해 대화를 나누는 계기가 되었다.

이 대화는 이러한 감정들이 구성원들이 업무에 접근하는 방식에도 적용되는지를 탐색하는 것으로 이어졌다. 그 상관관계는 매우 높았다. 이 교육은 팀 전체가 참여했는데, 팀원들은 서로를 잘 알고 있다고 생각했음에도 불구하고 그 결과는 예상 밖이었다. 그들이 매일 경험하는 일상적인 업무 환경과 그룹 역학은 이러한 종류의 탐구와 개방성을 발휘하기에 그리 도움이 되지 않았다.

흥미롭게도, 이 교육은 사람들이 위험 감수 성향에 대해 논의할 수 있는 색다른 방법, 즉 가상의 시나리오에 의한 안전한 방식으로 진행되었기에, 많은 이들이 동료에 대해서 좀 더 알 수 있게 되었고 서로를 이해할 기회를 얻게 되었다. 이처럼 대안적인 접근 방식을 사용해 문제를 새로운 방식으로 구성함으로써 팀원들은 새로운 교훈을 얻었다.

포착하기: IWIK 회의를 이끌어라

IWIK 세션을 이끄는 방법은 믿을 수 없을 정도로 간단하다. 당신의 역할은 대화를 적는 서기관이 되는 것이다. 세션에 참석한 동료나 고객에게 "우리가 무엇을 알았으면 좋을까요?"라고 묻는 것은 사람들이 걱정 없이 폭넓게 생각하도록 이끌 수 있다. 기존의 데이터, 시간 제약, 가지고 있는 재원, 닥칠 수 있는 역풍, 예산의 제약이나 기타 여러 문제에서 벗어날 수 있도록 만든다.

처음 이 질문을 던지면 다소 멍한 시선과 냉담한 침묵을 마주할 수 있다. 하지만 당황하지 마라. 이러한 반응은 상상으로 향하는 새로운 문을 막 열었기 때문에 발생할 수 있으며, 익숙해지는 데 시간이 걸린다. 우리는 상상력의 힘을 알고 있다. 다만 우리가 속한 비즈니스 세계는 우리가 변수와 제약이 주어진 조건 안에서만 생각하도록 만들었을 뿐이다. 이러한 환경은 우리가 창의적으로 생각하는 것을 억제하거나, 적어도 창의적으로 생각할 때 매우 신중하도록 만든다. IWIK를 통해 우리는 다르게 생각하고, 현상 유지를 깨뜨릴 수 있도록 도전하며, 모르는 것을 인정하고, 최대한 솔직하고 개방적으로 이야기할 수 있도록 도와줄 수 있다.

사람들에게 IWIK 질문을 던지면 흥미로운 역동성이 흐르기 시작한다. 조용하고 어색한 침묵에 잠겨있는 분위기에서 활력이 넘치는 분위기로 천천히 바뀌기 시작한다. 일단 질문이 흘러나오기 시작하면, 반드시 정답을 말해야 한다는 압박감에서 해방된 동료들은 실제로 멈출 수 없다고 느끼기까지 한다. 마치 일련의 도미노처럼, 처음 몇 개의 IWIK 질문들이 나오면 그다음 자연스럽게 중요한 논의가 형성된다.

이 단계에서는 명심해야 할 중요한 점은 제기되는 질문 중 그 어떤 질문에도 즉각 답하지 않는 것이다. 경쟁적인 업무 환경에 익숙해졌기에 대답하려는 유혹을 강하게 느끼지만, 이를 반드시 참아내야 한다. 정답이 무엇인지에 신경을 쏟아서 주의가 산만해지지 말고, IWIK 질문을 만드는 데 온전히 집중해야 한다.

같은 맥락에서, 실시간으로 사람들의 질문에 대하여 간섭하고 의견을 덧붙이려고 들지 마라. 질문에 대해 언급하거나, 지금까지 배운 내용이나 기대하는 바를 공유하는 것을 삼가라. 질문에 대한 의견은 프로세스의 개방성이나 흐름을 방해할 수 있다. 예를 들어, 동료의 IWIK 질문에 대해 "운영팀에서도 세 사람이나 같은 질문을 했어요. 마케팅팀인 당신도 비슷한 문제를 제기한다니 놀랍네요"와 같은 말을 한다면, 당신은 의도치 않게 동료의 사고 흐름을 혼란스럽게 만들 수 있다.

특히 여러 번의 IWIK 세션을 주최하는 경우, 제기되는 질문들이 중복되고 유사한 논의가 형성된다. 이것은 나쁜 일이 아니다. 오히려 이러한 반복을 통해 당면한 문제를 이해하는 데 매우 귀중한 통찰력을 얻을 수 있다. 그 자체로 중요한 데이터 포인트이며, 이는 앞으로 중요한 데이터를 발견하는 접점이 된다. 그러니 중복된 질문이더라도 모든 세션의 모든 질문을 기록하라. 이전에 들었던 내용이라고 말하면서, 논의의 흐름을 방해하려는 충동을 억제하라. 최대한 중립적인 입장에서 사람들의 대화를 경청하라. 지금이 아니어도 나중에 통찰을 더할 수 있다. 이후 추가 해석을 제시해서 의견 전체를 종합할 수 있는 많은 기회가 얼마든지 있다.

IWIK를 효과적으로 실행하는 또 하나의 중요한 핵심은 논의 과정을 서두르지 않는 것, 그리고 될 수 있는 대로 다양한 의견을 낼 기회를 제공해야 한다는 점이다. 이는 모든 이해관계자가 알고 있는 내용과 모르는 내용뿐만 아니라, 앞으로 알아야 하는 내용과 알 필요가 없는 내용까지 모두 포함한다.

IWIK 세션의 결과물은 사람들이 알고 싶어 하는 내용으로 구성된 진술이나 질문이다. 여러 차례 세션을 진행하며 많은 내용을 접하면서 정보 과부하가 걱정될 수도 있지만 걱정하지 마라. 이 단계에서는 과부하가 전혀 문제가 되지 않는다. IWIK 프로세스는 이러한 위험을 헤쳐 나가는 데 도움이 되도록 설계되었기 때문이다. IWIK의 다음 단계에서는 이렇게 수집한 모든 정보를 철저하게 정리하는 데 시간과 노력을 투자할 것이기 때문에, 무질서한 데이터 포인트의 늪에서 허우적대고 있다는 느낌이 들지 않을 것이다. 질문을 검토하다 보면 일정한 경향성을 확인할 수 있는데, 이는 가장 알고 싶어 하는 내용은 물론 팀 구성원 간의 업무 중복, 충돌하는 요구 사항, 결과와 사람들의 편향에 대한 기준까지도 알 수 있다.

이런 다양한 내용을 모두 포착했다면, 이제 그것들을 분류하고 분석할 차례다.

고찰하기: IWIK를 배열하고, 집계한 뒤, 종합하라

모든 IWIK를 수집하고 나면, 질문 수는 답변 수보다 훨씬 더 많을 것이다. 이는 이제 이러한 질문을 분류하고 집계하며, 체계를 만들어야 한다는 것을 의미한다. 당신은 앞선 IWIK 세션에서 제시된 10개, 20개, 50개 이상의 문장을 보고 있을지도 모른다. 이러한 양적인 방대함에 압도당하는 느낌을 받을 수 있지만, 사실 지금 제대로 진행하고 있다는 뜻이다.

당신은 이제 처음 주어진 상황에서 분석이 가능한 단계로 성공적으로 이동했다. IWIK를 정리하는 이 단계의 목표는 사람들의 대답에서 일정한 패턴을 발견하고, 중복된 내용과 이상치를 찾아내는 일이다. 이제 문제의 근본 원인을 이해하는 과정에 들어섰다. 이를 통해 필요한 핵심 데이터를 찾아내고, 필요한 특정 분석을 끌어내야 한다. 또한 이해관계자들이 가장 중요한 것에 집중하게 함으로써, 결과적으로 그들이 좀 더 신속하게 확신 있는 결정을 내릴 수 있도록 이끌어줄 것이다.

예를 들어, 정리된 IWIK 목록이 12개 미만처럼 적은 경우라면 다음 단계의 진행 여부는 선택적으로 판단하라. 당면한 사안에 대한 지식과 기존 데이터에 대한 숙련도에 따라, 1단계에서 5

단계까지 공식적으로 적용하지 않고도 IWIK 내용을 신속하게 분석할 수 있다. 다른 기술과 마찬가지로, IWIK를 더 많이 사용하면 사용할수록 숙련도가 높아지고 작업 처리 속도가 더 빨라질 것이다. IWIK를 익히는 것은 운전을 배우는 것과 유사하다. 처음에는 운전 매뉴얼을 공부하고 모든 단계를 하나씩 이행하며 진행하지만, 시간이 지나면서 무의식적으로 숙련되기 마련이다. 즉, 도로 상황을 신속하게 판단하고 확신을 가지고 빠르게 대응할 수 있다.

1단계, 목록(inventory) **작성하기.** 간략하게 [자료 2-2]와 같은 표를 만든다. 각각의 항목을 빠르게 정렬하고 관리할 수 있도록 스프레드시트(예: 구글 시트, 엑셀, 넘버스)를 사용하는 것이 좋다. 마이크로소프트 워드 문서로도 작성이 가능하지만, 진술 내용들을 다룰 때 더 어려울 수 있다.

이 파일을 'IWIK_Master_[프로젝트명]'으로 저장한다. 그 다음, 다른 이름으로 복사본을 저장한다. 앞으로 IWIK 내용들을 상당히 많이 다루고 수정하게 될 것이기 때문이다. 실수로 IWIK 진술을 삭제하더라도, 마스터 파일을 보고 참고할 수 있다. 또는 스프레드시트를 사용하는 경우, 단순히 탭을 복제하여 쉽게 백업 파일을 만들 수 있다.

지금까지 얻은 모든 IWIK 항목을 입력하라. 이때 각 질문을 제공한 사람 또는 팀의 정보도 함께 기재한다. 이 단계에서는 그 어떤 내용도 빠뜨리지 말아야 한다. 모든 IWIK는 중요한 분석의 대상이며, 단 하나의 IWIK가 필수적인 내용을 알려줄 수 있기 때문이다. 나중에 어떤 진술이든 빠르게 참조할 수 있도록 첫 번째 열에 1, 2, 3과 같이 번호(ID)를 매겨라.

2단계, 진술 코딩하기. 각각의 진술 내용을 읽으면서 2열에 A, B, C와 같은 알파벳을 할당한다. 유사한 진술을 발견하면 동일한 알파벳을 할당한다. 이미 데이터가 있거나 해당 데이터를 쉽게 찾을 수 있으면 5열에 '예' 또는 '아니오'를 입력한다. 6열에는 'M(반드시 알아야 할 내용)' 또는 'N(알고 있으면 좋은 내용)'을 지정한다. 완벽하게 정리해야 한다는 강박에 사로잡히지 마라. 이 파일은 당신만 사용하는 용도이며, 나중에 수정할 기회가 충분히 있기 때문이다.

3단계, 정렬하기. 2열을 기준으로 IWIK들을 분류하고 정렬하라. 같은 알파벳이 할당된 진술이 얼마나 되는지 패턴을 찾는다. 이는 조직의 중대한 지식 격차를 나타내며, 이를 바탕으로 앞으로 탐색할 특정 영역을 설정할 수 있다. 그다음, 6열을 기준으로 정렬하라. 이를 통해 우선순위가 높은 요구 사항들을 확인할 수 있을 것이다.

1열:	2열:	3열:	4열:	5열:	6열:
레퍼런스 식별번호	카테고리 (예: A, B, C)	IWIK 내용	담당자 (또는 팀)	데이터 보유 여부 (예/아니오)	긴급도 (M: 반드시 알아야 할 내용 N: 알고 있으면 좋은 내용)

[자료 2-2] IWIK 목록 예시

4단계, 분석하기. 수집한 데이터인 IWIK를 정확히 이해하는 데 유용한 도구를 만든다. 바로 4개의 바구니로 구성된 간단한 2×2 매트릭스다. x축은 현재의 정보를 나타내고, y축은 최선의 의사결정을 내리기 위해 '현재 알고 있는 것'과 '알 필요가 없는 것'으로 나뉜다. 우리는 이것을 IWIK 지식 매트릭스™(IWIK Knowledge Matrix™)라고 부른다([자료 2-3] 참조).

IWIK 내용을 분류하여 [자료 2-4]와 같이 정리하면 문제의 틀을 잡는 데 도움이 된다. 또한 지금까지 모은 데이터의 중요성을 평가할 수 있으며, 앞으로 어떤 데이터 탐색에 좀 더 집중해야 하는지 확인할 수 있다. 각 사분면에 얼마나 많은 정보가 분포되어야 하는지는 정답이 없다.

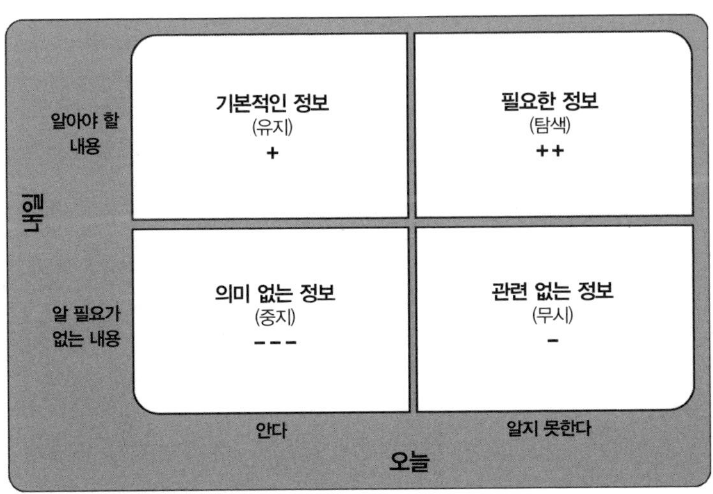

[자료 2-3] IWIK 지식 매트릭스

5단계, 데이터의 중요성 평가하기. [자료 2-4]의 매트릭스는 데이터의 중요성 정도를 평가할 때, 요구사항을 시각화함으로써 중요한 기준을 제시한다. 매트릭스의 하단부는 현재 다루고 있는 결정에 중요하지 않은 데이터를 의미한다. 따라서 이러한 시각화를 통해 당신은 불필요한 데이터를 수집하거나 분석하는 것을 즉시 중단할 수 있다. 그에 비해 상단부는 당신이 집중해야 하는 영역이다. 이곳에는 이해관계자들이 앞으로 나아가기 위해서 중요하게 다뤄야 한다고 식별한 핵심 질문들, 즉 '필수 IWIK들'이 포함되어 있기 때문이다.

이 시점에서 당신은 초기 문제를 핵심 요소들로 분해했기 때문에 매우 유리한 위치에 있다. 당신은 이 지도를 앞으로 데이터

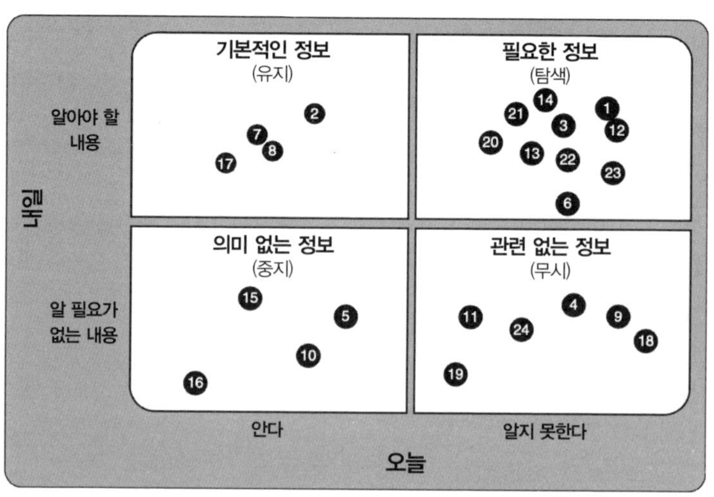

[자료 2-4] IWIK 지식 매트릭스의 예

IWIK들	우선 순위	시기	데이터 획득 또는 질문 답변의 난이도 /비용 평가	기존 방법 유지 또는 새로운 방식 채택 여부	현재 상태 /다음 목표	데이터 분석가
탐색						
3. 우리의 최고 성장 전망은 어디에 있는가? 신규 고객(획득)인가, 아니면 기존 고객(유기적 성장)인가?	상	단기	중	시장 분석	설문지 설계	LM
6. 우리의 가치 제안은 우수하고, 차별화되며, 고유한가?	상	단기	중	내부 데이터 활용을 통한 경쟁 분석	데이터 분석 및 비교, 확인	AF
14. 어떻게 하면 저비용, 저리스크, 단기적인 방식으로 시장에 빠르게 진출할 수 있는가? 우리의 최소 기능 제품(MVP)은 무엇인가?	상	중	상	새로운 제품 디자인	제품 포트폴리오 분석	EM
유지						
2. 우리의 고객 이탈, 갱신 및 취소율은 시간이 지남에 따라 어떻게 변했는가? 가입 기간이나 인구통계학적 그룹에 따라 차이가 있는가?	중	중기	하	고객 데이터 분석	내부 정량 데이터 분석	LF

[자료 2-5] IWIK 데이터 탐색 계획

탐색 계획으로 쉽게 바꿀 수 있다([자료 2-5] 참조). 우측 상단 사분면에 표시된 질문을 선택하면 이제 해당 질문에 대답할 때 필요한 시간과 비용, 자원의 규모 정도를 파악할 수 있다. 지식 매트릭스는 팀의 업무 우선순위를 정하는 실용적인 도구가 된다. 즉, 팀원들이 데이터를 탐색하는 방향성을 제시하고, 팀이 정말 중요한 일에 집중하고 있는지 확인할 수 있다.

의사결정의 프레임 설정하기

IWIK는 이 책에서 다룰 수많은 실무 도구 및 방법론 중 첫 번째다. IWIK와 지식 매트릭스는 기업이 데이터의 바다에 스스로 빠져들고 싶은 엄청난 유혹을 방지하도록 설계되었다. 이 도구들이 더 큰 문제를 해결하는 데 연관된 가능한 모든 질문에 답하도록 도와주지는 않겠지만, 우리가 직면한 문제의 프레임을 잡는 데 가장 중요하고 핵심적인 질문이 무엇인지 판단하는 데 도움이 된다.

IWIK의 장점은 규모의 확장성이다. 이는 간략한 대화 또는 일상 대화에서 쉽게 사용할 수 있는 유연한 기술이다. 반드시 전체 프로세스를 처음부터 끝까지 완료할 필요는 없다. 반복 숙달되면 일대일 방식으로 15분 이내로 끝낼 수 있고, 또는 이메일을 통해 진행할 수도 있다. 이해관계자들에게 "알고 있었으면 좋았을 텐데⋯(I Wish I Knew⋯)"라는 간단한 질문에 대답해 달라고 요청함으로써, 당신은 대답해야 할 일련의 핵심 질문을 파악하기 시작할 것이다. IWIK는 적용하기 쉽고 별도의 준비가 필요하지 않다. 또한, 새로운 상황에 당신이 신속하고 현명하게 대처하게 만들뿐만 아니라, 동료들과 서로 전략적인 대화를 할 수 있게끔 이끈다.

IWIK는 사람들이 평소와 다르게 생각할 수 있도록 도움을 주는 예상치 못한 기법이기도 하다. 사람들이 IWIK의 항목을 고민하고 완성할 때, 이는 새로운 대화를 여는 열쇠 역할을 하기도 한다. 이처럼 IWIK는 고객이나 이해관계자에게 다르게 생각할 수 있는 권한을 부여하고, 질문 목록을 작성하여 현재 상황을 탐색할 수 있는 대안적 방법을 제공한다. 이 신선한 사고방식은 새로운 배움을 이끌어내고, 그들에게 중요한 것이 무엇인지에 대한 깊은 이해를 밝혀준다. 즉, 사고의 조리개가 열리는 것이다.

IWIK 프로세스는 당신의 팀이 현명한 결정을 내리는 데 도움이 된다. 이러한 결정을 통해서 팀원들은 신속히 행동으로 옮길 수 있다. 이는 앞서 언급했던 코끼리의 정체를 이해하려는 은유적 사례처럼, '데이터'라는 아직 그 정체를 정확하게 이해할 수 없는 대상을 온전히 이해하기 위한 훈련이다.

만약 당신이 팀 내 관리자로서 IWIK를 중요한 방식으로 채택하기로 했다면, 처음에는 번거로운 프로세스처럼 느껴질 수도 있다. 하지만 하면 할수록 쉬워진다는 사실에 주목해야 한다. IWIK는 점차 습관처럼 자리 잡는다. 우리는 실제 IWIK를 채택한 많은 실무진으로부터 다양한 의견을 접했다. 그들은 IWIK를 채택한 후 전략적 결정을 내리기 전에 반드시 IWIK가 필요하다고 강조했다.

IWIK 기법은 스스로 생명력을 유지하며 확장된다. 문제를 설정하는 데 사용된 IWIK는 나중에 최종 제안 사항을 제시할 때, 첫 번째 슬라이드로 활용할 수 있다. 그만큼 IWIK는 중요한 요구 사항에 대한 분석을 필수 요구 사항들과 연결하고, 라벨링하는 역할을 하기 때문이다. 이에 대해서는 8장에서 더 자세히 논의할 것이다.

2장의 핵심 내용

- 의사결정의 질은 문제의 프레임을 설정하는 데 들인 노력에 정비례한다.

- IWIK 프로세스는 크게 질문하기, 브레인스토밍, 포착하기, 고찰하기의 4단계로 나뉜다.

- 전략적 질문을 신속하게 포착하면 우선순위를 명확히 하고, 지식 격차를 확인할 수 있다. 이는 결정에 중요한 정보와 잠재적인 편견을 사전에 규명할 수 있다.

- IWIK는 답변을 찾아야 하는 필수 질문과 중요한 성공 및 결과 지표를 파악하는 데 중요하며, 향후 좀 더 탐색이 필요한 내용을 파악하는 데 도움이 된다.

- IWIK 결과물을 평가하기 위해서 지식 매트릭스를 사용하면 중요한 질문을 파악할 수 있다.

3장.

마지막에서 시작하는
역방향 접근법

■ 우리가 실패하는 이유는 대개 옳은 문제에 대해 잘못된 해답을 내놓아서가 아니라, 애초에 틀린 문제를 해결하려 들기 때문이다.

– 러셀 L. 애코프

이번 장에서는 역방향으로 일하는 방식의 힘을 소개한다. 마지막에서 시작하는 방식은 앞에서 언급한 IWIK 접근 방식과는 다르지만, 서로 보완적으로 활용할 수 있다. IWIK는 광범위한 내용을 먼저 탐색한 후 본질적인 질문을 발견하는 '아래에서 위로' 접근하는 상향식 작업이라면, 마지막에서 시작하여 역방향으로 거스르는 방식은 그와 달리 '위에서 아래로' 접근하는 하향식 접근 방식이다. 지금 내려야 할 결정에서부터 시작하여 문제의 구체적인 조건으로 되돌아가는 경로를 찾은 다음, 결정을 내리는 데 필요한 최소한의 데이터 양과 분석의 범위를 확인할 수 있다.

이처럼 눈앞의 결정에서부터 시작하여 역으로 거슬러 올라가는 방식은 의사결정하는 과정을 좀 더 데이터 중심적, 목적 지향적, 행동 지향적으로 만든다.

소설 《이상한 나라의 앨리스》를 기억하는가? 이 이야기는 앨리스라는 어린 소녀가 토끼 굴에 빠져 기괴한 상황과 캐릭터들이 가득한 세계를 헤쳐나가는 내용이다. 1865년에 나온 루이스 캐럴의 소설에서 앨리스는 어느 시점부터 갈림길에 서게 된다. 혼란스러운 앨리스는 체서 고양이에게 어느 길을 선택해야 할지 묻는다. "그건 네가 어디로 가고 싶은지에 따라 크게 달라져." 고양이 컨설턴트에게 앨리스는 대답한다. "어디든 상관없는데…." 그러자 고양이가 끼어들며 말한다. "그럼 어느 길로 가든 상관없어." 앨리스는 말을 덧붙인다. "…어디든 도착만 한다면 말이야." 고양이가 대답한다. "오, 그건 확실히 그렇게 될 거야. 네가 충분히 오래 걷기만 한다면 말이지."

당신은 《이상한 나라의 앨리스》의 일화가 지금 말하고자 하는 맥락이랑 무슨 관련이 있는지 궁금할 것이다. 앨리스를 데이터의 숲을 걷는 분석가, 컨설턴트 또는 데이터 과학자라고 생각해 보라. 그녀는 유용한 인사이트를 찾고자 노력하지만, 정작 자신이 어디에 도착하기를 바라는지 모른다. 또한 도착지로 생각하는 '어딘가'의 모습도 구체적으로 확신하지 못하고 있다.

많은 기업의 리더들이 자신들은 방대한 데이터를 가지고 있으며, 따라서 그 안에 보석이 있을 것이라고 일반적으로 믿는다.

그리고 실제로 앨리스처럼 데이터 숲에서 많은 시간을 보낸 분석가는 필연적으로 흥미로운 상관관계나 패턴을 발견할 수 있다. 하지만 도달하려는 최종 목표가 정해져 있지 않다면, 그 분석 중 얼마나 많은 부분이 달성하고자 하는 목표와 실제로 관련이 있겠는가? 거기에는 많은 행운이 필요할 수밖에 없을 것이다. 정처 없는 탐험을 하다가 예상치 못한 보석을 발견할 가능성은 매우 희박할 것이며, 뚜렷한 의도를 가지고 과정에 임하지 않는 한 이러한 탐색적 노력의 대부분은 헛된 수고로 끝날 것이다.

앞선 두 장에서 강조했듯이, 정량적 직관에서 가장 중요한 단계 중 하나는 본질적인 질문에 집중하는 능력이다. 의사결정자들은 종종 자신이 찾고 있는 것이 무엇인지 불확실하거나 모호한 태도를 보일 때가 있다. 우리는 모두 문제 자체를 제대로 이해해야 한다고 알고 있지만, 왜 문제의 프레임을 설정하는 것이 그렇게 어려울까?

이 질문에 대한 답은 여러 가지가 있다. 첫째, 문제와 이에 대한 해결 방법을 신중하게 생각하는 것은 매우 어려운 일이다. 상황 전반을 이해하고, 통찰력을 가지면서, 상황과 반대되는 내용 역시 고려해야 한다. 예를 들어, 환자가 흉통을 호소할 때 의사가 겪는 과정을 생각해 보라. 물론 흉통은 걱정스러울 수 있지만, 실제로는 환자의 근본적인 문제가 아니라 환자가 경험하는 증상일 뿐이다. 때때로 이런 종류의 통증은 간단하고 쉽게 치료할 수 있는 원인에서 비롯되기도 하지만, 때로는 좀 더 복잡한 질환과 관련이 있을 수 있다. 의사는 수년간의 경험과 교육에 의존해서 환자의 문제를 평가하고 진단한다. 간단한 검사를 하거나, 질문을 던지거나, 심전도 검사를 지시할 수 있다. 이처럼 진짜 발병 원인을 파악하는 과정은 매우 어렵다. 여기에는 해당 분야에 대한 통찰력, 경험, 시간이 필요하다.

문제를 파악하는 데 어려움이 있을 뿐만 아니라, 문제를 정의하는 과정에도 리스크가 따른다. 끝이 정해지지 않은 여정을 시작하는 것은 오히려 마음에 편안함을 준다. 목적지가 없으면 성과 미달로 인해 실패할 일이 거의 없기 때문이다. 반면, 문제를 명확히 정의하는 것은 당신이 '실패란 어떤 모습일지'를 미리 예상하고 규정하도록 강요한다. 의사의 예로 돌아가서, 의사는 진단을 내릴 때 자신이 틀릴 수도 있다는 리스크가 있다는 것을 알고 있다. 의사는 자신의 경험과 보유한 데이터를 바탕으로 위험을 비교하면서 더 많은 검사를 시행하거나 더 많은 질문을 하고, 혹은 환자를 다른 전문의에게 의뢰하여 진단을 나중으로 미룰수도 있다. 결과적으로 이는 불필요한 검사, 추가 비용, 치료의 지연이 발생할 수 있다. 이와 유사하게, 비즈니스 환경에서 의사결정자는 중요한 문제를 정의할 때 모호한 태도를 보일 수 있다. 이는 단순히 데이터 자체가 중요한 문제를 정의해줄 것이라는 잘못된 믿음 때문이기도 하다. 그러나 안타깝게도 데이터 자체가 문제를 정의하는 경우는 거의 없다.

이는 우리가 함께 일했던 많은 기업의 리더들에게서 관찰한 가장 큰 실수 중 하나이기도 하다. 데이터가 질문과 답을 모두 제공할 것이라고 기대하지 마라. 의사결정자로서 문제를 정의하는 것은 당신의 책임이다. 당신이 먼저 문제를 신중하게 정의했을 때 비로소 데이터는 그 답변을 뒷받침할 충분한 증거를 제공할 수 있다. 또한 조직 내에 그 데이터를 적절히 발굴해 낼 수 있는 올바른 역량이 갖춰져 있다면, 당신은 이전에 정의한 문제에 대한 해결책을 찾아낼 수 있을 것이다. 그렇다면 이제 본질적인 질문으로 돌아가 보자. 그렇다면 애초에 그 문제를 어떻게 정의해야 하는가?

문제 정의하기

효과적인 의사결정의 시작은 맨 마지막에서부터 출발한다. 이는 역방향 접근법의 핵심이다. 이는 현재 직면한 결정들이 문제를 평가하고, 필요한 정보를 파악하며, 데이터를 검증하고, 이를 종합하여 다음 행보를 결정하는 모든 단계를 안내하는 가이드가 되어야 함을 의미한다. 우리는 먼저 도달해야 할 '결정'을 마음속에 품고, 그 결정으로 이어지는 모든 질문을 탐색하기 위해 거꾸로 거슬러 올라간다.

여기서 강조해야 할 매우 중요한 점이 있다. 정량적 직관의 접근법은 '진행할 것인가 말 것인가' 하는 '내려야 할 결정'에서 시작하는 것이지, '우리는 제품을 출시해야 한다'와 같은 '특정 방향으로 내린 결론'에서 시작하는 것이 아니라는 점이다. 후자와 같이 이미 결론을 정해놓고 시작하는 방식은 데이터 기반의 탐색이 무의미한 '이미 정해진 결론'으로 이어질 뿐이다.

역방향 접근법은 1985년 〈하버드 비즈니스 리뷰(Harvard Business Review)〉에 개재된 앨런 앤드리선(Alan R. Andreasen) 교수의 '역방향 시장 조사(Backward Market Research)'에서 영감을 얻었다.[1] 해당 내용은 마케팅 조사의 맥락에서 역방향 시장 조사 접근법의 내용을 설명하고 있다. 이는 지금 내려 할 결정에서 출발하여, 역방향으로 필요한 마케팅 조사와 자료수집 및 분석을 설계한다. (123쪽 박스 〈역방향 시장 조사〉 글 참조).

현재 우리는 점점 더 압도적으로 쌓이는 데이터를 경험하고 있으며, 동시에 빠른 속도의 의사결정에 대한 중요성을 마주하고 있다. 이번 장에서 우리는 정량적 직관이라는 렌즈를 통해, 이 역방향 접근법을 단순히 마케팅 조사 프로젝트를 넘어 보다 일반적인 맥락에서 데이터 기반으로 의사결정을 해야 하는 영역으로 확장하고자 한다. 그리고 이를 바탕으로 크고 작은 규모의 의사결정에서 어떻게 사용할 수 있는지, 그리고 IWIK 접근 방식과 어떻게 결합할 수 있는지를 살펴볼 것이다.

우리는 역방향 의사결정의 세 가지 단계를 제안한다.

1. 의사결정 트리 만들기

2. IWIK를 활용하여 결과물의 청사진 제시하기

3. 역방향으로 데이터 및 분석 지도 만들기

역방향 시장 조사

1985년, 〈하버드 비즈니스 리뷰〉에서 앨런 앤드리선은 마케팅 조사에 대한 역방향 접근 방식의 기본 개념을 설명했다. 그는 역방향 시장 조사 전략(Backward Market Research strategy) 또는 BMR이라고 명명한 8단계 계획을 개발했다.

1단계는 연구의 최종 결과가 어떻게 구현될지 결정하는 것이다. 이 단계는 그 자체만으로도 의사결정자 또는 임원이 처음부터 문제를 정의하는 데 도움이 될 수 있다.

2단계는 최종 보고서에 정확히 무엇이 담겨야 하는지 결정하고, 분석을 위한 일종의 청사진을 준비하는 것이다. 이 단계에서 연구자와 의사결정자는 긴밀하게 협력하기 시작한다.

3단계와 4단계는 필요한 분석을 구체화하고, 이러한 분석을 수행하기 위해 수집해야 하는 데이터 종류를 결정하는 것을 포함한다. 이 단계에서는 연구자와 의사결정자가 어떤 종류의 정보를 얻을 수 있을지 구상해야 한다. 또한 이를 통해 해당 정보를 가장 잘 활용할 수 있는 방법을 시각화해야 한다.

5단계에서 8단계는 시장 조사에 대한 새로운 접근 방식을 반영

1단계: 의사결정 트리 만들기

정량적 직관 프레임워크는 의사결정에 초점을 맞춘다. 따라서 데이터 기반의 여정이 단순히 의사결정으로 끝나는 것뿐만 아니라, 의사결정의 범위를 정하는 것에서부터 시작해야 한다. 물론 이러한 과정을 처음 시작할 때는 실제 의사결정이 어떻게 이루어질지 알 수 없다. 또한, 과정에 영향을 미치거나 특정 방향으로 의사결정이 기울어지지 않도록 주의해야 한다. 하지만 이 단계에서 중요한 것은, 분석 결과가 어떻게 나오느냐에 따라 우리가 다양하고 가능한 조치를 취할 수 있다는 인식이다. 나올 수 있는 다양한 결과물을 모두 그려볼 수 있어야 한다. 이 단계에서는 분석 결과를 생각할 때 취할 수 있는 의사결정 또는 가능한 조치의 갈래들을 구체화해야 한다. 의사결정의 갈래를 훑어보는 과정은 포괄적이어야 하며, 종종 이 시점에서 가능한 조치가 무엇인지에 대해 주요 이해관계자와 논의하는 것을 포함한다. 이러한 예로는 창업 아이디어를 실행에 옮길지, 아니면 모든 것을 중단할지, 회사를 새로운 지역으로 확장할지, 회사가 목표로 삼아야 할 고객층은 누구인지, 또는 신제품에 어떤 가격대를 선택해야 할지 등이 있다.

가능한 각 행동에는 최소한 두 가지의 경우를 고려해야 한다. 즉, 선택한 수 있는 두 가지 의사결정 옵션을 의미한다. 이 과정을 통해 실제로 한 가지 옵션만 있다는 사실을 알게 됐다면, 즉 실제로 출시나 확장 결정이 사실상 이미 내려졌다면, 굳이 분석에 시간과 비용을 투자할 이유가 없다.

만약 당신이 해당 시장이나 산업에 대해 잘 알고 있다면, 가능한 의사결정의 가지들이 명확하게 보일 것이다. 하지만 그렇지 않은 경우에는 다른 선택지가 무엇인지 파악하기 위해 약간의 사전 조사가 필요할 수 있다. 조직이나 해당 분야의 주요 이해관계자 또는 소비자와 대화해야 할 수도 있다는 뜻이다.

예를 들어, 고객 세분화 연구를 생각해 보자. '고객을 더 잘 파악하기 위해' 혹은 '사업을 더 잘 이해하기 위해' 세분화 연구를 수행하겠다고 시작하는 경우, 대개는 데이터 수집 및 분석에 투자하기에는 시간과 비용이 충분하지 않은 경우가 많았다. 고객 세분화 연구와 같은 데이터 조사 및 분석을 시작할 때, 우리가 할 수 있는 조언은 아이처럼 행동하라는 것이다. 즉, 끊임없이 질문하고 끊임없이 "왜?"라는 질문으로 뻔뻔스럽게 물고 늘어져야 한다. 이 조언은 이미 1장에서 많이 강조했다. 이러한 아이

같은 직감은 또한 강력한 실질적 기반을 갖추고 있다.

토요타 산업을 창업한 일본의 발명가이자 기업가인 사키치 토요다는 '왜'라는 질문을 다섯 번 던지면 문제의 본질과 해결책을 명확하게 알 수 있다고 주장했다. 이 '5 Why' 분석법을 세분화 연구 맥락에 적용하면, 다음과 같이 질문할 수 있다.

Q: **왜** 세분화 연구를 수행하고 싶은가?

A: 고객을 더 잘 알고 싶기 때문이다.

Q: 고객을 알고 싶어 하는 것은 매우 좋은 일이지만, **왜** 하필 '지금 이 시점'에 고객을 더 잘 알고 싶은 것인가?

A: 매출이 정체되어서, 이전처럼 고객에게 서비스를 제대로 제공하지 못하는 게 아닌지 걱정되기 때문이다.

이처럼 연속적인 '왜'라는 질문을 통해 우리가 문제를 정의하기 시작했다는 점에 주목하라.

Q: **왜** 그렇다고 생각하는가?

A: 새로운 경쟁자가 우리 업계에 들어왔는데, 그들이 우리보다 젊은 소비자 계층의 니즈를 더 잘 충족시키고 있다고 생각하기 때문이다.

이제 우리는 어떤 질문에 답해야 할지 모른 채 그저 있으면 좋을 것 같아서 요청하는 일반적인 세분화 연구에서 벗어나, 이 프로젝트가 우리를 어떻게 발전시킬 수 있는지에 대한 실제 행동 기반의 정의로 나아가고 있다.

이처럼 연속된 '왜' 질문을 통해 얻은 내용을 바탕으로, 세분화 연구를 좀 더 직접적인 실행 단계에서 의사결정을 이끄는 질문들로 재정의할 수 있다. 예를 들어, '새로운 경쟁에 직면했을 때 목표 고객 전략을 젊은 소비자층이 아닌 다른 고객층으로 전환해야 할까?' 혹은 '경쟁자보다 우수할 수 있는 우리 제품의 특면을 파악하여 젊은 고객을 다시 유인해야 할까?' 등등의 질문으로 발전할 수 있다. 이러한 관점은 일반적인 세분화 연구와는 매우 다른 분석으로 이어지며, 훨씬 더 실행에 집중할 수 있는 내용을 만들어낸다.

우리의 지난 경험에 비추어 볼 때, '왜'라는 질문을 끝내고 의사결정의 대상 범위를 구체화하여 모두 훑어보고 나면, 문제는 이미 반쯤 해결되었다고 말할 수 있다.

2단계: IWIK를 활용하여 결과물의 청사진 제시하기

다음 단계는 다소 논란의 여지가 있을 수 있다. 지금부터는 의사결정자가 분석가와 협력하여 최종 결과물의 청사진을 미리 작성해야 한다. 어떤 프로젝트의 경우, 필요에 따라서 보고서 형태가 아닐 수 있다. 대신 기계학습 같은 기술을 활용하여 분석 계획과 추천 시스템을 제안하거나, 더 작은 규모의 의사결정을 위한 간단한 메모일 수 있다. 방식의 차이는 다소 있으나 핵심은 의사결정으로부터 역으로 거슬러 올라가, 그 결정을 내리는데 필요한 분석과 정보를 추적하는 것이다.

이러한 방식은 처음에는 엄청난 도전처럼 느껴질 수 있다. 단 하나의 정보도 수집하지 않은 상태에서 어떻게 데이터 분석 여정에 대한 최종 내용을 미리 작성할 수 있을까? 최종 결과물의 청사진에 해당하는 내용에는 무엇을 포함해야 할까? 빈 표라도 넣어야 할까? 대부분은 그러할 것이다. 최종 결과물의 청사진에는 종종 '계획된', '미정' 또는 '비워둔 표'라고 하는 것이 포함된다. 그리고 이는 앞으로 수행하려는 분석을 위한 밑그림에 해당한다.

당신이 애플에서 근무하며, 청소년을 위해 특별히 설계된 아이폰을 출시한다는 아이디어를 냈다고 상상해 보라. 이를 위하여 당신은 이 아이디어의 실현 가능성을 판단하기 위한 의사결정에 표가 필요할 것이다. 그 표는 당신이 생각하는 프로토타입 아이폰에 대한 각기 다른 연령대의 청소년들이 어떤 선호도를 보이는지 설명하는 형태여야 한다. 이때 작성할 빈 표는 아마 [자료 3-1]처럼 보일 것이다.

이 표에는 열과 행에 대한 이름은 붙어 있으나, 그 외에는 채워지지 않았다. 아직 데이터가 없기 때문이다. 데이터를 수집하고 분석하면서 표를 채우겠으나, 지금 단계에서는 보고서 청사

	아이폰에 대한 연령대별 청소년의 관심	
나이	예	아니오
12~13세		
14~15세		
16~17세		
18~19세		

[자료 3-1] 연령별 신규 제품에 대한 관심도

진에서 제시해야 할 표와 수치만 설명하면 된다. 그리고 그것이 필요한 이유를 설명하면 된다. 물론 이 표와 수치는 나중에 신뢰할 수 있는 정보로 채워질 것이라고 가정한다. 이 과정의 목적은 수집된 데이터와 수행된 분석이 끝날 때, 당신이 정확한 결정을 내리는 데 도움이 되도록 하는 것이다.

이 표가 의사결정에 어떻게 쓰일지 고민하는 간단한 연습만으로도, 당신은 앞으로 내려야 할 의사결정 관점에서 생각을 좀 더 구체화할 수 있으며, 이를 통해 좋은 결정을 내릴 수 있다. 예를 들어, 좀 더 어린 청소년은 휴대전화에 관심이 있으나 그에 비해 나이가 많은 청소년은 관심이 없다고 할 경우, 예상할 수 있는 구매 결정 시나리오를 생각해 볼 수 있다. 이러한 사고 과정은 실제로 어린 청소년을 위해 제품을 구매하는 사람, 구매 결정을 내리는 사람, 제품 비용을 내는 사람 및 기타 영향 요인을 살펴보게끔 한다. 나아가 이러한 다양한 아이디어를 별도의 표로 작성할 수 있게끔 만든다.

데이터를 모으기에 앞서 전에 어떤 내용을 청사진에 담을 것인가와 같은 접근은 이처럼 많은 장점이 있다. 각각의 데이터의 세부적인 측면을 이해하고, 분석에 필요한 세부 사항에 주의를 기울이는 데 도움도 된다. 아이폰 예에서 보자면, 우리가 정의하는 '청소년'의 정의가 12~19세라는 것을 분석가에게 알리는 데 도움이 될 수 있다. 이러한 의미에서 비어 있는 표인 [자료 3-1]은 이러한 정보가 분석팀에 확실히 전달될 수 있도록 만드는 장치가 된다.

IWIK와 마찬가지로, 비어 있는 표는 데이터 분석 과정을 탐색하는 일종의 GPS(위치 확인 시스템)다. 비어 있는 표나 IWIK가 없다면, 수집된 데이터가 실제로 의사결정에 도움이 될 수 있는 정교하게 큐레이션 된 정보 목록이 아닌, 그냥 쉽게 구할 수 있는 정보의 나열처럼 전락할 위험이 있다. 실제로 IWIK(아래에서 위로, 상향식 사고)와 역방향 사고(위에서 아래로, 하향식 사고)라는 차이점에도 불구하고 두 가지 접근 방식은 모두 본질적인 질문에 집중하는 데 도움이 된다는 점에서 상호 보완적이다. 바로 이 빈 표를 만들어 가는 단계에서 IWIK 방법을 사용한다. IWIK와 IWIK 지식 매트릭스([자료 3-2] 참조)는 '알고 있는 것/알고 있지 않은 것' 및 '앞으로 알아야 할 것'으로 구분한 표이다. 특히 매트릭스의 우측 상단에 있는 '알아야 하지만 모르는' 내용을 파악하고, 답할 수 있는 빈 표와 수치들을 생성해야 한다.

또한, 비어 있는 표는 분석을 완료하는 데 필요한 정보에 집중

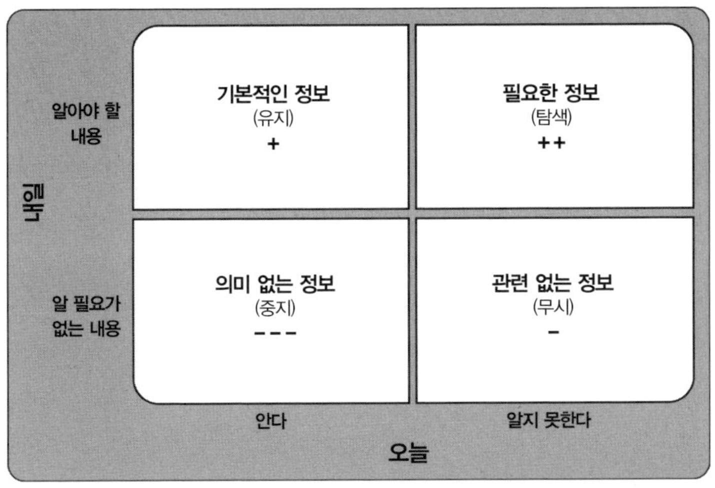

[자료 3-2] IWIK 지식 매트릭스

할 수 있도록 하는 유용한 도구이다. 분석이 끝날 무렵, 표에 담긴 정보가 완벽하지 않을 수도 있지만, 일종의 목록 역할을 하며 현재 위치와 앞으로 어디로 나아가야 하는지에 대한 명확성을 제공한다. 최종 결과물의 청사진에 대해서 생각해 볼 시간을 가지면, 최종 결과물을 더 빠르고 더 명확하고 더 간결하게 만들 수 있다. 따라서 전체 프로세스는 더욱 효율적이게 된다.

의사결정자는 종종 막연하게 대략 옳은 것보다 정확하게 틀리는 것을 선호하는 경향이 있다. 물론, 그 누구도 의도적으로 틀리는 것을 원하지 않지만, 확실성과 관련성 사이의 균형에서 우리는 종종 확실성 쪽으로 기울어지는 경향이 있다. 확실성을 추구하는 과정에서 우리는 종종 실제로 필요한 표와 수치의 대략적인 추정치보다, 해당 결정에 관련성이 덜 하더라도 정확하고 검증된 정보를 선호한다. 최종 결과물의 청사진을 미리 계획하면, 실제로 결정을 내리는 데 필요한 분석에 가장 정확하고 관련성 있으며, 동시에 필수적인 정보를 구하는데 집중할 수 있다.

3단계: 역방향으로 데이터 및 분석 지도 만들기

다음 단계는 빈 표와 수치를 채우기 위해 어떤 데이터가 필요한지 스스로에게 묻는 과정이다. 앞서 언급한 청소년용 아이폰 관심도 표를 완성하기 위해 설문지를 만든다면 어떤 질문이 필요할까? 생각보다 간단할 것이다. '당신은 새로 제안된 아이폰에 관심이 있습니까?', '당신의 나이는 몇 살입니까?' 등과 같은 질문을 할 수 있다.

여기서부터 과정은 전통적인 데이터 기반 의사결정 패턴을 따른다. 즉, 사용 가능한 데이터를 평가하고, 필요한 정보를 수집하고, 데이터를 분석하고, 정보를 전달한다. 앞선 단계에서 당신이 노력과 근면함을 기울였다면, 이후의 단계는 훨씬 쉽다. 실제로 제너럴모터스의 전 연구 책임자였던 찰스 케터링이 한 "잘 정의된 문제는 이미 절반쯤 해결된 문제"라는 말은 널리 알려져 있다. 역방향 접근법을 통해 의사결정을 내렸던 우리의 경험에 비추어 보더라도, 이 접근법의 첫 세 단계를 마치고 나면 문제는 정말로 거의 해결된 것이나 마찬가지였다.

'상자 안에서 생각하기'의 재발견

이처럼 최종 지점에서부터 시작하는 역방향 접근법은 딱히 필요하지 않은 작업에 사람들이 시간, 에너지, 비용을 낭비하지 않도록 돕는다. 역방향 접근법은 경영진이 실행 가능한 결과를 공식화하고 적절한 비상 계획을 수립하는 데 도움이 된다.

사실, 의사결정 트리 방식으로 사고하고 진행하는 와중에, 때로는 이미 결정이 너무 명확하다는 것을 깨닫기도 한다. 그런 경우 프로젝트 전체의 방향성을 바꾸거나, 때로는 완전히 취소해야 한다는 판단이 들 수도 있다.

역방향 접근 방식은 대규모 의사결정에 가장 적합하지만, 소규모 의사결정에도 사용할 수 있다. 매일, 매주 또는 매달 받는 숫자와 분석으로 가득한 성과 추적 보고서를 생각해 보라. 다음에 그러한 보고서를 받으면, 각 숫자를 보고 자신에게 물어보라. '만약 이 숫자가 오늘의 두 배가 되거나 절반으로 줄어든다면, 이에 대해 보고서를 받는 나는 무언가 행동을 취할 것인가?' 만약 대답이 '아니요'라면 이 숫자는 당신에게 쓸모가 없을 가능성이 크다. 따라서 당신에게 전달되는 보고서에서 이 숫자를 빼달라고 요청해야 한다. 이런 수치는 무의미하다. 정말 의미 있고 중요한 수치에 집중해야 하는 상황인데, 오히려 당신을 산만하게 하고 주의를 분산시킨다. 물론, 이 특정 숫자가 조직의 다른 사람에게도 중요하지 않다는 뜻은 아니다. 다만, 이러한 숫자에 따라서 결정을 바꿀 가능성이 있는 의사결정자에게만 그 정보가 전달되어야 한다. 자동차 계기판을 떠올려보라. 엔진 온도가 너무 높거나 오일 수치가 너무 낮아서 즉각 조치를 취해야 하는 중요한 시점이다. 이때, 정작 중요한 경고등을 깜빡거리는 대신 모든 정보를 보란 듯이 운전자에게 한꺼번에 제공한다면 어떨까? 우리는 이처럼 쏟아지는 데이터에 완전히 압도될 것이다. 의사결정과 전혀 관련이 없는 정보들이 필연적으로 포함될 수밖에 없기 때문이다. 비즈니스 계기판은 자동차 계기판과 더 비슷해야 한다. 즉, 의사결정자가 내려야 하는 결정에서 출발하여 필요한 정보를 찾아내고, 의사결정에 관련성 있고 유용한 정보만 명확하게 표시해야 한다. 그리고 이는 적절한 수준으로 상세한 내용을 명확하게 제공해야 한다.

당연히 역방향 접근법에 대한 비판도 있다. 그중 하나는 의사결정 시점부터 결정 내용을 고려하다보면 확증 편향이나 놓치는 부분이 생길 수 있는 점이다. 또한, 이로 인해 과정 전반에 걸쳐 드러날 수 있는 특정 내용을 그냥 지나칠 수 있게 만든다. 가장 우려해야 할 부분은 의도치 않게 의사결정 결과에 영향을 미칠 수 있다는 사실이다. 실제로 역방향 접근법은 상자 안에서 생각하는 방식(inside-the-box)이다. 이는 의사결정자가 프로세스 초기 단계에 이미 결정할 내용을 미리 파악했다고 가정한다. 그렇기는 하지만, 내용을 파악하는 과정은 정교해질 수 있으며, 관련한 내용을 적절히 탐색하였는지 확인하기 위해 몇 주 또는 드물게는 몇 달이 걸릴 수 있는 분석이 포함될 수도 있다.

상자 밖(outside-of-the-box)에서 좀 더 다른 시각과 통찰을 얻기 위해서, 역방향 접근법을 취하는 사람은 이러한 예상 밖의 통찰과 시각을 얻을 기회를 프로세스에 포함하는 것도 좋은 방법이다. 이 책에서 반복해서 언급했듯이, 정량적 직관 프로세스의 어떤 것도 반드시 한 방향으로만 진행할 필요가 없다.

마지막으로, 우리는 '우리가 모른다는 사실조차 모르는 것들'을 놓칠까 봐 상자 밖 사고방식에 집착하는 경향이 있다. 미지의 영역을 탐구하느라 정작 '우리가 모른다는 사실을 알고 있는 것들'에 대한 답을 찾는 데는 충분한 시간을 쓰지 않는다. 하지만 우리가 이 질문들에 답을 모른다는 사실을 이미 인지하고 있는 이유는, 대개 그것들이 우리의 핵심 경로 위에 놓여 있기 때문이다. 내려야 할 결정에서 출발하는 역방향 접근법은, 모른다는 사실을 이미 알고 있는 질문들에 대해 데이터 기반의 여정이 해답을 비춰줄 가능성을 극대화한다.

의사결정 프로세스에 미치는 영향력이나 확증 편향에 관해서라면, 다시 한번 기억하자. 역방향 접근법이란 결론을 내린 뒤에 데이터 여정을 시작하는 것이 아니다. 그보다는 최소한 두 개의 의미 있는 선택지가 있는 의사결정 트리를 설계하고, 그중 하나를 결정할 수 있게 돕는 분석 계획을 세우는 것을 의미한다. 당신은 결정의 가지들을 식별하고, 최소한 두 개 이상의 선택지가 존재함을 보장하며, 무엇보다 프로세스에 참여하는 모든 이들에게 모든 선택지가 실행 가능하다는 점과 프로젝트의 목적이 '어떤 길을 택해야 할지를 찾아내는 것'임을 명확히 보여줄 수 있어야 한다. 이를 통해, 당신은 특정 선택지가 채택되도록 유도하는 위험을 피할 수 있다.

이미 정해진 결정

최근 한 기업가가 공저자 중 한 명인 오데드에게 찾아와 자신의 사업 아이디어에 대한 타당성 분석을 수행하는 데 도움을 요청했다.

오데드는 기업가가 자신의 아이디어의 가능성을 평가할 의향이 있다는 사실에 먼저 안도감을 느꼈다. 그간 그가 과거에 만난 많은 기업가는 그 단계를 완전히 건너뛰곤 했기 때문이다. 하지만 기업가를 돕기 전에, 오데드 교수는 그에게 중요한 질문을 했다. "만약 몇 달 후 연구 비용으로 수천 달러를 지출한 후에, 그 아이디어가 성공할 가능성이 낮다는 증거가 있다면, 당신은 그 아이디어를 완전히 포기할 의향과 능력이 있습니까?"

그 기업가의 답변은 놀라울 것이 없었다. 그간 만난 수많은 자신감 있는 창업자들의 경우와 마찬가지로, 이 기업가 역시 이미 많은 사람과 많은 이야기를 나누었고, 따라서 그 아이디어가 좋은 아이디어라고 비교적 확신한다고 말했다. 그래서 그는 초기 연구 결과가 어떻게 나오든 최소 2년 동안 아이디어를 실행하기로 마음먹은 상태였다. 그 기간이 지난 뒤에도 확실한 성공으로 증명되지 않는다면, 그때 가서 아이디어를 포기할 의향이 있었다. 물론 오데드 교수는 그 기업가가 현 단계에서 자신의 아이디어를 완전히 바꾸지 않을 수도 있다는 사실을 알게 되어 약간 실망했지만, 한편으로는 이러한 질문을 미리 하길 잘했다고 생각했다.

그 기업가는 아이디어를 실행할지 말지에 대해 고민하는 것은 그저 시간 낭비라는 사실을 분명히 보여주었다. 그는 이미 실행하기로 했다. 대신 시간, 에너지, 가용 예산을 '어떤 목표 시장을 공략할지, 제품에 어떤 기능이 있어야 하는지, 적절한 가격대는 얼마로 결정해야 하는지'와 같은 내용을 구체적으로 판단하는데 고민하는 것이 훨씬 더 합리적일 것이다. 실제로 우리는 종종 이미 내린 결정을 평가하기 위해 비용이 많이 들고 시간이 오래 걸리는 데이터 분석을 수행하곤 한다. 이러한 분석은 그 자체로 낭비일 뿐만 아니라, 결정을 미루는 데 따른 기회비용도 치명적일 수 있다. 정량적 직관에 기반한 역방향 방식으로 작업하면 이런 실수를 피하는 데 도움이 된다.

아직 가지 않은 길을 선택하다

그간의 경험에 따르면, 역방향 접근법은 분명한 매력을 가지고 있지만 사람들은 비즈니스 의사결정에 자주 사용하지 않는다. 왜 그럴까? 대답은 역방향 접근법의 장점에 대한 인식 부족이라고 요약할 수 있다. 그간 이러한 접근법을 쉽게 접하지 못했기 때문일 것이다. 또 다른 이유로는, 이러한 접근 방식에 투입되는 노력과 뒤따를 수 있는 위험과 관련이 있다. 역방향 접근법의 처음 두 단계인 '의사결정 트리 설계'와 '결과물 청사진 작성'에는 최고 경영진의 많은 참여가 필요하다. 최고 경영진은 항상 당장 해결해야 할 불을 끄느라 바쁘다. 현재 편향(present bias)은 우리로 하여금 지금보다는 나중에 보고서가 돌아왔을 때 훨씬 더 시간적 여유가 많을 것이라고 믿게 만든다.

또한, 경영진이 프로젝트의 범위를 명확히 파악하는 데 시간과 노력을 투자하기를 꺼리는 또 다른 이유는 업무 역할에 대한 잘못된 믿음 때문이기도 하다. 그들은 그러한 역할이 분석가나 컨설턴트의 일이라는 믿는다. 특히 기업의 경영자는 '그들에게 비용을 지급하고 있는데, 왜 내가 그들을 대신해서 최종 결과물의 청사진까지 고민해야 하는가?'와 같은 질문을 하기 쉽다. 이와 유사하게, 근시안적인 분석가나 컨설턴트 역시 고객사를 의사결정 과정에 참여시키는 것을 꺼릴 수 있다. 행여나 고객이 자신을 압박하는 것을 피하고 싶거나, 혹은 이것이야말로 자신의 전문 분야이며 이것이 자신이 고용된 이유라는 인식 때문일 수도 있다. 이러한 태도들의 조합은 거의 확실하게 평범한 결과물이 나오는 것으로 끝나며, 자원을 낭비하고 폐기 처분될 운명의 프로젝트를 만들어낸다.

어떤 사람들은 위험 회피 성향 때문에 역방향 접근법을 피할 수 있다. 이는 앞서 언급한 《이상한 나라의 앨리스》 이야기로 돌아간다. 역방향 접근법을 채택한다는 것은 자신이 어디로 가고 싶은지 결정하고, 당면한 의사결정을 정의하고, 그곳에 도달하는 경로를 확정하는 것을 의미한다. 이는 또한 실패의 척도 또한 미리 설계했음을 뜻한다. 전통적인 정방향 접근법은 미리 결정을 내릴 필요가 없으므로, 어떤 통찰이라도 발견하기만 하면 그것을 성과로 간주할 수 있다. 그래서 어느 정도 편안함과 안전함을 제공한다. 만약, 정방향 접근법이 결국 통찰력이나 결정으로 이어지지 않으면 컨설턴트나 분석가를 비난하기 쉽다. 종종 이러한 위험 부담은 프로젝트 과정을 시작할 때, 문제의 모호함으로 인해 더욱 증폭되기도 한다. 하지만 아이러니하게도 이러한 모호함이야말로 초기에 문제와 의사결정의 틀을 미리 구상하는 데 시간과 노력을 투자해야 하는 주된 이유여야 한다.

시간 관리 문제에 대한 한 가지 해결책은 프로젝트가 시작되기 훨씬 이전에 최고 경영진 일정에 시간을 의식적으로 할애해 놓는 것이다. 우리는 이 시간을 활용해 최고 경영진이 프로젝트를 운영하는 팀과 협력하고, 핵심 질문을 구상하며, 가능한 의사결정들을 이해하고, 보고서의 청사진을 만드는 프로세스에 동참하도록 독려해야 한다. 경영진의 긴밀한 협력과 의견의 중요성을 과소평가하지 마라. 초기에 시간을 투자하는 것은 잘못된 데이터 중심 여정으로 일을 진행하여, 결국에는 엉뚱한 일에 시간과 에너지를 낭비했다는 것을 뒤늦게 깨닫는 흔한 결말을 방지한다. 초기에 시간을 들이면 이러한 부정적인 시나리오를 미리 방지할 수 있다. 위험에 관해서라면, 이제 정량적 직관의 주제가 명확해졌을 것이다. 그것은 바로 의사결정자에게 인간의 판단력과 데이터 분석을 결합할 수 있는 안도감을 제공하여, 불확실성 속에서도 자신 있게 결정을 내리도록 돕는 것이다.

역방향 접근법 케이스 스터디: 아마존의 PR/FAQ

역방향 접근법을 실천하는 기업으로 가장 잘 알려진 곳 중 하나가 바로 아마존이다.[2] 이 기술 기업은 소위 '보도자료/자주 묻는 질문(PR/FAQ)' 방식을 성공적으로 사용한 덕분에, 아마존은 성공적인 제품 출시 방법을 보여주는 수많은 사례 연구의 대상이 되었다.

아마존에서 대부분의 신제품이나 서비스에 대한 아이디어는 PR/FAQ를 만드는 연습으로 시작한다. 여기에는 PR팀의 관점에서 출발하여 상상하고, 마치 제품 출시 시점이 가까워진 것처럼 보도자료를 작성한다. 이 정신적인 시간 여행 연습은 자연스럽게 역방향 접근법 방식을 취하도록 유도한다. 구성원들은 자연스럽게 이 방법에 녹아든다. 새로운 제품이나 서비스에 투자할지에 대한 결정을 내리기 전, 그리고 제품의 전체 범위가 정의되기 전에 아이디어를 제안한 리더는 몇 달 또는 몇 년 앞을 내다보고 아마존이 대중에게 제품을 출시하는 것을 시뮬레이션한다. 제품이 무엇인지, 목표로 하는 고객층, 제품이 해결하려는 고객의 문제, 그리고 그 해결 방식을 서술함으로써 제품이 시장에 어떻게 소개될지를 프로세스 초기 단계에 구상하는 것이다. 이러한 내용을 바탕으로 의사결정자는 고객의 관점에서 제품을 바라보고, 처음부터 이 제품 아이디어에 투자할지 여부를 판단하고 결정할 수 있다.

한 장 남짓한 보도자료와 함께 최대 5장을 넘지 않는 FAQ 시트를 만든다. FAQ는 고객과 내부 이해관계자들이 제품에 대해 가질 수 있는 질문 목록이며, 이 역시 제품이 이미 출시된 것처럼 작성된다. 고려해야 할 중요한 FAQ에는 아마존이 이 제품을 만들어야 하는 이유, 만들어서는 안 되는 이유, 예상되는 장애물, 기존 제품과의 시너지 및 중복 요소, 그리고 이 새로운 계획에 관한 결정을 내릴 때 서로 눈치를 보면서 말하지 않으려는 결정적 문제인 '방 안의 코끼리'가 무엇인지도 포함된다. 이러한 측면에 대해 초기에 생각하는 것은 훨씬 더 집중된 의사결정및 개발 프로세스로 이어진다. 이후 PR/FAQ는 아이디어 구상부터 실행까지 제품의 움직임을 안내하며 지속적으로 반복되고 여러 번 업데이트되는 살아 있는 문서가 된다.

콜린 브라이어(Colin Bryar)와 빌 카(Bill Carr)의 책 《순서 파괴》에 따르면, 대부분의 PR/FAQ 문서는 많은 경우 최종적으로 제품이 되지 않는다. 그렇다면 실현되지 못한 아이디어에 대한 PR/FAQ를 작성하는 데 큰 노력을 기울이는 것은 시간 낭비일까? 대부분은 그렇지 않다. 이 프로세스는 역방향으로 접근하여 초기 단계에 세부 사항과 제약 조건을 파악하는 데 시간을 투자하는 것이 얼마나 중요한지를 잘 보여주었다. 즉, 이러한 노력은 상대적으로 성공 가능성이 낮은 아이디어의 개발에 대한 추가 투자를 최소화한다.

아마존이 이 방식을 대중화했지만, 이제 이 역방향 접근법은 다른 기업들에서도 특정 결정을 내리거나 제품을 출시할 때 마주할 수 있는 도전과 질문들을 미리 예측하는 방법으로 널리 사용되고 있다.

- 데이터가 질문과 답변을 모두 제공할 것이라고 기대하지 마라. 본질적인 질문에 집중한 다음, 직관과 데이터를 결합하여 해답을 찾아내려 노력하는 것은 당신의 책임이다.

- 현재 당면한 결정에서 시작하여, 필요한 데이터와 분석 범위를 설정하기 위해 역방향으로 작업한다.

- 문제 정의가 모호할 때, 이유를 파헤치는 '5 why' 분석법을 사용하여 본질적인 질문을 찾고, 임박한 의사결정을 먼저 판단한다.

- 결정으로부터 시작하는 방식은 초기에 시간이 필요하고, 다소 위험이 따른다. 하지만 목적이 분명하고, 효과적인 데이터 기반 여정이 될 가능성을 극대화한다.

4장.

데이터를 집요하게 파고드는 수사관

■ 데이터를 고문하라. 그러면 데이터는 무엇이든 자백할 것이다.

– 로널드 코즈(영국의 경제학자)

1장부터 3장까지는 '핵심적인 질문에 집중하는 법'을 논의했다. 이제 정량적 직관의 두 번째 기둥인 '맥락에 기반한 데이터 해석'으로 넘어갈 차례다. 이 단계는 우리가 그토록 공들여 신중하게 선별한 질문들의 답을 찾기 위해 데이터를 수집하고, 정리하여, 면밀하게 조사하는 과정이다. 이 시점에서는 정량적 직관의 Q(정량적 측면)가 중요한 부분에 해당하지만, 이 단계에서도 직관과 판단력, 그리고 상당한 수준의 회의주의도 필요하다.

또한, 누군가는 이 단계에서 '분석은 나의 강점이 아니니, 공학, 수학, 경제학 또는 데이터 과학 학위가 있는 사람이나 엑셀이나 파이선 전문가 같은 퀀트(quants)들에게 맡길 계획'이라고 생각할 수도 있다. 그러나 데이터를 면밀히 검토하는 데 필요한 기술이 분명 존재하지만, 수학 실력이 전부는 아니다. 핵심은 맥락을 파악하는 것이다. 대부분 해당 비즈니스를 깊게 이해하고 있는 관리자가 당면한 문제나 의사결정의 맥락을 평가하기에 가장 좋은 위치에 있다. 따라서 통계적 관점이 아니더라도 일련의 비판적 질문을 통해 데이터를 가장 잘 조사하고 이해할 수 있는 최적의 적임자 역시 바로 그 관리자다. 이러한 맥락에 대한 이해와 함께 날카로운 질문을 통해서 핵심적인 질문에 대한 답을 찾고, 분석 결과 및 최종적인 제안 사항의 타당함을 평가할 수 있다. 이러한 질문에 바탕을 둔 비판적인 사고방식은 상당한 수준의 직관과 사업적 통찰력이 필요하다. 1장에서 강조했듯이, 데이터를 날카롭게 파고드는 수사관이 되기 위해서는 강력하고 정밀한 질문을 던지는 것이 필요하다.

이 장의 목적은 날카롭게 질문하는 사람이 될 수 있도록 그 역량과 적성을 강화하는 데 있다. 분석가나 수학 천재가 되지 않아도, 데이터와 분석에 있어서 충분한 역량을 발휘할 수 있다. 이러한 질문의 핵심은 '올바른 질문을 할 수 있는 능력'이다. 결국, 질문의 수준이 데이터의 유용함을 결정한다고 해도 과언이 아니다. 우리는 데이터를 파고드는 질문에 대하여 다음과 같이 세 가지 중요한 차원으로 분류한다.

1. 데이터와 데이터의 신뢰성 평가하기

2. 맥락을 고려하여 데이터를 이해하기

3. 분석의 타당성을 검증하기 위한 압박 테스트

이를 바탕으로, 우리는 데이터를 파고드는 수사관이 되는데 필요한 단계적 절차, 도구, 사례와 질문을 제공할 것이다. 하지만 이 세 가지 차원으로 데이터를 파고들기에 앞서, 이러한 측면이 관리자의 역할에 어떤 관련이 있는지 명확한 설명이 필요하다.

앞서 프롤로그에서 논의했듯이, 데이터 중심의 문제 해결 과정은 크게 문제 정의, 데이터 발견, 데이터 분석, 통찰력 강화, 실행이라는 5단계의 프로세스로 정의할 수 있다. 그동안 우리의 경험에 따르면, 관리자는 두 가지 유형으로 나뉘는 경향이 있으며, 각 유형 모두 이 프로세스의 양 끝단 중 어느 한 가지 측면에 더 집중하는 모습을 보인다. 예를 들면, 한쪽 극단인 문제 정의의 영역에는 이른바 높은 곳에서 아래를 바라보는 듯하는 '3만 피트 상공 위의 관리자'들이 있다. 이들은 항상 목표에 집중하며 내려야 할 결정에 무섭게 집중하고, 자신에게 제시된 데이터와 분석에 대해서는 거의 걱정하지 않았다. 사실 이러한 유형의 관리자는 데이터를 보기도 전에 자신의 향후 나아갈 방향을 알고 있다. 그들은 매우 강력한 직관의 소유자이거나, 혹은 스스로 직관의 소유자라고 믿었다. 앤드루 랭(Andrew Lang)의 말을 인용하자면, 이들의 문제는 "술 취한 사람이 가로등을 앞을 비추는 용도가 아니라 몸을 지탱하는 용도로 쓰듯 데이터를 사용한다"는 점에 있었다. 그들은 데이터를 거의 분석하지 않았다. 대신 자신의 의도에 맞춰 숫자를 해석했으며, 때로는 자신이 원하는 통찰이나 추진하고자 하는 결론을 도출하기 위하여 데이터를 활용했다.

두 번째 유형은 '숫자 중심' 관리자로, 우리는 이러한 유형을 많이 만나 본 경험이 있다. 이러한 유형의 관리자들에게 1,000개가 넘는 셀이 있는 엑셀 워크시트를 보내면, 그들은 워크시트의 모든 셀을 많은 시간을 들여서 조사한다. 마치 조직의 목표가 효과적인 결정을 내리는 것이 아니라, 완벽한 스프레드시트를 만드는 것처럼 행동한다. 이 유형의 문제점은 나무만 보고 숲을 보지 못하는 경우가 많다는 점이다. 그들은 숫자에 너무 깊이 매몰된 나머지, 애초에 이러한 분석을 왜 시작했는지, 해결하려는 문제가 무엇이며 궁극적으로 내려야 할 결정이 무엇인지 잊어버리는 경향이 있다.

훌륭한 정량적 직관 의사결정자의 일은 데이터의 유효성을 자세히 조사하고 확인하는 것에서부터 시작한다. 그다음 분석과 통찰을 평가하고 통찰이 실행 가능한지 확인하는 단계로 나아간다. 이는 반드시 선형적인 방식으로 진행될 필요는 없다. 하지만 궁극적으로 해결하려는 비즈니스 문제에 항상 집중해야 한다. 이를 위해서는 필요할 때만 데이터를 집중적으로 파고들어 궁극적인 결정에 긍정적인 영향을 미쳐야 한다. 이처럼 데이터를 깊게 파고들기 위해서는 예술과 과학이 모두 필요하며, 이는 정량적 직관 프레임워크의 세 단계, 즉 정밀한 질문, 맥락적 분석, 종합을 통해 완성된다. 이제 우리는 데이터 파고들기의 첫 번째 차원인 '데이터 평가하기'를 시작할 준비가 되었다.

데이터와 데이터의 신뢰성 평가하기

우리는 빅데이터의 세계에 살고 있으며, 빅데이터와 데이터 과학이 우리에게 큰 가치를 제공할 것이라고 믿는다. 하지만 동시에 빅데이터에는 여러 가지 단점이 있다. 무수한 데이터를 접하기 시작하면, 우리는 사용 가능한 데이터를 찾는 데 시간을 쓰기보다는 방대한 데이터를 걸러내 관련성 있고 신뢰할 수 있는 데이터 세트를 식별하는 데 더 많은 시간과 노력을 기울인다. 더 많은 데이터를 사용할 수 있게 되면서 일반적인 발표 자료는 더 길어졌고, 표와 그림은 더욱 늘어났다. 심층적인 통찰력으로 더 간결해지기보다, 우리는 종종 끝없는 분석과 수치에 압도당한 채 통찰을 거의 얻지 못한다. 이러한 데이터 과부하는 때로는 알려지지 않았거나 모호한 출처에서 발생하여 데이터의 진실성을 평가하기 어렵게 만든다. 또한, 의도나 가설을 가진 사람이 자신의 이야기를 뒷받침하는 데이터 일부만 연결하여 전체인 것처럼 포장해서 데이터를 잘못 해석하는 위험성도 증가한다. 프롤로그에서 논의했듯이, 데이터를 해석하여 보고 싶은 것을 보기 위해, 즉 관점을 강화하기 위해 데이터를 해석하는 이러한 행위를 '확

중 편향'이라고 한다. 무수한 데이터가 쏟아지는 요즘, 확증 편향 오류를 저지르기 더 쉽게 만들고, 이를 감지하기는 더 어렵게 만들 수 있다.

엄청난 양의 데이터가 되레 수많은 문제를 만들 수 있는 상황에서, 데이터 분석 전문가가 아닌 일반적인 관리자가 편향과 분석 마비 문제를 어떻게 피할 수 있을까? 이때 가장 중요한 것은 올바른 질문을 하는 것이다. 데이터와 분석의 신뢰성을 평가하는 데 도움이 될 수 있도록, 다음과 같은 세 가지 질문을 하는 것이 좋다.

1. 어떤 데이터를 모았는가?
2. 내가 보지 못하는 데이터는 무엇인가?
3. 데이터와 분석 결과를 신뢰할 수 있는가?

어떤 데이터를 모았는가?

분석을 수행하기 전에 먼저 스스로 물어야 한다. 당신의 분석에 필요한 변수와 지표는 무엇인가? 그렇게 모은 데이터는 실제로 필요한 데이터였는가? 의사결정에 도움이 되는 올바른 변수가 있는가? 앞서 3장에서 언급했듯이 의사결정자는 때때로 모호하게 맞는 것보다 정확하게 틀리는 것을 선호한다. 그들은 의사결정에 필요한 핵심 지표를 담고 있지만 정확도가 다소 떨어지는 데이터보다는, 문제와의 관련성이 낮더라도 수치가 정확한 기존 데이터를 좀 더 편안하게 여기는 경향이 있다.

신제품 초콜릿 칩 쿠키 브랜드의 사례 연구를 소개한다. 전국 적으로 제품을 출시하기 전에, 이 브랜드는 대표적인 테스트 시장에서 먼저 제품을 출시하는 일반적인 관행을 따랐다. 테스트 시장에서 얻은 데이터를 바탕으로, 그들은 향후 제품의 성과를 조사하고 다양한 가격 책정 전략, 광고 전술, 그리고 유통을 평가하는데 활용했다. 테스트를 통하여 회사는 자사 및 경쟁 브랜드의 판매, 시장 점유율 및 광고 지출과 설문 조사 데이터를 수집했다. 제품 테스트를 시작한 지 3개월 만에 얻은 각종 수치 데이터는 훌륭해 보였다. 이 브랜드는 강력한 마케팅으로 사전 출시를 지원했으며, 제품 판매는 기대치를 넘어섰고 이전 신제품 출시와 비슷하거나 더 좋았다. 이 제품은 해당 카테고리에서 예상했던 것보다 훨씬 더 많은 시장 점유율을 확보했다.

이제 내려야 할 결정은 해당 브랜드가 테스트 시장을 중단하고 제품을 전국적으로 출시해야 하는지, 아니면 테스트를 중단하고 제품을 출시하지 않아야 하는지, 그것도 아니라면 몇 달 더 테스트 시장을 계속할 것인가이다. 이 세 가지 대안 중에서 하나를 선택해야 했다. 세 번째 대안인 테스트 시장에서의 제품 판매 연장은 결과적으로 전국 출시 지연에 따른 기회비용과 잠재적 경쟁사의 대응을 유발할 리스크가 있었다. 데이터를 볼 때, 첫 번째 대안인 테스트를 종료하고 전국적으로 브랜드를 출시하는 것이 타당해 보였다. 하지만 이 시점에서 당신은 어떤 데이터가 수집되었는지, 그리고 당신의 IWIK(알고 있었으면 좋았을 텐데)가 무엇인지 스스로 물어봐야 한다. 수집된 데이터가 당신이 IWIK에 답하는 데 도움이 되는가? 궁극적으로 내리고자 하는 의사결정으로부터 역방향으로 파악하여 출시를 결정하는데 도움이 될 수 있는 정보를 얻었는가? 그리고 이러한 정보를 통해서 확신하고 결정을 내릴 수 있는가?

전국적으로 제품을 출시하겠다는 대안의 본질적인 측면을 생각해 보면 다음과 같다. 아마도 당신은 전체 판매 데이터에서 얻을 수 있는 일회성 구매(trial)와 반복 구매(repeat)와 같은 세부 내역을 알고 싶을 것이다. 고객의 반복 구매 의도는 무엇인가? 실제로 새로운 초콜릿 칩 쿠키 브랜드의 일회성 및 반복 구매 데이터를 살펴보았을 때, 테스트 시장에서 예상을 초과하는 일회성 구매로 이어졌음을 알 수 있었다. 이는 판매를 뒷받침하는 강력한 마케팅의 결과라고 해석할 수 있다. 그러나 실제 반복 구매 데이터와 고객에게 제품을 다시 구매할 계획이 있는지 질문한 설문 조사 결과는 모두 기대치에 크게 못 미쳤다. 테스트 시장에서 거둔 좋은 성과가 낮은 반복 구매 수치를 상쇄하는 데 도움이 된 덕분에 전반적인 매출과 시장 점유율 수치가 상승하는 결과처럼 보였을 뿐이다. 하지만 정확한 질문을 하고 매출과 시장 점유율 데이터 이상의 내용을 주목한다면, 브랜드의 앞날에 대한 기존 전망과는 다르고 덜 희망적인 내용을 확인할 수 있었다. 일회성 구매 및 반복 구매 데이터에 대해 미리 생각하지 않은 관리자는 이러한 중요한 지점을 놓쳤을 것이고, 아마도 잘못된 결정을 내렸을 가능성이 크다.

의사결정에 있어서 널리 알려진 실패 사례의 상당수는 대개 잘못된 데이터 수집에서 출발한다. 그중 주목할 만한 사례가 1985년 코카콜라의 사례다. 코카콜라는 소비자에게 거의 100년 동안 사랑받아 온 기존의 콜라 제조법을 폐기하고 '뉴 코크(New Coke)'를 출시하기로 했다. 이 결정은 주요 경쟁사인 펩시가 블라인드 테스트에서 코카콜라보다 높은 평가를 받은 것에 의해서 촉발되었다. 코카콜라 경영진은 대규모의 막대한 비용이 드는 시장 조사를 했다. 약 20만 명의 소비자를 상대로 눈가리개를 씌우고 여러 콜라의 버전을 시음하도록 요청했다. 그중 일부는 코카콜라, 일부는 경쟁사의 제품이었다. 코카콜라의 광범위한 조사와 연구를 통해, 기존 코카콜라와 경쟁사인 펩시보다 블라인드 테스트에서 더 선호도가 높은 맛의 콜라를 바탕으로 새로운 제조법을 만들었다. 그런 다음, 코카콜라는 원래 코카콜라 제조 방식을 바꿔 뉴 코크 맛으로 대체하기로 했다. 이 결정은 코카콜라의 충성 고객들 사이에서 강력한 저항과 시위, 심지어 어떤 경우에는 폭동까지 일으켰다. 분노한 소비자들의 격렬한 반발은 코카콜라 경영진을 놀라게 했고, 결국 원래의 제조법을 유지한 기존의 '클래식 코크(Classic Coke)'를 다시 출시하게 되었다. 기업이 이토록 극적인 180도 전환 결정을 내리는 일은 드물지만, 일단 그런 결정이 내려지면 기업의 피해는 막심한 경우가 많았다.

뉴 코크 의사결정에서 무엇이 잘못되었을까? 결국, 코카콜라는 결정을 내리기 전에 마케팅 조사에 수백만 달러와 수천 시간을 투자했다. 여기서 어떤 데이터를 수집했는지 질문해 보자. 최적의 콜라 맛을 결정하는데 사용된 주요 지표, 즉 핵심 성과 지표(KPI)는 블라인드 테스트를 기반으로 한 측정치였다. 왜 이 지표가 결정을 내리는 데 잘못된 KPI였을까? 곰곰이 생각해 보면, 답은 간단하다. 사람들은 슈퍼마켓에 눈가리개를 하고 청량음료를 사러 가지 않는다. 수십 년 동안 미국인들의 선호도를 형성해 온 브랜드와 맛의 가치를 고려할 때, 코카콜라가 던졌어야 했던 질문은 다음과 같다. "라벨, 제품명, 포장에 익숙하며, 눈을 크게 뜨고 있는 소비자들이 기존의 콜라보다 새로운 맛의 콜라를 선호할까?" 그 질문에 대한 답은 분명히 '아니오'였다.

관리자는 어떻게 정확한 질문을 하고, 적절한 KPI가 수집되고 있는지 확인할 수 있을까? 앞의 두 가지 사례, 초콜릿 칩 쿠키 브랜드의 테스트 마켓 사례와 뉴 코크 출시 사례에서 놓친 것은 바로 '본질'이었다. 즉, 소비자 행동을 이해하고 탐구하는 과정이 부족했다. 만약 코카콜라의 경영진이 2장에서 논의한 효과적인 IWIK 세션을 진행했거나, 3장에서 설명한 대로 의사결정에서부터 궁극적으로 필요한 정보로 신중하게 거슬러 올라가는 역방향 접근법을 사용했다면, 정확한 정보를 수집하고 올바른 결정을 내릴 가능성이 훨씬 더 컸을 것이다. 이러한 방법론은 의사결정자가 고객 이해를 위해 필요한 적절한 지표를 파악하는 데 큰 도움이 된다. 예를 들어, 테스트 시장 사례에서의 반복 구매 데이터나 블라인드 테스트로는 측정할 수 없는 클래식 브랜드에 대한 사랑과 선호도를 파악할 수 있는 시각을 제공한다.

데이터와 주요 KPI를 평가할 때 주의해야 할 또 다른 위험 신호는 바로 평균으로만 데이터를 해석하려는 행위다. 거의 모든 데이터 내용을 보고할 수 없으므로 여러 그룹에 걸쳐 평균을 보고하는 것이 일반적이다. 그러나 평균은 오해의 소지가 있다. 고객이 마시는 오렌지 주스의 과육 함량에 대한 선호도를 -2점에서 +2점 척도로 조사한 설문 조사를 가정해 보자. 인구 집단 내에 과육이 많은 오렌지 주스를 좋아하는 고객층과 음료 속 과일 조각을 싫어하는 고객층, 이렇게 두 고객층만 있으면 과육에 대한 평균 선호도가 약 0으로 나타날 수 있다. 과육에 대한 평균 선호도만 보고 연구자는 소비자가 과육에 관심이 없다고 결론 내릴 수 있다. 하지만 이는 사실을 이해하는 데 방해가 되는 결과일 뿐이다. 실제로는 모든 소비자가 오렌지 주스의 과육 수준에 관심이 있지만, 그중 절반은 과육을 정말 좋아하고 나머지 절반은 싫어할 뿐이기 때문이다.

평균은 단순히 사실을 가리는 데 그치지 않고, 완전히 잘못된 결론으로 이끌기도 한다. 일부 고객에게 온라인 디스플레이 광고를 노출하고, 무작위로 선택된 다른 그룹에는 노출하지 않은 채 광고 실험을 진행했다고 가정해 보자. 결과적으로 캠페인은 효과가 있었던 것 같이 보인다. [자료 4-1]의 마지막 행에서 알 수 있듯이, 광고를 본 고객의 8.3%가 결국 제품을 구매한 반면, 광고를 보지 않은 고객은 7.8%만이 제품을 구매했다. 고객들에게 광고 노출 여부가 무작위로 결정되었기 때문에, 분석가는 캠페인이 성공적이라고 결론 내리고 모든 고객에게 광고를 노출할 것을 제안했다. 그런데 캠페인 결과를 살펴본 또 다른 분석가는 캠페인이 신규 고객과 재구매 고객([자료 4-1]의 2행과 3행) 사이에서 광고가 얼마나 효과적인지 조사하는 데 관심이 있었다. 놀랍게도 분석가는 재구매 고객이든 신규 고객이든 상관없이, 광고를 보여준 경우가 광고를 보여주지 않은 것보다 구매율이 더 낮다는 것을 발견했다. 하지만 어떻게 이런 일이 가능할까? 전체 결과는 단순히 두 그룹의 합계가 아니던가? 각 그룹(신규 고객과 재구매 고객) 모두 광고를 보지 않았을 때 구매율이 더 높았지만, 전반적으로는 광고를 노출한 캠페인이 긍정적인 효과를 낸 것으로 나타날 수 있을까? 이 상황을 심슨의 역설(Simpson's Paradox)[1](각 부분의 데이터에서 나타나는 경향성이, 전체적으로 보면 그 추세가 사라지거나 정반대로 뒤집히는 현상-옮긴이)이라고 한다. 여러 그룹을 통틀어 보는 것과 각 그룹을 따로 보는 것이 정반대의 결과가 나온 것이다.

그렇다면 우리는 어떻게 해야 할까? 어떤 데이터의 측면을 살펴봐야 할지, 어떻게 알 수 있을까? 분석가는 우연히 신규 고객과 재구매 고객으로 데이터를 나누었지만, 만약 그 대신 지역, 고객 연령, 소득 수준, 혹은 맥 사용자와 PC 사용자별로 데이터

	디스플레이 광고를 보지 않은 경우	디스플레이 광고를 본 경우
신규 고객	7.3%(1,920/26,300)	6.9%(550/8,000)
재구매 고객	9.3%(810/8,700)	8.7%(2,340/27,000)
전체 구매	7.8%(2,730/35,000)	8.3%(2,890/35,000)

[자료 4-1] 심슨의 역설 사례

를 나누면 어떻게 될까? 그렇게 하면 다른 결과가 나올까? 이전의 사례들과 마찬가지로, 결국 모든 것은 의사결정에 어떤 KPI가 관련 있는지에 달려 있다. 데이터에서 의미 있는 분할이란, 실제로 행동으로 옮길 수 있고, 또 옮기고자 하는 기준에 따른 분할이어야 한다.

많은 기업이 평균으로 데이터를 해석할 때 발생하는 위험을 좀처럼 이해하지 못한다. 때문에 소비자의 선호도 중간에 위치하지만, 실제로는 아무에게도 도움이 되지 않는 평균적인 제품을 만든다. 간단히 말해서, 차가운 아이스티를 좋아하는 고객들과 뜨거운 차를 좋아하는 고객들의 선호도를 절충해 '평균적인 차'를 제공했다면, 우리는 모든 고객에게 아무도 원하지 않는 미지근한 차를 내놓는 셈이 된다. 항상 평균의 함정을 경계하고, 당신의 고객이나 동료에게 미지근한 차를 제공하는 실수를 범하지 않도록 주의하라.

데이터나 분석 결과를 검토할 때, 관리자는 치열하게 질문하는 수사관이 되어야 한다. 우선 몇 가지 핵심 질문을 스스로 던져보라. 이것이 내가 보게 될 것이라 예상했던 KPI인가? 이것이 내가 의사결정을 내리기 위해 반드시 알아야 할 KPI인가? 결정을 내리기 위해 그밖에 내가 알고 있었으면 좋았을 것들(IWIK)은 무엇인가?

내가 보지 못하는 데이터는 무엇인가?

당신이 볼 수 있는 데이터의 내용이 전체 데이터라고 절대 이야기할 수 없다. 우리가 보지 못하는 데이터의 측면은 거의 언제나 존재했다. 정부가 수집한 인구 조사 데이터조차도 모든 시민에게 도달하는 것을 목표로 하지만, 노숙자나 학생과 같이 장기간 특정한 거주지가 없는 사람, 또는 응답하지 않기로 선택한 사람은 놓치는 경향이 있다. 맹렬하게 질문을 하는 사람이라면 두 가지 중요한 질문을 해야 한다. "내가 보지 못하는 데이터는 무엇인가?" 그리고 "내가 놓치고 있는 데이터가 내가 관찰한 데이터와 유사한가?" 종종 관찰되지 않은 데이터도 관찰된 데이터와 비슷하다고 가정하지만, 만약 이 가정이 틀렸다면 이는 잘못된 예측과 잘못된 의사결정으로 이어질 수 있다.

데이터 누락 문제를 보여주는 유명한 사례는 제2차 세계대전으로 거슬러 올라간다. 미 육군 공병들은 전투에서 돌아온 비행기를 조사하여, 비행기의 어느 부분을 더 보강해야 할지 평가했다. [자료 4-2]에서 볼 수 있듯이, 비행기에 발생한 대부분의 타격과 손상(그림의 점들)은 예상대로 날개와 비행기 본체와 같은 넓은 표면적에 집중되어 있었다. 이 그림을 바탕으로 공병들은 이러한 고위험 지역을 보강하기로 했다. 당시 컬럼비아대학교 통계학 교수이자 육군 자문관이었던 에이브러햄 월드(Abraham Wald)는 이 그림을 보고 오히려 조종석, 엔진, 연료탱크 표면 주변의 장갑을 보강할 것을 권고했다. 육군 공병은 월드가 자신들이 본 것과 같은 그림을 보고 있는지 물었다. 사실, 월드는 놓친 데이터에 대해 생각하고 있었다. 그는 육군 공병들이 이른바 '생존 편향(survival bias)'이라고 알려진 것을 고려하지 않았다는 것을 깨닫고 주의하여 관찰했다. 생존 편향이란 어떤 종류의 선택 과정을 통과한 사람이나 사물로만 표본 추출이 제한될 때 발생하는 오류이다. 안타깝게도 조종석이나 연료탱크, 엔진에 타격을 입은

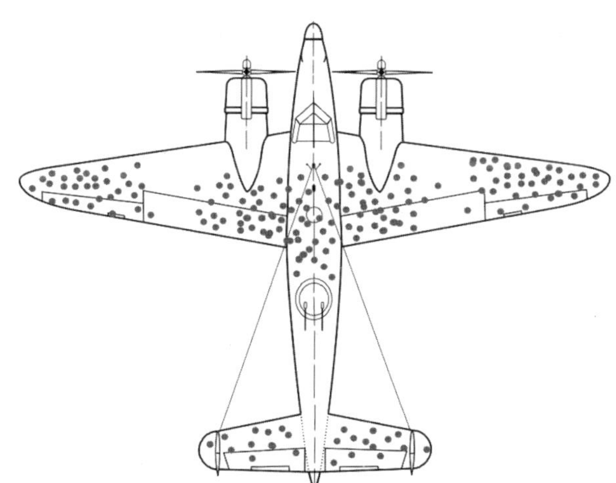

[자료 4-2] 제2차 세계대전 당시 항공기의 피격 위치

비행기들은 전투에서 돌아오지 못했다.

이 사례에서 관찰된 데이터(돌아온 비행기의 손상)는 관찰되지 않은 데이터(돌아오지 못한 비행기의 손상)와 정반대였다. "내가 관찰하지 못한 데이터는 무엇일까?" 그리고 "관찰된 데이터 포인트가 관찰되지 않은 것들과 유사한가?"라는 두 가지 질문을 던지면서 월드는 관찰된 데이터가 가진 문제를 파악할 수 있었다.

이처럼 누락된 데이터로 인하여 잘못된 예측으로 이어진 두 가지 유명한 사례로는 2016년 미국 대선과 브렉시트로 더 잘 알려진 2016년 영국 유럽연합 탈퇴 찬반 국민투표 당시의 부정확했던 수많은 여론조사 예측을 들 수 있다. 많은 사람이 이 여론조사에 응답하기를 거부했고, 이들의 의견은 응답한 사람들의 의견과 크게 달랐다. 여론조사 기관들은 응답하지 않은 사람들의 의견을 제대로 보정하는 데 실패했다. 이를 '무응답 편향(non-response bias)'이라고 한다. 이는 무응답자들이 응답자와 유의미하게 다를 경우에만 누락 데이터가 일으킬 수 있는 데이터 해석 오류를 의미한다. 무응답으로 인한 데이터 누락 문제를 해결하는 한 가지 방법은 응답자와 답변 사이에 한 단계의 격차를 두는 것이다. 예를 들어, 2016년 미국 대선에서 결과를 정확하게 예측한 여론조사는 사람들에게 본인이 아니라 '이웃이 누구에게 투표할 것 같은지'를 물었던 여론조사뿐이었다. 이 접근법은 무응답 편향과 부정직한 응답으로 인해 발생하는 편향을 조정하는데 유용했다.

앞서 살펴본 세 가지 사례(제2차 세계대전 항공기 분석, 미국 대선 및 브렉시트 여론조사의 실패)에서 데이터 제공자는 의사결정권자에게 데이터 일부를 숨기려는 의도가 없었겠으나, 결과적으로 누락된 데이터로 인해 잘못된 예측이나 결론으로 이끌었다. 이제 기업이나 공공 정책에서 일하는 사람들은 데이터 제공자가 자신의 의제를 뒷받침하는 일부 데이터만 보여주려는 동기가 있는지, 다양한 상황을 종합적으로 고려해야 한다. 간혹 의도적으로 데이터를 숨기거나 모호하게 처리하는 것이 포함될 수도 있다.

앞서 설명한 데이터 누락 문제는 관찰되지 않은 데이터 오류의 일부에 지나지 않는다. 그렇다면 데이터를 두고 치열하게 질문해야 하는 수사관은 누락된 데이터의 위험을 어떻게 완화할 수 있을까? 정량적 직관 프레임워크 내에서 그 해답은 항상 일련의 질문을 던지는 것이었다. "내가 보지 못하고 있는 데이터 포인트는 무엇인가? 데이터에 무응답이 포함되어 있는가? 내가 보지 못하는 데이터가 내가 보는 데이터와 비슷한가? 누가 데이터를 제공했나? 그들이 나에게 전체 데이터를 보여주지 않을 이유가 있는가? 만약 그렇다면, 그들이 숨기려 하는 것은 무엇일까?"

데이터와 분석 결과를 신뢰할 수 있는가?

데이터 기반 의사결정에서 가장 흔하게 빠지는 함정 중 하나는 의사결정의 근거가 되는 데이터 자체에 결함이 있다는 것을 알아차리지 못하는 것이다. 설령 수집된 데이터에 정확하게 일치하는 KPI가 포함되어 있다고 가정하더라도, 해당 데이터가 정확하고 신뢰할 수 있는지 반드시 알아봐야 한다. 또한 데이터 생성 및 분석 과정에 내재된 가정을 이해하는 것 역시 중요하다.

부정확한 데이터를 기반으로 잘못된 결정을 내린 불명예스러운 사례는 많이 있다. 일례로 1492년 대서양을 횡단한 크리스토퍼 콜럼버스를 생각해 보자. 포르투갈에서 출발해 아시아에 도달하고자 했던 콜럼버스는 중세 페르시아 지리학자의 계산법에 따라 여정의 거리를 계산했다. 하지만 그 계산은 틀렸을 뿐만 아니라, 지리학자가 사용한 단위가 '아랍 마일'이었음에도 콜럼버스는 그가 '로마 마일'로 측정했다고 가정하는 실수를 범했다. 이 착오로 인해 콜럼버스의 추정치와 실제 거리 사이에는 무려 5,592마일(약 9,000km) 이상의 차이가 발생했다. 수백 년이 흐른 후, 미국 항공우주국(NASA)은 화성 기후 궤도선(MCO) 프로젝트에서 비슷한 실수를 저질렀다. NASA는 록히드 마틴에서 제공한 계산에 의존하여, 궤도 진입에 결정적인 가속도 수치가 '미터법'으로 표시되었다고 가정했다. 하지만 록히드 마틴은 피트, 인치, 파운드와 같은 영국식 시스템을 사용했다. 이 사소해 보이는 오류로 인해 궤도선은 실종되었고, 손실 비용은 1억 2,500만 달러에 달했다.

잘못된 데이터의 위험에 대한 또 다른 사례이자, 지금까지 중 가장 막대한 비용을 치르게 했던 사건은 바로 2008년 금융 위기였다. 이 위기의 원인은 서브프라임 모기지에 내재된 위험성에 대한 잘못된 데이터와 누락된 데이터 때문이었다. 2008년 금융 위기의 경우, 결함이 있는 데이터 중 일부는 대출 상품을 판매하던 이들의 악의적인 의도에서 비롯되었을 수 있다. 이들은 아마도 '허영 지표(vanity metrics)'를 사용하여 상품을 제시했을 것이다. 허영 지표는 표면적으로는 매력적이지만 실제로는 근본적인 상황을 반영하지 못하며, 성과를 이해하거나 의사결정에 참고하는 데에도 유용하지 않다. 비즈니스에서 흔히 볼 수 있는 대표적인 허영 지표로는 비용을 고려하지 않은 프로모션 기반의 매출액이나 소셜 미디어의 '좋아요' 또는 '공유' 수와 같은 수치라고 할 수 있다. 또 다른 허영 지표의 사례로는 연간 매출이 감소하는 추세를 보이는 기업이 누적 매출을 보고하는 경우를 들 수 있다. 누적 매출은 정의상 언제나 증가할 수밖에 없기 때문이다.

그렇다면 이러한 데이터 신뢰성 문제를 어떻게 파악할 수 있을까? 데이터나 분석 결과를 받았을 때 가장 먼저 해야할 일은 데이터의 각 관련 변수의 평균과 값의 범위와 같은 기초적인 요약 통계량를 조사하는 것이다. 이러한 작업을 하면서 당신은 데이터에서 나타나는 명백한 문제를 빠르게 파악할 수 있다. 만약 데이터에서 고객의 평균 연령이 150세라거나, 직원의 평균 근속 연수가 45년인 경우라면 이는 변수에 오류가 있음을 즉시 알 수 있다. 마찬가지로 최솟값이나 최댓값을 살펴보면 이상 수치를 찾아내고 걸러낼 수 있다. 예를 들어, 10점 척도로 구성된 추천 점수 설문조사의 응답 데이터를 검토하는데 최솟값이 1이고 최댓값이 34라면 데이터에 문제가 있음을 알 수 있다. 10점 척도에서 최댓값은 10보다 클 수는 없기 때문이다.

데이터를 빠르게 조사하는 또 다른 방법이 있다. 신뢰성을 즉각적으로 탐색할 수 있는 방식으로, 데이터를 시각적으로 확인할 수 있게 점으로 찍어 도표를 그려보는 것이다. 이러한 방식은 많거나 복잡한 데이터를 시각 자료로 변환함으로써 직접 그 내용을 확인할 수 있다. 우리는 단순히 분석가들에게 각 변수의 평균을 보고하게 하거나 데이터를 시각적으로 도표화하라고 요청하는 것만으로 데이터의 문제를 사전에 잡아냈던 적이 셀 수 없이 많았다. 〈앤스컴의 4인조〉 사례에서 보듯, 간단한 도표 작업은 데이터 속의 중요한 패턴을 탐색하는 데 도움이 된다. (자세한 내용은 167쪽 박스 〈앤스컴 콰르텟〉 글 참조)

NASA 사례에서처럼 데이터가 한 소프트웨어나 시스템에서 다른 곳으로 옮겨질 경우 왜곡이 발생할 수 있다는 점을 항상 기억해야 한다. 분석 기법에 정통한 분석가들은 바로 분석에 뛰어들어 결과를 내놓고 싶은 마음에, 데이터의 요약 통계량을 살펴보거나 이를 도표화하는 단계를 건너뛰고 싶어할 수 있다. 하지만 그들이 이 단계를 절대 거르지 않도록 반드시 확인해야 한다.

앤스컴의 4인조

우리는 정량적 직관 수업에서 통계학자 프랜시스 앤스컴이 만든 그 유명한 '앤스컴의 4인조'의 데이터를 공유했다. ([자료 4-3]의 상단 참조). 우리는 학생들에게 4개의 데이터 세트(I, II, III, IV)를 제공하고, 각각에 대해 광고와 매출처럼 변수 X와 Y 사이의 관계를 해석하라고 요청했다. 이때 학생들 사이에서 홍미로운 패턴을 확인할 수 있었다. 통계 또는 데이터 과학 배경이 있는 워크숍 참가자들은 상관관계나 회귀 분석, 심지어 멋진 기계학습 모델처럼 변수 간의 관계를 식별하는 데 일반적으로 사용되는 통계 분석 방법을 즉시 사용하는 경향이 있다. 반면 통계 분석에 덜 익숙한 참가자들은 흔히 데이터의 패턴을 식별하기 위해 단순히 데이터를 도표(예: 산점도)로 그려보는 방식으로 변수 간의 관계를 파악하려고 시도하는 경우가 많다. 이 경우 통계에 덜 익숙한 학생들이 오히려 더 좋은 결과를 가져온다.

통계 분석에 몰두하여 상관관계나 회귀 분석을 바로 실행한 참가자들은 네 가지 데이터 세트가 모두 동일하다는 잘못된 결론을 내린다. 평균이나 상관관계 같은 일반적인 통계 지표가 네 가지 세트에서 모두 일치했기 때문이었다. 반면 데이터를 보고 시각적으로 도표화한 참가자들은 [자료 4-3]의 하단에 나타난 패턴들을 식별했다. 이러한 시각화를 통해 이들은 데이터를

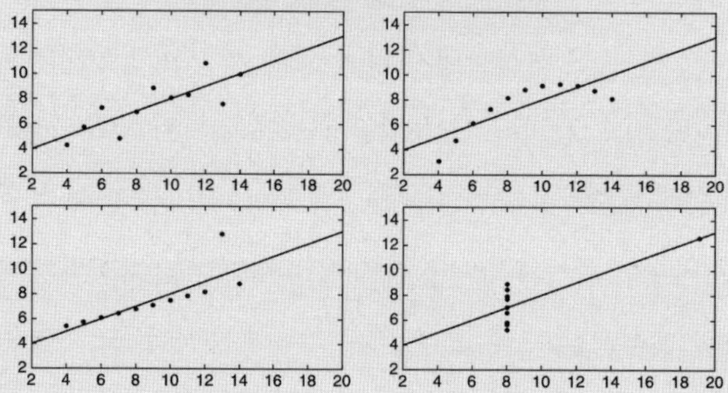

	I		II		III		IV	
	x	y	x	y	x	y	x	y
0	10	8.04	10	9.14	10	7.46	8	6.58
1	8	6.95	8	8.14	8	6.77	8	5.76
2	13	7.58	13	8.74	13	12.74	8	7.71
3	9	8.81	9	8.77	9	7.11	8	8.84
4	11	8.33	11	9.26	11	7.81	8	8.47
5	14	9.96	14	8.10	14	8.84	8	7.04
6	6	7.24	6	6.13	6	6.08	8	5.25
7	4	4.26	4	3.10	4	5.39	19	12.5
8	12	10.84	12	9.13	12	8.15	8	5.56
9	7	4.82	7	7.26	7	6.42	8	7.91
10	5	5.68	5	4.74	5	5.73	8	6.89

[자료 4-3] 앤스컴의 4인조

제대로 분석할 수 있었다. 이들은 네 가지 데이터 종류가 본질적으로 다른 패턴을 나타내고 있음을 확인했다. 또한 데이터를 그려보는 과정에서 세트 III와 IV에 존재하는, 반드시 조사해야 할 이상치의 존재도 드러난다.

우리 워크숍 참가자들 중 수리적 사고에 능한 사람일수록 이 함정에 빠질 확률이 더 높았다. 분석을 시작하기 전에 데이터 자체에 의문을 던지는 과정을 생략하기 때문이다. 여기서 얻는 교훈은 '뛰기 전에 먼저 보라(look before you leap)'는 것이다. 어떤 분석을 수행하든, 먼저 데이터를 시각화하여 예상되는 패턴을 파악하고 분석의 방향을 설정해야 한다.

데이터를 평가하라 – 핵심 내용

데이터를 치열하게 파고드는 수사관은 데이터의 신뢰성을 조사하기 위해 많은 질문을 한다. 다음 내용은 대표적인 질문이며, 이를 통해 데이터를 꼼꼼하게 살펴보기를 바란다.

1. 데이터의 출처는 어디인가? 데이터와 분석 결과는 아무런 이유 없이 책상에 도착하는 존재가 아니다. 데이터가 수집된 방법과 이유, 분석의 방법과 구체적인 이유, 그리고 그 이면에는 대개 어떤 의도(선한 의도일 수도 있지만, 나쁜 의도일 가능성도 있는)가 있을 수 있다. 출처와 의도에 따라 당신에게 제공된 데이터의 이면에는 특정한 아젠다가 있을 수 있다. 데이터를 훌륭하게 분석하는 사람은 다음과 같은 질문을 한다. "데이터 제공자가 나에게 데이터 전체를 보여주지 않을 이유가 있는가? 만약 그렇다면, 그들이 숨기려 하는 것은 무엇인가?" 예를 들어, 광고 캠

페인의 성공 여부에 대한 증거를 제시한 곳이 바로 그 마케팅 팀인가? 데이터 출처와 의도 또는 잠재적인 아젠다를 이해하면 더 자세히 주의를 기울여야 할 데이터가 무엇인지, 그리고 데이터상의 문제점을 파악할 수 있다.

2. **분석을 통해 제공된 지표가 예상했던 것인가? 그렇지 않다면 그 이유는 무엇인가?** 데이터 제공자가 적절한 KPI를 보여주고 있는가? 혹시 데이터 제공자를 멋져 보이게 하는 허영 지표를 포함하고 있는 건 아닌가?

3. **지표는 어떻게 계산되었는가?** 많은 지표에는 명확한 정의가 없다. 예를 들어, 회사가 1,000만 명의 고객을 보유하고 있다고 하면, '고객'을 어떻게 정의하는지 스스로 질문해 봐야 한다. 그간 아무것도 구매하지 않았더라도 회사 웹사이트를 한 번이라도 방문한 모든 사람을 의미하는가? 아니면 5년 전 마지막으로 구매한 사람인가? 아니면 지난 1년 이내에 구매 이력이 있는 활성 고객만을 의미하는가? 데이터 뒤에 숨겨진 목적에 따라 데이터 제공자는 각기 다른 지표를 선택할 수 있다. 의사결정에 결정적인 영향을 미치는 지표들을 중심으로 그 의미를 정확히 이해하고 있는지 확인하라.

4. **데이터는 언제, 어디에서 수집되었나?** 데이터의 수집 시기, 장소, 맥락이 지금 내려야 할 의사결정과 관련이 있는가? 예를 들어, 2017년 오스트리아의 모바일 도입 데이터를 기반으로 2022년 헝가리의 모바일 지갑 채택에 관한 결정을 내려도 되

는가? 마침 우리에게는 오스트리아에서 수집한 정확하고 신뢰할 수 있는 데이터가 있지만, 헝가리에서 바로 활용할 수 있는 좋은 데이터가 없을 수 있다. 그렇다면 정확하지만 관련성이 떨어지고 구식일 가능성이 있는 오스트리아의 데이터를 사용하는 것이 나은가, 아니면 덜 정밀하더라도 최신인 헝가리의 데이터를 사용하는 것이 나은가?

5. **비교 대상이 적절하고 유사한 대안인가?** 거의 모든 기업이 적절한 경쟁자와 비교했을 때는 좋아 보일 수 있다. 만약 비교가 이루어지고 있다면, 그 지표들이 서로 다른 대안들 사이에서도 비교 가능한 수준인가? 서로 다른 기업들은 동일한 KPI(예: 고객 수)라 할지라도 각기 다른 방식으로 측정할 수 있다는 점을 유의하라.

6. **누락된 데이터는 없는가?** 관련이 있을 수 있는 다른 데이터 포인트가 있는가? 가능한 추세를 탐색할 수 있도록 시간에 따른 시계열 데이터를 확보했는가?

7. **내가 보지 못한 데이터가 내가 보고 있는 데이터와 유사한가?** 어떤 데이터를 수집하지 못했는가? 누구를 조사 대상에서 제외했는가? 혹시 무응답이 많았는가? 생존 편향에 빠지지는 않았는가?

8. **이상치가 있는가?** 데이터 제공자가 설명할 수 없어서(이상치라는 이유로) 보여주지 않은 데이터가 있는가? 이상치 데이터가 혹시나 가치 있는 데이터가 될만한 어떤 패턴이 존재하지는 않는가?

이러한 질문들을 스스로 던지면 제시된 데이터와 분석을 자세히 살펴보는 데 도움이 된다. 이러한 질문을 하거나 답하기 위해 수학 천재나 숙련된 데이터 과학자가 될 필요는 없다. 앞서 살펴본 〈앤스컴의 4인조〉 사례처럼, 오히려 그 반대에 가깝다. 호기심, 비판적 사고, 맥락에 대한 좋은 이해만 있으면 된다. 정량적 정보와 높은 수준의 직관, 그리고 사업적 통찰력을 결합해야 한다. 이것이 정량적 직관 중 직관(Intuition)의 영역이 강력한 리더십 수단이 되는 이유이기도 하다. 즉, 훌륭한 직관이야말로 훌륭한 데이터 분석의 핵심 구성 요소이다.

맥락을 고려하여 데이터를 이해하기

이제 데이터 분석에 있어서 첫 번째 차원인 데이터의 신뢰성을 평가하는 단계를 완료했다. 당신은 앞선 과정을 통해서, 정확한 정보를 수집하고 데이터가 신뢰할 만하다는 점을 확인했다. 데이터를 시각적으로 확인했고, 특별한 문제도 없다. 당신의 분석가는 최신의 화려한 분석 도구를 사용하여 데이터에 대한 분석을 실행하고 결과를 제공했다.

이제 데이터 분석의 두 번째 차원은 데이터를 맥락에 놓는 것이다. 이는 모든 정보를 이해할 때마다 반드시 지켜야 할 황금률이다. 이 점은 아무리 강조해도 지나치지 않을 만큼 매우 중요하다. 맥락이 왕이다. 다음 세 가지 질문은 데이터를 비즈니스 운영과 비즈니스 환경의 맥락에 놓는 데 도움이 될 것이다.

1. 비즈니스 운영 맥락에서 이 데이터는 무엇을 의미하는가?
2. 과거 데이터와 비교했을 때 이 데이터는 어떠한가?
3. 경쟁사 또는 다른 비교 대상과 비교했을 때 이 데이터는 어떠한가?

맥락이 중요한 이유를 이해하기 위하여, 신문사 '로컬 가제트'의 CEO인 알렉스의 상황을 가정해 보자. 그녀는 전통적인 뉴스 소비 방식에서 벗어나고 있는 큰 추세가 자신의 사업 존립에 영향을 미칠까 봐 걱정한다. 올해 로컬 가제트의 수익은 작년보다 5% 감소했다. 물론 알렉스는 신문사의 수익성에 대해 걱정하지만, 과연 이 수치가 그녀가 사업 전반을 바꿔야 하는 것을 의미하는가?

첫 번째 질문인 '이 수치가 회사의 전체 운영과 어떻게 연관되는가?'를 던지자, 알렉스는 수익성 하락을 맥락 안에서 검토하게 되었다. 5%의 수익 감소는 수요 감소 때문일 수도 있고, 비용 증가 때문일 수도 있다. 이 두 요인 모두 사업의 전체 운영 관점에서 충분히 무시할 수 있는 수준일 수 있으며, 이는 알렉스가 사업 전반을 바꿀 필요가 없음을 의미할 수 있다. 사실, 비용 증가는 미래 수익을 창출할 신제품에 대한 투자 때문일 수 있으며,

이 경우 수익성이 5% 감소하는 것은 부정적인 신호가 아니다. 절대적인 수치를 회사 운영의 맥락 속에 대입해 본 덕분에, 알렉스는 수익성 감소가 정말 의미 있는 일인지 이해할 수 있었다.

두 번째 질문은 시간의 흐름에 의한 맥락을 살펴보는 것이다. '이 5% 감소는 이전 연도들의 수익성 변동과 비교했을 때 어떠한가?' 수익성이 매년 플러스마이너스 7%씩 등락을 반복해 왔다면, 5%의 변화는 우리가 예상하는 범위 내에 있다고 볼 수 있다. 하지만 신문사의 수익성이 지난 5년 동안 꾸준히 증가하다가 올해 갑자기 감소했다면, 올해의 하락은 훨씬 더 주목해야 하는 경고에 가까운 신호일 수 있다.

마지막으로, 알렉스는 세 번째 맥락인 경쟁사 또는 비교 대상을 고려해야 한다. 만약 지역 경쟁사를 살펴봤을 때 모든 경쟁사의 수익성이 올해 상승했거나 안정적이라면, 알렉스는 사업의 미래에 대해 더 걱정해야 할까, 아니면 덜 걱정해야 할까? 언뜻 보기에 올해 수익이 떨어진 곳이 자신의 신문사뿐이라면 알렉스가 더 걱정해야 한다고 판단할 수도 있다. 그러나 로컬 가제트가 진짜 두려워해야 하는 것은 종이 신문에 대한 수요 자체가 감소하고 있다는 점임을 기억해야 한다. 그런 상황이라면 알렉스는 오직 자신의 신문사만 수익이 떨어졌을 때보다, 모든 신문사의 수익이 함께 떨어졌을 때 더욱 걱정해야 한다. 비록 로컬 가제트의 수익 감소가 과거의 변동 범위 내에 있고 비교적 무시할 수 있는 수준이라 할지라도, 전체 산업이 하락세라면 이는 신문 산업 전체에 나쁜 소식이 될 수 있다. 이럴 때, 알렉스는 디지털 구독 증가율이나 온라인 독자 수와 같은 대안적인 지표를 탐색하고 싶어 할 것이다.

데이터를 맥락에 놓는 일은 비즈니스에서 데이터의 유의미함을 이해하는 데 매우 중요하다. 항상 데이터를 세 가지 각도의 측면에서 교차 검증하라. 긍정적이거나 부정적인 수치가 보이면 성급하게 결론을 내리지 마라. 그 숫자가 비즈니스 운영, 과거 및 비즈니스 환경, 현재와 미래의 관점에서 각각 무엇을 의미하는지 종합적으로 고려하라.

분석 결과 검증을 위한 압박 테스트

데이터를 평가하고 맥락에 고려하여 해석했다면, 이제는 분석 결과를 압박 검증할 차례다. 그리고 분석과 분석 결과의 실행 가능성을 검증하는 효율적인 방법이 필요하다.

우리가 흔히 접할 수 있는 상황을 가정해 보자. 동료가 당신에게 내년도 수익 전망치가 담긴 엑셀 시트를 보냈다. 이런 파일들이 종종 그렇듯이, 숫자로 가득 찬 수천 개의 셀이 있는 엄청난 워크시트다. 각 숫자를 일일이 검토하는 피비린내 나는 작업을 거치지 않고, 이 모델의 타당성을 압박 검증하기 위해서는 어떻게 해야 할까?

어떤 모델이든 효율적이고 확실하게 압박 검증하는 방법은 파레토 법칙(Pareto Principle)을 활용하는 것이다. 파레토 법칙은 결과의 80%가 대개 20%의 원인에서 발생한다고 주장한다. 다행히도 이 작업을 수월하게 해주는 두 가지 유형의 80-20 파레토 법칙이 있다. 첫 번째 법칙은 스프레드시트의 숫자 중 약 20%만이 최종 결과에 영향을 미친다는 사실이다. 나머지 80%는 단지 계산의 완결성이나 과정을 위해 필요할 뿐이다. 예를 들어, 건물 청소 비용을 생각해 보라. 이 숫자는 내년도 사업 운영 비용을 계산할 때 포함되어야 하겠지만, 설령 이 비용이 3배 혹은 10배로 늘어난다고 해도 최종 이익에 미치는 영향은 미미할 가능성이 높다. 비록 그 숫자가 완전히 틀렸다고 생각될지라도, 그렇게 영향이 적은 숫자는 꼼꼼하게 볼 필요는 없다.

두 번째 80-20 법칙은 각 숫자에 대한 당신의 확신 수준과 관련이 있다. 다행히도, 당신은 이미 비즈니스를 잘 알고 있기 때문에 굳이 다시 확인하지 않아도 '이 수치는 맞을 거야'라고 확신할 수 있는 숫자들이 훨씬 더 많다. 이는 그 수치들이 작년 수치와 비슷하거나, 사업의 대부분이 크게 바뀌지 않았기 때문일 수도 있고, 혹은 당신이 해당 수치와 그 구성 요소(예: 달러 대비 유로 환율 등)에 익숙하기 때문일 수도 있다. 그렇다면 이제 당신은 두 번 이상 생각하게 만드는 일부 숫자에만 집중하면 된다. 사실 당신은 불확실하면서도 중요한 숫자에만 집중해야 한다. 만약 두 가지 80-20 규칙이 모두 적용된다면, 집중해야 할 숫자는 전체의 약 4%에 불과하다. (0.2×0.2=0.04, [자료 4-4] 참조).

이제 당신은 '어떤 숫자가 최종 결과에 영향을 미치는지 어떻게 알 수 있을까?'라고 궁금해할 수 있다. 이러한 숫자 중 상당수는 당신의 비즈니스적 통찰력과 숙련도만으로도 충분히 파악할 수 있다. 하지만 그렇지 않은 경우 민감도 분석을 활용할 수 있다. 분석하려는 숫자를 임의로 바꿔본 뒤, 모델 내의 중요한 지표들이 어떻게 변하는지 살펴보라. 예를 들어, 영업 사원들의 보상이 회사의 수익성에 미치는 영향에 대해 확신이 서지 않는다면, 현재 보상 값을 절반으로 줄이거나 두 배로 늘려본 뒤 수익성이 어떻게 변하는지 확인해 보는 식이다.

그렇다면 불확실성의 수준은 어떻게 파악해야 할까? 숫자가 범위를 벗어났는지 알 수 있는 감각은 어떻게 개발할 수 있을까?

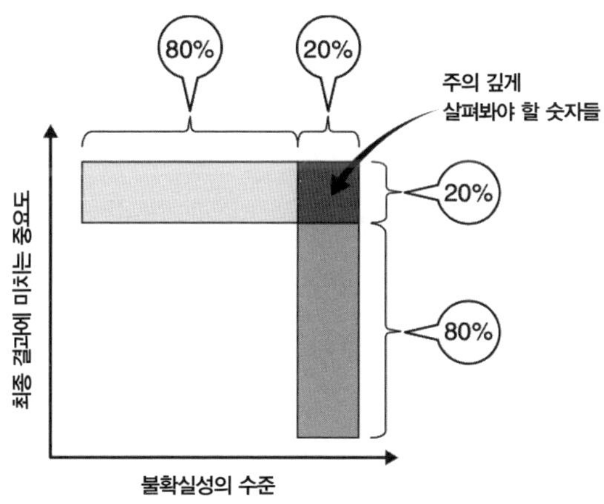

[자료 4-4] 파레토 조사 법칙을 응용한 데이터 검토

당신은 경험상 이미 사업과 관련한 몇몇 숫자를 알고 있을 것이다. 이것이 바로 숫자 감각의 출발점이다. 하지만 익숙하지 않은 숫자를 처리하기 위해서는 감각을 더욱 개발해야 한다. 예를 들어, 어떤 수치가 너무 크거나 작은지, 혹은 적절한 수준인지를 알아채는 직관이다. 이러한 직관을 기르기 위해 당신은 '봉투 뒷면 계산(back-of-the-envelope estimate)'이라 불리는 어림셈을 해볼 수 있으며, 이에 대해서는 6장에서 자세히 다룰 것이다.

데이터와 분석의 출처도 불확실성 수준에 영향을 미치기 마련이다. 항상 숨겨진 의도가 있는지 살펴봐야 한다. 이런 측면에서 당신은 아마 사업의 어떤 부분에 대해서는 다른 부분보다 더 나은 직관을 가지고 있을 것이다. 다수의 팀원이 참여하면, 당신의 직관을 쉽게 보완하고 강화할 수 있다. 팀의 구성원마다 비즈니스의 서로 다른 측면에 대한 직관이 좋을 가능성이 크다. 예를 들어, 당신이 운영 부서에서 온 경우 재고 수치에는 꽤 익숙하지만, 마케팅 수치에는 덜 익숙할 수 있다. 이럴 때는 마케팅 수치를 살펴보다가 특히 확신이 서지 않는 숫자들을 표시하고, 최고 마케팅 책임자나 마케팅 디렉터에게 그 숫자들만 검토해달라고 요청하면 된다. 다양한 전문성을 가진 팀을 구성하는 것은 팀의 집단 직관을 높이고, 어떤 수치가 중요하거나 불확실한지에 대한 이해를 넓히는 데 큰 도움이 된다.

분석 결과에 대한 압박 검증을 하는 또 다른 방법은 당신의 직관이 좋은 영역에 집중하는 것이다. 보통 0, 1, 또는 무한대의 상황에서 무슨 일이 일어날지에 대해 우리는 꽤 괜찮은 직관을 가지고 있다. 예를 들어, 내년도 수익 전망이 있는 스프레드시트를 검증하기 위해 제품 판매량 수치를 0으로 설정해 보는 것이다. 제품을 단 하나도 팔지 못했을 때 회사의 수익성이 어떻게 될지 당신은 이미 잘 알고 있다. 당연히 심각한 마이너스 수치가 나와야 한다. 단 한 개만 팔았을 때도 상황은 비슷할 것이다. (179쪽 박스 〈IBM이 실리콘밸리 스타트업을 압박 검증하는 법〉 글 참조). 그렇다면 무한대는 어떨까? 엑셀에서 무한대를 직접 입력할 수 없지만, 판매량을 작년 수치의 10배로 설정할 수는 있다. 이때 매출 수치가 폭발적으로 증가해야 하며, 그와 함께 사업 수익성도 함께 증가해야 한다. 이런 방식으로 모델을 압박 검증하면, 아무리 복잡한 모델이나 논리라도 세부 사항을 깊이 파고들 필요 없이 타당성을 매우 빠르게 평가할 수 있다.

IBM이 실리콘밸리 스타트업을 압박 검증하는 법

데이터를 검토하는 데 5분밖에 걸리지 않았다.

폴은 전화를 걸어 자신이 생각한 바를 가감 없이 말했다. "이 스프레드시트를 어떻게 해석해야 할지 모르겠네요. 스프레드시트가 잘못됐거나, 당신들의 사업 방식에 문제가 있다고 볼 수밖에 없어요."

이는 분명 직설적인 발언이었다. 폴은 왜 그렇게 직설적이었을까? 오데드, 크리스, 폴이 관련 용어와 모델을 정의하기까지는 그로부터 몇 년의 시간이 더 걸렸지만, 폴의 이 발언이야말로 활발히 가동된 정량적 직관 그 자체였다.

당시 폴은 IBM의 기업 실사팀에 속해 있었는데, 실리콘밸리의 혁신을 제공할 기술 파트너를 찾고 있었다. 그의 팀은 당시 실리콘밸리의 특정 스타트업을 평가하고 있었다. 실사는 원래 몇 주면 끝났어야 했으나, 자꾸만 지연되고 있었다. 그곳 경영진의 프레젠테이션은 잘 구성되었고, 예상 사업 전망은 긍정적이었으며, 대형 벤처 캐피털 회사의 지원을 받은데다 경영진의 인맥 또한 탄탄했다. 그들은 아직 실리콘밸리의 총아라고 불릴 정도는 아니었으나, 확실히 올바른 궤도에 올라와 있었다. 만약 이 스타트업이 제대로 성과를 낼 수 있다면, IBM 입장에서는 잠재적으로 큰 수익을 기대할 수 있는 기회였다. 커지는 기대만큼 IBM에게도 막대한 비용이 들어가는 투자였기에, 실사는 더욱 정확해야 했고 위험 요소 역시 사전에 정확히 밝혀내야 했다.

정량적 직관의 관점에서 볼 때, 그들의 스토리텔링은 인상 깊었지만 무엇을 말하고자 하는지 구체적인 내용이 명확하지 않았다. 그들의 기술은 좋아 보였지만 충분히 다른 회사에서 모방할 수 있어 보였다. 그들이 진정으로 혁신적이거나 탁월한 존재인지는 의문이었다. 폴과 그의 팀은 그들의 발표 내용 중 놀라운 점이 있었는지 스스로에게 물었을 때, 돌아온 답은 '거의 없다'는 것이었다. 그 스타트업 팀은 세부 사항은 거의 없이 뛰어난 성과만을 강조하여 폴과 팀의 주의를 돌리거나, 그 수치에만 매몰되게 만들려 애썼다. 폴의 팀이 IWIK(알고 있었으면 좋았을 것들)에 대해 말했을 때, 그들은 독점 소프트웨어를 언급하며 세부 사항을 공개할 수 없다는 논리로 맞섰다. 그들은 질문에 답하는 것뿐만 아니라, 애초에 질문에 대한 공개적인 논의 자체를 피하고 있었다.

이 스타트업이 정말 이례적인 아웃라이어일까? 경제적인 영향을 추정만 한 채 그들의 벤처 사업에 투자하고 기술을 도입하기로 합의할 수 있을까? 그들이 정말로 독보적인 가치를 갖고 있다고 판단할 수 있을까? 그들이 제시한 총 가용 시장(TAM)과 서비스 가능 가용 시장(SAM)은 모두 엄청났다. 북미와 유럽 시장에만 집중하면 수천억 달러의 매출로 이어질 듯했다. 정량적인 관점은 그저 '매우 크다'는 것일 뿐 구체적이지 않았기 때문에, 폴과 그의 팀이 의사결정을 고민하는 사이 포모(FOMO, 행여나 놓칠까 봐 느끼는 두려움)라는 또 다른 강력한 본능이 고개를 들기 시작했다.

그 이후, 스프레드시트가 도착했다. 그것은 그 스타트업이 IBM을 자사 제품의 사용자라고 가정하고 작성한 일종의 '수익성 모델'이었으며, 데이터센터 장비에 대한 업계 표준 원가와 평균 운영 비용을 바탕으로 계산되어 있었다. 만약 이 스프레드시트가 고객으로서 IBM이 얻을 수 있는 이득을 제대로 입증해 낸다면, 그것은 곧 전체 시장의 잠재력을 입증하는 근거가 될 터였다.

그 스프레드시트는 컴퓨터 서버 대수를 입력하는 단 하나의 셀을 제외하고는 모두 잠겨 있었다. 그 셀에는 미리 10,000이라는 숫자가 채워져 있었고, 그에 따른 엄청난 수익 전망치가 나타나 있었다. 스타트업 팀은 폴에게 적절하다고 생각되는 서버 대수를 아무 수치나 입력해 보라고 제안했다. 그들은 폴이 '하키 스틱' 그래프와 같이 증가한 수치를 확인하기 위해, 당연히 10,000보다 큰 숫자를 입력할 것이라 예상했다. 그러나 폴은 매우 다른 세 가지 수치를 입력했다. 100,000, 1, 0. 폴은 모델이 제대로 작동한다면, 어떻게 작동할 것인지 알 수 있는 직관을 갖고 있었다. 이 세 가지 수치를 입력하면, 단위당 원가와 제품 사업을 이끄는 경제적 동인들을 파악할 수 있기 때문이었다. 그런데 놀랍게도, 세 가지 입력값 모두에서 터무니없이 성공적인 수익 전망을 보여주었다. 서버 1대만으로도 누구나 부러워할 만한 수익이 난다는 점도 당황스러웠지만, 서버가 0대일 때조차 수익이 난다니? 이러한 수치에 대한 유일한 설명은 그들이 마법사이고, 그들의 제품이 전적으로 허구에 가깝다는 것이었다.

물론 문제는 스프레드시트 그 자체가 아니었다. 진짜 문제는 그 스타트업이 그다지 혁신적이지 않고, 단순히 회사를 매각하거나 더 많은 투자금을 유치하는 데만 혈안이 되어 있었다는 사실이었다. 스프레드시트를 테스트한 결과, 제한된 데이터와 정교하게 다듬어진 메시지, 그리고 폴과 팀이 받았던 혼란스러운 신호들에 대한 의구심이 사실로 확인되었다. 모든 데이터에 대한 종합적인 분석과 직관적인 해석을 결합한 끝에, 폴과 팀은 결국 그 스타트업과의 협력을 거절하기로 결론지었다.

몇 주 후, 폴은 그들과 협력하기로 결정했더라면 직면했을 지적 재산권 제약을 포함한 여러 비즈니스 상의 문제점들을 알게 되었다. 다시 한번 폴과 팀의 직관은 정확했음이 입증된 셈이었다. 폴과 팀은 매혹적인 스토리와 표면적으로만 인상적인 데이터에 끌려가는 상황을 피할 수 있었다. 본능에 귀를 기울이고, 면밀히 조사하고, 그 데이터가 충분히 정보에 입각한 결정을 내리기에는 전적으로 부적절하다는 것을 확인해 냈기 때문이었다.

이처럼 이어지는 질문 내용을 활용하여, 분석 결과를 압박 검증해 보라. 주목할 점은, 이러한 질문을 할 때 데이터 과학이나 분석에 정통해야 하는 것은 아니라는 점이다. 오히려 화려한 분석 도구에 의지하여 지독하게 복잡한 세부 내용에 주목하기보다, 당신의 직관을 활용해 가지고 있는 정보를 적절하게 활용하고, 맥락에 맞게 데이터를 해석해야 한다. 이러한 역량은 데이터를 집요하게 파고드는 수사관이자 효과적인 정량적 직관 리더가 되기 위한 필수 조건이다.

4장의 핵심 내용

- 기억하라. 좋은 질문이 좋은 데이터를 결정한다.

- 의사결정을 내리기 위해 적절한 데이터와 지표가 있는지 스스로 물어보라. 즉, 수집된 데이터만으로는 답할 수 없는 IWIK는 무엇인가?

- 평균을 경계하라. 깊이 있는 분석을 위한 데이터의 세부 분할은 무엇인지 스스로 물어보라.

- 누락된 데이터에 대해 스스로 물어보라. 당신이 보고 있지 않은 데이터 포인트는 무엇인가? 그것들이 당신이 보고 있는 데이터와 유사한가?

- 직관을 얻기 위해 데이터를 시각화하라. 이는 데이터 분석의 첫 번째 단계이다. 그 과정에서 어떤 문제가 드러났는가? 질문을 통해 데이터 신뢰성을 평가하라. 어떤 데이터가 수집되었는가? 지표는 어떻게 계산되는가? 데이터는 언제 어디서 수집되었는가? 데이터의 비교 대상들이 합리적인가?

- 데이터를 절댓값으로, 시간에 따라, 그리고 경쟁자 및 비교 대상과 상대적으로 살펴봄으로써 맥락 속에 배치하라.

- 불확실하면서 동시에 의사결정에 영향을 미칠 수 있는 수치에만 집중하여 분석을 압박 검증하라. 0, 1, 그리고 무한대를 대입해 봄으로써 신속하게 평가하라. 이것이 분석이나 모델의 어떤 문제점을 드러내는가?

5장.

숫자 감각 기르기

■ 정확하게 틀리는 것보다 대략적으로라도 맞는 것이 낫다.

– 존 메이너드 케인스(영국의 경제학자)

정량적 직관에 대해 우리가 자주 받는 중요한 질문 중 하나는 직관을 실제로 배울 수 있느냐 하는 것이다. 정량적 직관(QI) 중 Q에 해당하는 '정량적 측면'을 배울 수 있다는 것은 분명하다. 그런데 '직관'이란 원래 타고나거나 그렇지 못한 것 아닌가? 누가 "숫자에 대해 직관적으로 생각하는 법을 정말 배울 수 있는가?"라고 묻는다면, 간단히 말해서 답은 "그렇다"이다. 직관은 개발할 수 있으며, 이 장에서는 그 방법을 소개하고자 한다.

우리는 먼저 확실성에 대한 집착을 버리고, 대략적인 근사치의 장점을 받아들이는 방법을 논의하고자 한다. 이어서 기업의 리더가 근사치로 평가하는 방법을 연습하여, 숫자에 대한 감각을 어떻게 기를 수 있을지 소개한다. 우리는 간략하게 숫자를 보는 방법을 보여주고, 사용 가능한 관련 수치들이나 간략하게 계산하는 봉투 뒷면 계산 방식을 통해, 그 숫자가 실제 수치의 범위 내에 있을 가능성이 있는지 비교적 빠르게 평가하는 법을 보여준다. 근사치를 사용하면 리더는 제시된 숫자들을 실질적으로 확인하고, 그 수치 이면의 구체성을 더 잘 이해할 수 있다. 근사치로 계산하는 습관은 직관으로 이어진다. 정밀한 정확성을 보장하는 복잡한 계산에 의존하는 대신, 무엇이 옳은지 느끼는 감각을 기르게 되는 것이다. 또한, 직관의 바탕이 되는 신뢰와 자신감을 얻을 수 있다.

보통 기업에서 높은 위치에 있는 의사결정자들이 통계학자와 분석가의 영향을 받아, 보편적이고 사전에 정의된 높은 수준의 정확성을 요구하도록 휘둘리는 모습을 우리는 자주 목격한다. 물론 어떤 결정들은 실제로 높은 수준의 정확성이 필요하다. 하지만 많은 결정은 그러한 높은 수준의 정확성이 필요하지 않다. 정량적 직관 프레임워크는 데이터가 아닌 의사결정이 프로세스 전반에 중요한 역할을 해야 한다고 강조한다. 모든 결정을 내릴 때마다, 우리는 스스로 "이 결정을 내리는데 어느 정도 수준의 정확도가 필요한가?"라고 물어야 한다. 많은 비즈니스 결정들, 특히 프로젝트나 아이디어 추진 여부를 결정하는 초기 단계에서는 많은 경우 대략적인 추정치만으로도 충분하다.

근사치의 힘

최근 오데드는 한 MBA 대학원생 그룹이 전문가 패널을 상대로 과테말라에서 팜스테이(farm-stay)를 여는 창업 아이디어를 발표하는 것을 보았다. 팜스테이는 투숙객들이 농장에 머물며 전원생활을 즐기고 농장 생활에 참여하는 휴양 리조트를 말한다. 이런 종류의 휴가는 점점 더 인기를 얻는 추세다.

학생들의 발표 슬라이드에는 데이터가 가득했다. 아이디어의 실현 가능성을 널리 알리고 설득력을 전달하고자 팀은 하향 접근(top-down) 방식을 채택했다. 세계 관광 시장의 전체 규모를 측정한 다음, 그 수치를 중앙아메리카의 관광 시장으로 좁히고, 뒤이어 과테말라의 시장 규모가 어느 정도일지 측정했다. 이러한 수치를 기준으로, 그들은 과테말라를 방문하는 관광객들이 다른 것보다 팜스테이를 선호하는 비율을 추정했다. 그런 다음 이를 이용하여 자신들의 특정 비즈니스가 제공하는 서비스에 대한 예상 수요를 계산했다. 여기에 한 가족이 농장에 머물 때 내는 평균 비용을 곱하여 전체 금액을 추산하면, 그들은 과테말라의 팜스테이 사업으로 연간 3,200만 달러의 예상 매출이 나올 것으로 예상했다.

그들이 발표를 진행하는 동안, 심사위원들은 분석의 거의 모든 측면에 대해서 질문했다. "과테말라는 같은 중앙아메리카인 코스타리카와 관광객 숫자가 비슷한가요?", "코스타리카와 과테말라를 방문하는 세부 시장(segments)은 상당히 다르지 않습니까?", "팜스테이에 대한 선호도 수치는 어디서 얻었나요?", "제시한 내용에 환경친화적인 관광의 카테고리도 포함되어 있습니까?" 이러한 질문들은 팀에게 쏟아진 수많은 질문 중 일부에 불과했다. 심사위원들은 확실성과 정확성을 추구하면서, 거의 모든 숫자에 대하여 의문을 갖고 재차 물었다. 발표를 맡은 학생들에게는 녹초가 될 정도로 힘든 25분이었다.

회의실 뒤편에 앉아 있던 오데드는 관광 산업, 특히 중앙아메리카의 관광 산업에 대한 경험이나 전문 지식이 거의 없었다.

나(오데드를 가리킴)는 그 팀의 계산과 최종적인 매출 수치가 높은지 낮은지에 대해 직관적으로 판단할 근거가 거의 없었다.

심사위원들이 하는 것처럼 모든 숫자를 꼼꼼히 조사하여 확실성을 추구하기보다는, 나는 다른 접근 방식을 취하기로 했다. 결론, 즉 연간 3,200만 달러라는 예상 매출액부터 시작한 것이다. 내가 스스로에게 던진 중요한 질문은 그 수치가 정확한지 아닌지가 아니었다. 사실, 적어도 2년 후가 되어야 시작될 프로젝트의 예상 수치에 불과했기에, 높은 정확성을 기대할 수 없다는 점은 알고 있었다. 대신 나는 이 수치가 과연 과테말라의 팜스테이가 1년 동안 벌 수 있는 금액의 범위 내에 있을지 궁금했다. 만약 발표하는 학생들이 제시한 수치가 정말 합리적이라면, 이것은 훌륭한 사업이 될 수 있을 터였다. 하지만 이 수치는 너무 작은가, 너무 큰가, 아니면 적정한가?

이렇게 질문을 재구성하면서, 나는 계산의 정확성에 대한 세세한 계산보다는 이 프레젠테이션에서 가장 중요한 숫자인 예상 매출에 집중할 수 있었다. 그리고 이러한 맥락에서 때로는 내 감각에 의존하는 것이 더 편안하다고 느꼈다. 나는 이 숫자에 대해 내 감각이 무엇을 말하는지 자문했고, 그 다음 근사치 계산에 착수했다.

오데드는 지나친 분석이 가져올 수 있는 복잡성을 피했다. 그는 다른 사람들처럼, 계산의 세세한 측면에 큰 관심을 두지 않았다. 필수적인 질문에만 집중하면서, 오데드의 IWIK는 다음과 같았다. "나는 팀의 예상 매출 추정치가 과연 합리적인 범위 내에 있는지 알고 싶군요."

관광 산업에 대해서는 잘 몰랐음에도 불구하고 오데드는 몇 가지 일부 수치를 알고 있었다. 아무리 좋은 축에 속하는 농장이라고 해도, 과테말라에서 소박하고 목가적인 농장에서의 팜스테이의 숙박비가 객실당 하룻밤에 300달러를 넘을 리 없으며, 그런 숙박 시설이 50개 이상의 객실을 보유할 가능성이 적다는 것을 그는 알고 있었다.

연간 객실 점유 일수를 250일로 가정하고 머릿속으로 빠르게 봉투 뒷면 계산을 해보니, 연간 매출은 고작 375만 달러에 불과했다. 발표한 팀이 제시한 금액인 3,200만 달러는 매우 동떨어진 금액이었다. 설령 내가 숙박비나 객실 수, 혹은 객실 점유율에 대해 더 관대하게 계산했다고 하더라도, 발표 팀이 제시한 수치에는 여전히 근접하지 못했을 것이다.

초등학교 5학년 수준의 곱셈을 사용하여, 오데드는 호텔 업계에서의 경험 부족을 극복하고, 발표한 팀이 제시한 수치의 적절성을 평가할 수 있었다. 이는 숫자에 대한 직관에 해당한다.

이처럼 확실성을 추구하려는 유혹을 멀리하고, 수치가 현실적으로 어느 정도 적절한지 파악하려는 훈련을 계속 시도하면서, 시간과 에너지를 절약하고 중요한 문제에 집중할 수 있다.

근사치 배우기

종종 의사결정자들은 신뢰도가 제각각인 수많은 수치에 압도당하기도 한다. 그래서 스스로 1차 근사치를 파악할 수 있는 능력을 갖추는 것이 매우 중요하다. 이러한 근사치를 구하는 데는 수학 천재가 될 필요가 없다. 필요한 것은 그저 몇 개의 숫자와 기본적인 곱셈 및 나눗셈 기술뿐이다. 이러한 근사치의 장점은 해당 숫자에 대한 기본적인 확인을 가능하게 한다는 점이다. 예를 들어, 근사치는 거의 확실히 틀린 오류를 확인하고, 너무 크거나 너무 작은 수치로 만들어냈을지도 모를 비합리적인 가설들을 찾아낼 수 있는 쉽고 간단한 계산을 통해 파악할 수 있다.

의사결정자는 어떻게 숫자에 대한 감각을 얻을 수 있는가? 경험이 도움이 되지만, 유명한 독일 시인 하인리히 하이네의 말을 인용하자면 "경험은 좋은 학교다. 하지만 수업료가 비싸다." 수십 년의 경험을 통해 우리는 기업의 리더들이 자신의 사업에 관한 몇 가지 핵심적인 수치들을 파악하고 근사치를 계산하는 법을 배우면서, 경험 부족이나 이미 보유한 경험을 보완할 수 있다는 것을 알게 되었다. 때로는 사실상 필요한 것이 '어림잡기(guesstimate)'뿐일 때도 있다. 작가 A.A. 벨은 어림잡기를 "추측(guess)보다는 낫지만, 추정(estimate)만큼 정확성이 보장되지는 않는 것"이라고 정의한다. 이러한 어림잡기의 기술을 연습하려면 적은 양의 데이터를 최대한 활용할 수 있는 접근 방식이 필요하다.

과학자들은 종종 1차 근사치를 사용하여 답의 대략적인 추정치를 구한 다음, 더욱 정밀한 분석으로 발전하여 정확한 솔루션을 얻는다. 이탈리아의 과학자 엔리코 페르미(Enrico Fermi)는 이러한 대략적인 근사치를 구하는 접근 방식을 고안했다. (194쪽 박스 〈엔리코 페르미〉 글 참조) 페르미는 복잡한 문제를 해결하는 출발점은 단축된 단순화 방식을 사용하여 의미 있는 근사치를 구하는 것이라고 믿었다. 페르미 접근법을 사용하면 처음에는 추정하기 어렵거나 불가능해 보이는 양을 추정할 수 있다. 예를 들어, 시카고에 피아노 조율사가 몇 명 있는지와 같다. (195쪽 박스 〈시카고의 피아노 조율사 수 어림잡기〉 글 참조) 그의 접근법은 문제를 추정하기 쉬운 더 작은 문제 또는 요인으로 분해한 다음, 이를 다시 조합하여 추정하려는 수치의 대략적인 추정값을 얻는다. 더욱 정밀한 방법을 활용하는데 훨씬 더 익숙한 과학자들도 복잡한 분석으로 넘어가기 전에 대략적인 추정치를 얻는 경우가 많다. 우리도 이러한 방식을 활용하면 편안함을 느낄 수 있다.

엔리코 페르미

'원자폭탄의 설계자'로 알려진 이탈리아 물리학자의 엔리코 페르미(1901~1954)는 최초의 원자로를 만든 주역으로, 공로를 인정받아 1938년 노벨 물리학상을 받았다. 노벨상을 받은 직후, 그는 당시 파시스트 정권의 이탈리아를 탈출해 컬럼비아대학교의 교수로 부임했다. 페르미는 복잡한 문제를 쉽게 해결할 수 있는 능력 외에도, 실제 데이터가 거의 없거나 전혀 없는 상태에서도 빠르고 정확한 근사치를 도출할 수 있는 능력으로 유명했다. 실제로 그는 단순화 방법을 사용하여 원자폭탄이 실제로 사용되기 수년 전임에도 불구하고, 폭발 효과를 현재 추정치와 한 자릿수 차이 범위 안에서 예측해 냈다.

시카고의 피아노 조율사 수 어림잡기

어림잡기의 구체적인 예시를 원한다면, 시카고와 같은 특정 도시에 있는 피아노 조율사의 수를 추산하는 고전적인 페르미 문제를 생각해 보라. 이 문제를 접한 대부분의 사람들은 어디서부터 시작해야 할지 모른다. 시카고에 있는 피아노 조율사는 수십 명일까? 아니면 수백 명 또는 수천 명일까? 페르미의 접근 방식은 이 문제를 좀 더 추정하기 쉬운 작은 요소들로 나누고, 그 요소들을 알게 된다면 당신이 원하는 수치를 추정할 수 있다.

이 문제를 푸는 방법은 여러 가지가 있다. 첫째, 이 문제를 '시카고에서 1년에 조율하는 피아노가 총 몇 대인가?'와 '조율사 한 명이 1년에 몇 대의 피아노를 조율할 수 있는가?'로 나눌 수 있다. 여기서 이를 더 자세히 나누면, 시카고에 몇 가구가 있는지, 그 가구 중 피아노가 있는 가구의 비율은 얼마인지, 그리고 이 가구들이 얼마나 자주 피아노를 조율하는지 추정할 수도 있다. 조율사 1명이 1년에 조율할 수 있는 피아노 대수를 추정하려면, 조율사가 1년에 며칠을 일하는지, 그리고 하루에 보통 몇 대의 피아노를 조율할 수 있는지를 알아야 한다. ([자료 5-1] 참조) 당신은 이 수치 중 아는 것이 하나도 없을 가능성이 크다. 하지만 시카고의 전체 피아노 조율사 수라는 원래의 포괄적인

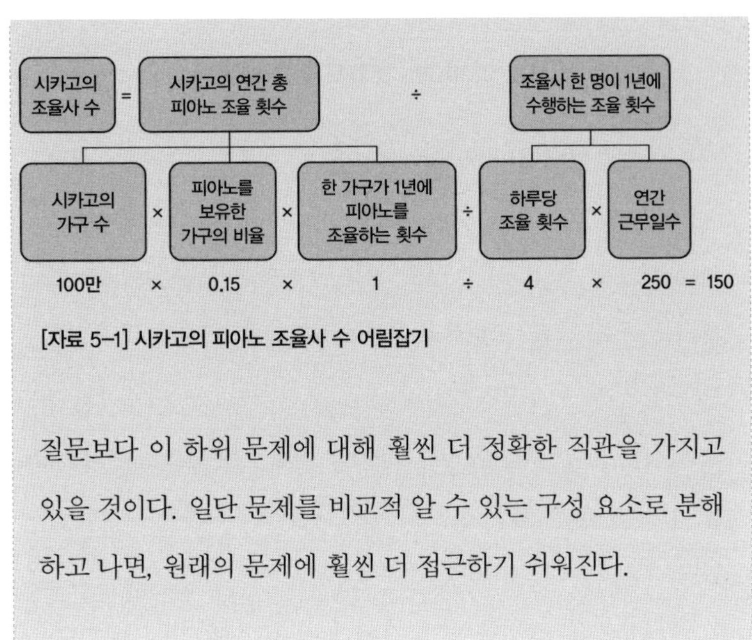

[자료 5-1] 시카고의 피아노 조율사 수 어림잡기

질문보다 이 하위 문제에 대해 훨씬 더 정확한 직관을 가지고 있을 것이다. 일단 문제를 비교적 알 수 있는 구성 요소로 분해하고 나면, 원래의 문제에 훨씬 더 접근하기 쉬워진다.

실무에서 접하는 어림잡기

정확한 계산을 위해 모든 숫자가 필요하지만, 근사치 계산은 숫자가 없을 때도 훌륭한 도구가 된다. 예를 들어, 당신이 갓 태어난 아기의 체온을 유지하기 위해 분만실에서 아기를 감싸는 일회용 수건을 개발하는 사업을 하고 있다고 상상해 보라. 아마도 당신은 미국에서 하루에 태어나는 아기의 수를 추산하고 싶을 것이다. 이 숫자를 추산하면, 모든 병원이나 특정 병원에 판매할 때의 예상 매출을 추산할 수 있다. 이 숫자를 어떻게 추산하겠는가? 어떤 사람들은 단순히 숫자 자체를 추측하는 것으로 시작할 수도 있다. 하지만 과거에 이와 비슷한 숫자를 경험한 적이 없다면 어림잡기를 할 수 있을 만큼 충분한 직관을 갖지 못할 가능성이 높다.

페르미의 추산 방법에 따라, 이 문제를 좀 더 접근하기 쉬운 더 작은 요소들로 분해해야 한다. 이 수치를 나누는 데는 여러 가지 방법이 있다. 미국에 있는 산부인과 병동의 수와 병동당 분만 횟수를 추산해 볼 수도 있다. 하지만 산부인과 병동의 수를 추산하는 것 역시 미국에서 하루에 태어나는 아기 수를 맞추는 것만큼이나 어려울 것이다. 그러니 우리가 알고 있는, 관련성 있는 수치부터 시작해 보자. 우리는 1년이 365일이라는 사실을 확실히 알고 있다. 또한, 미국 인구가 약 3억 3천만 명 정도라는 것과, 그중 절반 정도가 여성이라고 가정할 수 있다. 여기에 일반적인 가정당 평균 자녀 수가 몇 명인지도 어림잡아야 한다. 주변 친구들을 살펴보면 대략 두 명 정도로 짐작할 수 있다. 이제 문제를 해결하기 위한 거의 모든 요소를 가지고 있다. 출산 가능한 나이의 여성 수를 추산하고, 약 15~20년의 가임 기간 동안 여성은 평균적으로 두 명의 아기를 낳는다고 가정해 보자. 그렇게 하면 꽤 근사한 추정치에 도달할 수 있을 것이다.

다음은 문제를 요인별로 나누는 몇 가지 간단한 방법이다. 만약 미국에 사는 모든 여성이 평균 80년의 수명 동안 평균적으로 두 명의 아기를 낳는다고 가정한다면, 우리는 하루에 몇 명의 아기가 태어나는지 추정할 수 있다. 이를 위해서는 미국의 여성 수, 미국 여성의 평균 수명, 그리고 한 여성이 일생 동안 평균적으로 몇 명의 아기를 낳는지 알아야 한다. 이제 여기서부터는 간단한 곱셈과 나눗셈의 문제다.

미국 내 여성 인구 = 1억 6,500만 명

한 여성당 출산한 아기 수 = 2명

미국 여성의 평균 수명(일수) = 80년×365일

하루당 출산 횟수 = 1억 6,500만×2÷(80×365)≅11,300(명)

또 다른 접근 방식은 미국에 사는 3억 3천만 명의 사람들이 평균 수명인 78년 중 어느 특정한 날에 태어났어야 한다고 가정하는 방법이다. 이 논리를 바탕으로 다음과 같이 계산할 수 있다.

미국 전체 인구 = 3억 3,000만 명

그들이 사는 날수 = 365×78일

하루당 출산 횟수 = 3억 3,000만÷(365×78)≅11,600(명)

2020년의 실제 수치는 하루 평균 9,877명이었으므로, 두 추산치 모두 상당히 근접한 결과다. 사실 두 수치 모두 9,877명보다 약 15% 더 크지만, 이는 매우 양호한 숫자다. 우리가 이 숫자를 추산한 이유를 명심하라. 우리는 정확한 수치를 찾는 것이 아니라, 그저 비슷한 범위에 있는 추산치를 구하려는 것이다. 정확한 수치는 나중에 연구를 수행하거나 보건부에 문의해서 알아볼 수 있다. 덧붙이자면, 당신이 이 내용을 다 읽을 때쯤이면 미국에서는 또다른 아기가 세 명 더 태어날 텐데, 정확한 수치를 알아야 할까?

왜 어림잡기가 효과적일까?

앞서 살펴본 것처럼, 태어난 아기의 수를 추정할 때 우리는 많은 과정을 단순화했다. 그 과정에서 많은 세부 사항을 무시했다. 연령대별로 불균형한 인구 분포나 베이비붐 세대, 수년에 걸친 기대 수명의 증가, 그리고 더 높은 기대 수명 때문에 미국에서 사는 여성의 비율이 50%보다 높다는 사실 등을 고려하지 않았다. 하지만 우리가 찾는 것은 골디락스 수치(Goldilocks measure), 즉 정확한 추정치가 아니라 너무 크지도, 너무 작지도 않은 딱 적당한 추정치라는 점을 기억하라.

문제를 더 작은 문제로 나눌 때, 우리는 세부 사항을 무시하고 중요하다고 생각하는 요인에만 집중할 수 있다. 이 추산 방법을 처음 사용할 때는 너무 많은 세부 사항을 무시하는 것이 이상하게 느껴질 수 있다. 하지만 계속 연습하고 충분히 근사한 추산치를 확인하다 보면 부담감에서 한편 자유로워질 것이다. 또한,

이러한 과정에 대한 신뢰가 생기고, 어느 정도의 부정확함에 대해 더 편안함을 느낄 수 있다. 우리는 확실성을 위해 노력하는 동안, 정확한 추정치를 얻기 위해 치러야 하는 비용 대비 편익의 측면을 잊는다. 즉 우리는 확실성을 얻기 위해서 일정한 비용을 더 지출해야 한다. 하지만, 지금 이 시점에서 결정을 내리기 위해 매우 정확한 추정치가 필요하지 않다면, 어림잡기를 하는 것이 가장 효과적이고 효율적인 행동 방침이다.

이러한 추산 방법이 효과적인 이유는 무엇일까? 그 이유 중 하나는 문제를 분해했을 때 각각의 작은 문제들에 대해 내리는 추정치가, 최종 결괏값에 대해 막연히 짐작하는 것보다 훨씬 더 정확한 경우가 많기 때문이다. 또한, 각각의 작은 문제에서 범할 수 있는 초과 추정과 과소 추정의 수치가 서로 상쇄되는 경향이 있다. 예를 들어, 출산 문제에서 실수로 평균 수명을 70세로 과소 추정하고, 가구당 자녀 수를 3명으로 높게 잡는다면 두 가지 오류는 거의 상쇄된다. 알 수 없고 불확실한 수치를 좀 더 확신할 수 있는 수치로 작게 나누는 것은 또 다른 장점이 있다. 바로 숫자에 대한 당신의 직관을 발달시키고, 그 직관에 대한 자신감을 얻는 데 도움이 된다는 점이다.

실질적인 비즈니스 맥락에서 당신에게 제시된 수치를 평가할 때 페르미의 접근 방식을 사용하는 경우, 문제의 성격에 따라 각 요소에 조정을 가할 수 있다. 예를 들어, 제시된 수치가 너무 크다고 생각되면, 근사치를 계산할 때 확신할 수 없는 수치들에 대해서는 좀 더 큰 추정치를 적용해야 한다. 이렇게 더 큰 추정치를 사용해 봄으로써 제시된 수치에 도달하는 것이 가능한지 확인할 수 있다. 마찬가지로 그 수치가 너무 작다고 생각되면, 추정치를 보수적으로 적용하라. 당신의 목표는 그 수치가 정확한가가 아니라, 가능한가를 평가하는 것이다. 만약 잠재 시장 규모를 추산하기 위해 자신의 비즈니스에 대한 근사치를 구하는 경우라면, 추정치에 대해 정직해져야 한다. 계산의 각 단계마다 큰 추정치를 넣기 시작하면 오류가 서로 상쇄되는 것이 아니라, 복합적으로 작용하여 최종 추정치를 상당한 수준으로 부풀릴 수 있다.

만약 추산하는 단계 중 아직 잘 모르는 수치를 추산해야 하는 경우라면, 상한선과 하한선을 적용하여 둘을 비교할 수 있다. 예를 들어, 시카고의 인구를 추정해야 하지만 그 숫자를 모른다고 가정해 보자. 하지만 당신이 샌프란시스코와 뉴욕의 인구를 알고 있으며, 시카고의 인구가 두 도시 사이에 있다는 것을 알고 있다면, 샌프란시스코와 뉴욕 인구의 평균치를 계산하라. 그러면 아마도 실제 수치에 꽤 근접하게 나올 것이다.

우리는 참가자들이 어림잡기 방식을 사용하여 정확히 알지 못하는 다양한 수치를 추산하는 수많은 워크숍을 진행해 왔다. 예를 들면, 미국 메이저리그 야구 경기에서 매년 소비하는 핫도그의 수, 또는 나이아가라 폭포에서 1초에 흐르는 물의 양 등이 있다. 우리는 참가자들이 이 방식을 사용하여 수치를 얼마나 정확하게 추산하는지를 보며 매번 감탄하곤 한다.

근사치에 익숙해져라

의사결정에 어림잡기를 사용한다는 생각이 불편하다고 느끼는 것은 어쩌면 당연하다. 의사결정자이자 기업의 리더로서 우리는 종종 대략적인 추산치와 근사치를 싫어한다. 우리는 부정확함을 경계한다. 우리는 어릴 때부터, 특히 수학과 숫자에 관해서는 정확성을 얻기 위해 큰 노력을 했다. 내년도 예상 매출 수치가 소수점 셋째 자리까지 제시되면 우리는 편안함을 느낀다. 비록 현실적으로는 기껏해야 천 단위나 만 단위 정도로만 그 수치를 예측할 수 있다는 것을 알고 있음에도 말이다.

맥락에 따른 근사치 고려하기

정량적 직관은 데이터의 활용이 아니라 의사결정의 특성이 우리의 접근 방식을 결정해야 한다고 알려준다. 앞서 언급한 과테말라 팜스테이 사례에서 보았듯이, 모든 문제에 정확한 수치가 필요하지는 않다. 대개의 경우 근사치만으로도 충분하다.

당신이 내리는 의사결정의 유형이 당신에게 필요한 정확도의 수준을 결정한다. 식품의약국(FDA)이 화이자와 모더나의 코로나

19 백신을 긴급 사용 목적으로라도 승인하기로 했을 때, 임상 시험에서 나온 수치들은 엄격하게 조사되고 수 차례 평가를 거쳤다. 그러나 초기 펀딩 단계에 있는 스타트업의 CEO가 벤처 캐피털리스트로부터 3년 후에 몇 명을 고용할 것으로 예상하느냐는 질문을 받았을 때, '237명'과 같은 매우 정확한 답변은 이상하게 들릴 뿐만 아니라 불필요하게 구체적일 것이다. 이럴 때는 대략 200~300명이라는 어림잡은 범위가 훨씬 더 적절하다.

이처럼 대략적인 추산치만 필요할 때 확실성을 추구하려는 것은 비효율적일 뿐만 아니라 위험하기도 하다. 겉보기에 정밀한 추정치를 제시하는 것은 의사결정자로 하여금 자신이 확실한 수치에 근거해 결정을 내린다는 잘못된 인식을 줄 수도 있다. 내년도 매출 예측치를 제공하는 스프레드시트를 생각해 보라. 이 수치들은 여러 가정과 예상 판매량, 가격, 전환율과 같은 여러 요인을 곱한 값에 기반하기 때문에, 최종 결괏값이 종종 소수점 이하 몇 자리까지 제시되는 경우가 있다. 그러나 이러한 관행은 부적절한 것이다. 불확실성이 높은 예측치를 정확한 추정치로 제시하는 것은 혼란을 주며, 더 나아가 오해의 소지가 될 수 있다. 대신, 수치를 보고하는 정밀도를 해당 수치가 가진 확실성의 수준과 일치시키는 것이 좋다. 아마도 만 달러 단위 정도에서나 정확할 내년도 매출 예측치라면, 만 단위에서 반올림하여 표기해야 한다.

기업 리더들과 함께 일할 때, 우리는 사람들이 어림잡기에 대해 편안함을 느끼도록 돕기 위해 종종 티셔츠 사이즈 비유를 사용한다. 의류 업계는 의복 사이즈 측정 기준을 정확성에 대한 고객의 요구 수준과 일치시켜야 할 필요성을 오래전부터 인식해 왔다. 신발이나 드레스 셔츠와 같은 옷의 경우, 고객은 해당 품목의 피팅에 대해 높은 정확성을 원하며, 따라서 사이즈 측정 수준은 작은 단위로 매우 세분화하여 미묘하게 움직인다. 하지만 어떤 티셔츠를 살지 선택할 때는 대개 스몰(S), 미디엄(M), 라지(L), 엑스라지(XL)와 같이 상대적으로 적은 종류의 사이즈만으로도 충분하다.

우리는 비즈니스 의사결정에도 이와 비슷한 접근 방식을 채택해야 한다. 상대적으로 복잡한 업무를 완료하는 데 얼마나 많은 시간이 걸리는지 물었을 때, 엔지니어는 정확한 추정치를 제시하기를 꺼릴 수 있다. 판단하기에 너무 이른 시점일 수도 있기 때문이다. 게다가 부정확함에 따른 리스크도 존재한다. 시간을 너무 짧게 잡으면 잘못된 기대치를 줘서 성과 미달이라는 인식이 생길 수 있다. 그에 비해 시간을 너무 길게 잡으면 일을 쉽게 하려 한다는 인상을 줄 위험이 있다. 이 문제를 티셔츠 사이즈 문제로 바꿔 표현하여, 엔지니어에게 필요한 시간을 XS, S, M, L, XL 중 하나로 분류하도록 요청해 보자. 그러면 엔지니어는 부정확할 수 있다는 두려움을 해소할 수 있다. 의사결정자의 관점에서 문제를 살펴보면, 프로젝트가 얼마나 걸릴지 묻는 대부분의 목적은 업무의 우선순위를 정하기 위함이다. 우리에게 필요한 정보는 그 업무가 '몇 시간'이 걸릴지, '며칠'이 걸릴지, 아니면

'몇 주'가 걸릴지다. 예를 들어, "이 업무를 끝내는 데 몇 시간, 며칠, 또는 몇 주가 걸릴까요?"와 같이 적절한 수준의 정확도로 질문을 던지는 것은 효율적인 방식으로 의사결정에 필요한 답변을 얻는 데 도움이 된다.

근사치의 적절성을 평가할 때는 맥락을 고려해야 한다. 특히 의사결정 과정의 초기 단계에서 어림잡은 추정치는 문제의 의미를 파악하거나, 더 많은 시간과 금전적 투자를 하기 전에 계속 진행할지 여부를 평가하는 데 유용하다. 근사치는 앞서 4장에서 살펴본 것처럼 데이터를 파고드는 단계의 일부로도 사용할 수 있다. 과테말라 팜스테이 사례에서 보았듯이, 어림잡은 수치는 잠재적인 문제를 일찍 파악하고 식별하는 데 도움이 된다. 또한, 의사결정 과정의 후반 단계에서 근사치를 사용하여 전반적인 사업의 경제성을 더 잘 이해할 수도 있다. 우리는 기업 리더들이 자신이 활동하는 분야에서 숫자 감각을 기르고 비판적 추론과 정량적 직관을 강화할 수 있도록, 평소 정기적으로 간단한 봉투 뒷면 계산을 해볼 것을 조언한다.

데이터 분석가와 통계에 능숙한 동료들이 종종 95%의 엄격한 신뢰 구간 또는 0.05 미만의 유의 확률(p-value)을 갖는 정밀한 추정치를 제공해야 한다고 말하는 것을 들은 적이 있을 것이다. 이는 데이터 분석 결과가 시사하는 바를 말할 때, 20번 중 1번은 틀릴 수도 있음을 의미한다. 그러나 정량적 직관 프레임워크와 의사결정 중심 여정의 방식을 제대로 적용해 보면, 당면한 의사결정과 무관하게 독립적으로 존재하는 균일한 수준의 신뢰도란 없다는 사실을 알 수 있다.

A와 B 두 가지 광고 영상 버전 중에서 하나를 택해야 하는 비즈니스 의사결정의 경우, 20번 중 1번 틀리는 것보다 10번 중 1번, 심지어 5번 중 1번이 틀리는 수준이어도 충분히 훌륭한 결과일 수 있다. 반면, 플로리다의 기온이 화씨 26도(섭씨 영하 3.3도 - 옮긴이)로 이례적으로 낮았던 어느 날 밤에 우주 왕복선 챌린저호를 발사할지와 같은 의사결정을 내릴 때는, 20번 중 1번 틀리는 것은 매우 과하고 피해가 어마어마하다. 교훈은 명확하다. 데이터와 분석에서 요구되는 신뢰 수준은 단순히 표본 크기나 통계의 문제가 아니다. 그것은 의사결정의 맥락과 잘못된 의사결정에 따른 리스크도 반드시 고려해야 한다. 맥락을 고려하는 것은 분석가나 데이터 과학자에게서 나올 가능성이 작다. 이러한 문제는 비즈니스 영역에 대한 깊은 이해, 그리고 당신이 이를 점차 발전시키면서 얻게 될 직관의 영역이다.

의사결정의 맥락과 더불어, 경험과 직관 역시 일정 수준 이상의 정확도 수준을 결정하는 데 중요하다. 만약 특정 분석이 우리가 이전에 보았던 다른 많은 증거들과 같은 방향을 가리키는 통찰을 제공한다면, 비록 그 분석의 통계적 신뢰 수준이 다소 낮더라도 우리는 그러한 통찰에 따라 행동하려는 경향을 보일 것이다. 반면, 특정 빙하가 더 느리게 녹고 있다며 단일 증거를 통해 주장하는 연구가 있다면, 지구 온도가 상승하고 있다는 것을 보여주는 수년간의 연구 및 통계적 증거와 상충한다. 그 연구가 설득력을 얻기 위해서는 훨씬 더 높은 수준의 신뢰가 필요할 것이다.

통계적 유의성이 무조건 중요한 것은 아니다

통계적 유의성과 비즈니스에 있어서 중요하다고 판단되는 관련성의 차이도 또한 고려해야 한다. 두 변수 간의 관계가 통계적으로 유의미하더라도 비즈니스 영역에서는 때로는 전혀 관련이 없을 수 있다. 반대로 통계적 유의성에 도달하지 못하더라도 비즈니스 영역에서는 매우 깊은 의미가 있을 수 있다. 분석가들이 두 변수 사이에서 통계적으로 유의미한 관계를 찾았다는 성과를 자랑스럽게 축하하며 우리를 찾아온 적이 수없이 많았다. 안타깝게도 그런 경우 중 대개 많은 경우 우리는 축하를 짧게 끝내야 했다. 통계적 관점에서 볼 때 결과가 사실일 가능성이 매우 높더라도, 관계 자체가 중요하지 않거나 혹은 효과의 절대적 크기가 너무 작아 실질적인 차이를 만들기에는 비즈니스적 의미가 미미하다는 사실을 분석가들에게 알려주어야 했기 때문이다.

예를 들어, 고객 서비스 수준과 고객 유지 간의 관계를 살펴본다고 가정해 보자. 당신의 분석가는 콜센터 상담원의 근속 연수와 고객 유지 사이에 통계적으로 유의미한 관계가 있음을 발견하고, 경험이 풍부한 콜센터 상담원을 유지하기 위해 더 노력해야 한다는 결론을 내렸다. 하지만 통계적 유의성 너머의 내용을 살펴보면 사뭇 달랐다. 콜센터 상담원의 근속 연수가 1년 늘어날 때, 고객의 생애주기는 단 이틀 늘어나는 것으로 나타났다. 이 결과는 통계적으로 유의할 수 있지만, 여러 가지 이유로 경영적으로는 그리 중요하지 않다. 첫째, 고객 생애주기가 고작 이틀 늘어나는 것이 회사에 무슨 의미가 있을까? 둘째, 고객 유지 기간의 증가가 의미가 있다 하더라도, 회사 콜센터 상담원의 평균 근속 기간이 3개월에 불과한 상황에서 근속 기간을 1년이나 더 늘릴 수 있을까? 데이터 분석 결과가 비즈니스에 주는 의미를 파악할 때는 항상 통계적 유의성만을 보지 말고, 그 너머의 효과 크기와 경영상의 의미를 살펴야 한다.

정량적 직관 프레임워크에서의 어림잡기

비즈니스에서 우리는 너무나 자주 확실성을 추구하는 함정에 빠지곤 한다. 그래서 정확성을 추구하는 데 드는 비용과 그로 인해 얻을 수 있는 이점을 비교하는 것을 종종 잊는다. 만약 당신의 의사결정 과정이 정확한 추정이 필요하지 않은 시점에 있다면, 어림잡기야 말로 가장 효과적이고 효율적인 행동 방식이다.

우리는 정량적 직관 프레임워크의 모든 단계에서 어림잡기 방식을 적극 권장한다. 이 방식은 본격적인 분석에 들어가기 전, 아직 데이터를 수집하기 이전의 프로세스 초기 단계에서 대략적인 추산치를 얻기 위해 사용될 수 있다. 또한, 데이터를 파고들 때 모델에 대한 검증 테스트나 수익 전망 추산을 위해 사용할 수 있다. 더 나아가 우리에게 제시된 숫자가 미덥지 않을 때, 이에 대한 의문을 제기하기 위해서도 사용할 수 있다. 우리는 경험이 부족한 상황과 영역에서도 숫자 감각을 기를 수 있는 이 접근 방식의 힘을 보았다. 부정확한 추정치를 신뢰하는 것이 처음에는 학교 수학 시간에 배웠던 모든 원칙에 어긋나는 것처럼 보일 수도 있다. 하지만 이 접근 방식의 가치를 깨닫게 되면, 당신은 직관뿐만 아니라 근사치와 불확실성에 대한 편안함도 커질 것이다. 어림잡기를 더 많이 연습할수록, 당신은 정량적 직관의 힘을 더 많이 경험할 것이다.

5장의 핵심 내용

- 먼저 현재 당면한 의사결정에 필요한 정확도 수준을 파악한다. 많은 의사결정에서 대략적인 근사치면 충분하다.

- 당신에게 제시된 숫자를 평가하기 위하여, 복잡한 분석에 뛰어들기 전에 해당 수치가 타당한 범위 내에 있는지 대략적인 추산치를 구한다.

- 시간을 절약하고 문제의 본질을 이해하기 위해 간단한 봉투 뒷면 계산을 활용한다.

- 페르미의 접근 방식에 따라 대략적인 추정치를 구한다.

  - 문제를 추산하기 쉽도록 작은 하위의 내용으로 나눈다.

  - 당신이 이미 알고 있는 사실들에서부터 시작한다.

- 모르는 수치에 대해서는 골디락스 법칙을 기억하라: 너무 작지도, 너무 크지도 않은, 적정한 수치를 고려하라.

- 가능한 범위나 비교 가능한 항목을 평가하라.

- 작은 세부 사항에 얽매이지 마라. 당신이 찾는 것은 대략적인 추정치다.

- 최악의 시나리오를 가정한 한계치를 고려하되, 당신의 추정치에 대해서는 될 수 있는 대로 솔직하게 접근하라.

6장.

분석에서
종합으로

■ 종합(Synthesis): 개별 부분 또는 요소를 구성하거나 결합하여 전체를 형성하는 것.

– 메리엄 웹스터 사전

분석을 마쳤고, 바라건대 몇 가지 유용한 통찰까지 얻었다면, 이제 그 분석과 통찰을 행동으로 전환할 차례다. 분석 결과는 단순한 사실에 지나지 않거나 일련의 사례에 불과할 수 있다. 이러한 맥락에서, 통찰을 실질적인 행동으로 전환하는 데 필요한 핵심 요소는 바로 '점들을 연결하는 것'이다. 통찰들의 접점을 연결하고, 이를 비즈니스 맥락에 대입한 후, 판단력과 직관을 쏟아부어 행동으로 전환한다. 이 과정이 바로 정량적 직관 프레임워크의 세 번째 기둥인 종합(synthesis)이다. 종합은 인간의 판단력을 더하고 분석 내용을 주변 환경의 맥락 속에 배치함으로써, 분석(QI에서 주로 'Q'에 해당)에서 추천과 행동(QI에서 T에 해당)으로 전환하는 과정이다. 하지만 종합은 말처럼 쉽지 않은 경우가 많다. 이번 장에서는 어떻게 종합에 도달할 것인지, 많은 이들이 종합이 아닌 단순 요약에 머무르게 되는 이유는 무엇인지, 그리고 당신과 동료들이 어떻게 이러한 장벽을 극복할 수 있을지에 대해 다룬다.

종합의 가치

종합의 가치를 가장 잘 보여주는, 흔히들 경험할 법한 사례를 소개한다. 당신은 비서인 샘에게 존슨 부인, 데이비스 씨, 그리고 슈워츠 부인과의 회의 일정을 잡아달라고 요청했다. 6시간 후, 샘은 당신에게 다음과 같은 이메일을 보내왔다.

> 존슨 부인은 화요일 오후 3시 회의에는 참석할 수 없다고 합니다. 이번 주 다른 시간이라면 언제든 좋다고 합니다. 데이비스 씨는 회의를 수요일이나 목요일로 연기해도 가능하지만, 오전 10시 30분 이전에는 곤란하다고 말했습니다. 그리고 슈워츠 부인의 비서는 부인이 수요일 늦은 저녁이나 되어야 런던에서 돌아올 것이라고 전했습니다. 회의실은 내일 이미 예약이 차 있지만, 목요일 오전 11시부터는 비어 있습니다. 어떻게 할까요?

이제 똑같은 정보를 바탕으로 샘이 전혀 다른 방식으로 작성한, 명확히 더 나은 대안 시나리오를 생각해 보자.

화요일 회의를 목요일 오전 11시로 변경해야 합니다. 원래 시간에는 존슨 부인이 참석할 수 없지만, 변경된 시간에는 데이비스 씨와 슈워츠 부인도 모두 참석할 수 있습니다.

우리는 분명 두 번째 시나리오의 이메일을 보내는 부하 직원을 선호하는데, 무엇보다 두 이메일에 담긴 시나리오의 차이점을 이해하는 게 중요하다.

첫 번째 시나리오는 전형적인 정보의 요약(summary)을 보여준

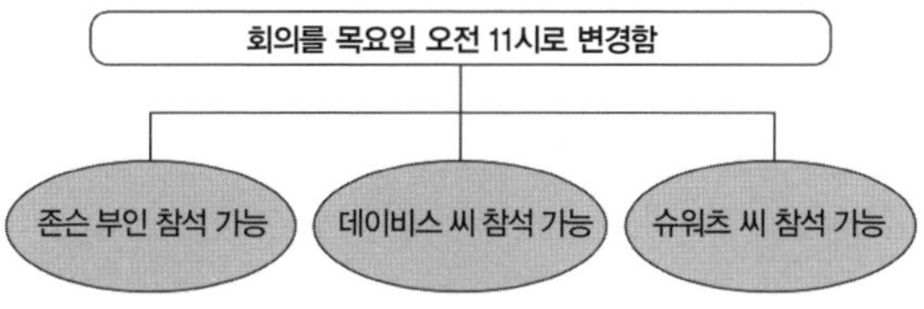

[자료 6–1] 요약과 종합의 비교

다. 특히 이메일 마지막에 "어떻게 할까요?"라는 질문으로 끝내는 것은 이러한 측면을 여실히 드러낸다. 그에 비해 두 번째 시나리오에서 샘은 가장 중요한 핵심 결론을 두괄식으로 먼저 제시한다. 그녀는 회의 일정을 목요일 오전 11시로 변경해야 한다는 결정 사항으로 시작한 뒤, 필요한 정보만 제공한다. 두 번째 시나리오에서 샘은 자신의 메시지에 대해 어느 정도 판단을 내렸다. 상사에게 다시 공을 던지며 "어떻게 할까요?"라고 묻는 대신, 적절한 회의 시간을 추천한 것이다. (두 시나리오에서 나타나는 요약과 종합의 차이는 [자료 6-1] 참조). 이처럼 종합은 단순한 요약과 달리, 각 정보의 중요한 부분을 선별하고, 이를 연결하며, 맥락과 상황에 적절하도록 판단을 제시한다.

어려움에 빠진 한 기업의 사례

분석가가 작년 대비 저조한 올해의 성과 비교 수치를 발표했을 때 회의실 분위기는 매우 침울했다. ([자료 6-2] 참조). 회사가 모든 지표에서 어려움을 겪고 있다는 것이 분명했다. 결과를 발표한 분석가는 현 상황에 대한 자신의 견해를 밝혔다. "매출이 20% 줄었습니다. 콜센터에 접수된 불만 사항이 5만 건 증가했고, 해결되지 않은 불만 사항도 25% 늘어났습니다. 또한 서비스 인력의 이직률도 15% 상승했습니다."

	작년	올해
매출	1,000만 달러	800만 달러
콜센터 불만 사항	10만 건	15만 건
해결되지 않은 불만 사항	20%	45%
서비스 인력 이직률	10%	25%

[자료 6-2] 지난 2년간의 기업 실적

이러한 데이터가 회사의 심각한 상황을 파악하는 데 상당히 유용했을지 모르나, 분석가의 단순한 정보 요약은 도움이 되지 않았다. 그것은 회의실에 모인 리더들이 표를 통해 직접 확인할 수 있는 사실을 다시 한번 진술한 것에 불과했다. 이 정보에는 어떤 부가가치도 없었다. 이러한 상황에서 가장 절실한 것은 실제로 무슨 일이 일어났는지 더 잘 이해할 수 있도록 돕기 위한 데이터를 통합적으로 바라보는 종합이다. 즉, 회사가 앓고 있는 '병'에 대한 진단이었다. 다행히 한 중간관리자가 그러한 종합 의견을 제시했다.

"저는 고객 서비스팀 소속은 아니지만, 제시된 정보들을 바탕으로 판단해 보면 올해 콜센터의 서비스 수준이 하락했다고 생각합니다. 이러한 서비스 질 저하는 높은 이직률 때문일 수 있습니다. 이는 결과적으로 우리 매출에 영향을 미쳤다고 볼 수 있습니다." 그러자 콜센터 관리자가 물었다.

"이것이 정말로 매출 감소의 원인이라고 확신합니까?"

"어떻게 확신할 수 있겠습니까? 저는 콜센터에서 무슨 일이 있는지는 정확히 모릅니다. 하지만 이것은 데이터와 일치하는 개연성 있는 설명입니다." 중간관리자가 답했다.

콜센터 관리자는 매출 감소에 대해 또 다른 설명을 제시했다. "이것은 콜센터 인력의 유지 문제가 아니라 제품 자체의 문제일지도 모르겠습니다. 제품에 심각한 문제가 있는 것입니다. 고객들이 계속 전화를 걸어 제품 불량에 대한 불만을 토로하고 있습니다. 안타깝게도 저희 콜센터 상담원들은 이러한 제품 문제를 해결할 방법이 없습니다. 많은 직원이 불만 사항을 해결할 수 없다는 좌절감으로 인해 회사를 떠났습니다."

매출 감소에 대한 두 가지의 서로 다른 설명이 제시됐다. 중간관리자와 콜센터 관리자 모두 자신의 설명이 전적으로 옳다고 완전히 확신하지는 못했다. 두 사람 모두 자신의 주장을 피력하기 위해서 어느 정도의 가정을 세워야 했고, 제시된 데이터 그 이상의 영역에 대해 다소 비약하여 추정했다. 그러나 이것이 바로 종합의 본질이다. 종합은 불확실한 상황에서도 어느 정도의 판단과 설명이 필요한 과정을 수반한다. 하지만 이러한 두 가지 설명이 테이블 위에 올라온 것만으로도, 회의실에 있던 사람들은 훨씬 더 현명한 판단을 할 수 있게 되었다.

실제로 녹음된 고객 상담 전화를 분석해보면 문제가 고객 서비스 때문인지, 아니면 제품 자체의 문제였는지를 쉽게 파악할 수 있을 것이다. 이러한 종합은 최근의 가격 인상 효과나 소비자 선호도 변화와 같은 다른 가능성 있는 종합에 대한 추가적인 논의를 촉발했다. 이러한 종합들이 비록 불확실하더라도, 분석가가 처음에 제공한 정보를 간략하게 요약하는 것보다 더 큰 도움이 된다. 비록 서로 반대되는 견해를 제시하기는 했지만, 각각의 의견을 제시한 두 관리자는 회의에 참석한 최고 경영진들로부터 주목과 인정을 받았다. 그들은 분명히 논의를 진전시켰다.

핵심 결론은 맨 앞에 배치하라

종합에 이르는 과정은 '핵심 결론을 가장 맨 앞에 두는 것'이라는 개념을 강화한다. 즉, 분석을 통해 도출된 결정이나 시사점을 먼저 제시하고, 그 결정을 뒷받침하는 데 필요한 사실들을 후속으로 언급하는 방식이다. 이러한 접근 방식은 맥킨지와 같은 컨설팅 회사의 최고 컨설턴트들이 흔히 사용하는 방식이다. 맥킨지에서는 직원들에게 '피라미드 원칙(Pyramid Principle)'을 따르도록 장려한다.[1]

피라미드 원칙의 핵심은 먼저 개별적인 정보를 살펴보고, 이를 통해 인사이트를 도출한 뒤, 이를 종합하여 결론이나 권고안으로 종합하는 상향식 접근 방식이다. 일단 종합이 이루어지면, 그 결과물을 전달할 때는 하향식 접근 방식을 사용한다. 즉, 문서의 제목에 결론과 제안 사항을 먼저 보고한 다음, 그 제안을 뒷받침하는 내용을 후반부에 언급한다. 어떻게 그러한 결론에 도달했는지 사람들이 이해하는 데 필요한 통찰과 정보들을 후반부에 나열하는 방식이다.

다음은 새로운 총체적 의료 처치 방식을 위해 수행된 세그먼트 분석 사례로, 기업의 실제 사례이다. 기업에서 일하는 한 분석가는 고객사를 위해 '세그먼트 분석'이라는 제목의 슬라이드를 만드는 전통적인 방식의 문서를 작성했다. 슬라이드 본문에는 세 가지 목표 고객층에 해당하는 '자연스러운 방식 선호 유형', '약물 선호 유형', '총체적 방식 선호 유형'을 열로 구성하고, 행에는 이들의 인구통계학적 특성, 질병에 대한 태도, 치료에 대한 태도 등 여러 차원에서 각 세그먼트가 어떻게 다른지 보여주는 표를 넣었다. 그러나 분석가는 세그먼트 분석의 결론을 슬라이드에 아예 포함시키지도 않았다. 핵심 결론이 빠졌다는 지적을 받자, 그는 슬라이드 하단에 다음과 같은 문장을 추가했다. "목표 고객층에 가장 적합한 세그먼트는 '자연스러운 방식 선호 유형'이다."

안타깝게도 이와 같은 많은 분석이 세그먼트 분석 결과를 요약하여 전달하는 수준에 그칠 뿐, 종합이나 제안까지 나아가지 못한다. 분석의 결론에 대해서는 전반적으로 타당하다는 평가를 받았으나, 분석가는 발표 자료를 수정해야만 했다. 그는 핵심 결론을 맨 앞으로 배치하도록 슬라이드를 재구성하라는 요구를 받았다. 특히 슬라이드의 제목을 궁극적인 제안 내용으로 바꾸라는 강력한 권고를 받았다. 예를 들어, "우리는 자연스러운 방식을 선호하는 고객층을 목표로 해야 한다"와 같은 제목이다. 그리고 나서 슬라이드의 중간 부분에서 왜 그 고객층을 목표로 해야 하는지, 다른 고객층과 어떻게 다른지, 왜 이 고객층이 타당한지에 대한 설명을 제시해야 했다.

이처럼 핵심 결론을 제일 먼저 배치하는 것이 유리한 데에는 구체적인 이유가 있다. 첫째, 사람들의 집중력은 짧다. 사람들은 글 또는 음성 정보의 극히 일부만을 기억한다. 따라서 제안하고자 하는 내용을 제목으로 언급하면, 사람들이 주의를 기울이고 있을 때 그들의 시선을 사로잡을 가능성이 더 크다. 이는 특히 여러 생각할 거리가 많은 최고 리더들의 경우에 더욱 그러하다. 둘째, 궁극적으로 제안하고자 하는 핵심 내용을 먼저 언급하고, 이어서 이를 뒷받침하는 이유를 제시한다면 훨씬 더 설득력을 얻는다. 구체적인 정보와 분석부터 시작하는 경우, 결론에 도달할 무렵에 청중은 너무나 많은 질문과 생각에 빠지게 되어, 제안 내용 자체를 신뢰하지 않을 가능성이 크다. 물론, 만약 종합의 과정이 잘못된 결론을 낳았다면 핵심 결론을 맨 앞에 배치할 경우 이 역시 문제가 될 수 있어, 이는 양날의 검이 될 수도 있다.

종합에 능한 사람은 정보를 단순히 가공하여 판단과 제안을 제시하는 것에 그치지 않는다. 그들은 핵심 결론을 맨 앞에 배치하여, 종합된 결과를 중심으로 커뮤니케이션을 이끈다.

종합의 부재

우리는 동료나 팀원들이 앞서 살펴본 비서 샘의 시나리오 2처럼 정보를 전달해 주기를 바라지만, 안타깝게도 많은 경우 시나리오 1과 같이 표면적인 정보의 나열에만 그치는 소통 방식을 훨씬 자주 접한다. 왜 그럴까? 정보를 받는 사람 입장에서는 '종합'이 훨씬 더 바람직한 결과물임이 분명한데도, 정보를 전달하는 사람들은 왜 자꾸 '요약'만 하는 것일까? 여기에는 여러 가지 이유가 있다. 종합에 필요한 노력을 피하거나, 이러한 정보를 재가공하고 종합하는 과정에서 따르는 리스크에 대한 회피, 그리고 자신이 얼마나 열심히 일했는지 보여주고 싶은 인간의 욕구 등이다.

첫째, 종합에 비해 요약이 상대적으로 쉽다. 요약은 샘이 시나리오 1에서 했던 것처럼 데이터를 살펴보고 체계적으로 하나씩 보고하기만 하면 된다. 요약은 종종 종합에 이르는 과정의 첫 번째 단계에 해당한다. 종합은 데이터의 중요한 지점을 전반적으로 살펴보고, '이것이 실제로 무엇을 의미하는가?'라는 어려운 질문을 추가한다. 또한, 종합된 결과를 전달할 때는 어떤 정보가 핵심 메시지에 해당하는지 고려하고 결정해야 한다. 따라서 비서 샘의 시나리오 2 이메일이 보여주듯 종합의 과정을 거친 내용은 대개 더 짧지만, 이러한 간결함이 노력이나 성의가 부족해서 그런거라고 오해하지 말아야 한다. 이는 키케로, 파스칼, 트웨인 등 여러 사상가와 문인들의 말로 알려진 "시간이 더 있었다면 편지를 더 짧게 썼을 것이다"라는 유명한 문구의 전형적인 사례다. 일반적인 정보를 토대로 중요한 내용을 선별 및 가공하면서, 그 종합에 어떤 구성 요소가 중요한 내용에 해당하는지 파악해야 한다. 이는 시간과 노력이 모두 필요한 작업이다.

둘째, 종합은 요약보다 위험 부담이 크다. 정보의 요약은 거의 언제나 사실에 기반한다. 근거가 되는 정보가 정확하다면, 그 요약도 사실일 가능성이 크다. 반면에 종합은 어느 정도의 판단이 필요하다. 그리고 이 과정에서 상당한 불확실성이 포함될 수밖에 없다. 예를 들어, 비서 샘은 오전 11시에 회의 일정을 잡기로 결정했다. 하지만 샘의 상사가 자신의 일정을 업데이트하는 것을 잊어버려서 오전 11시에 시간이 안 될 가능성도 있다. 이럴 때는 "어떻게 할까요?"라고 되묻는 것이 좀 더 안전한 접근 방식이 될 수 있다.

단순히 회의 시간을 정할 때 발생하는 실수는 그리 큰 위험이 아닐 수 있다. 하지만 상황에 따라 이러한 잘못된 판단은 큰 대가를 초래한다. 예를 들어, 병원 환경에서 종합은 생사가 걸린 문제일 수 있다. 의사가 활력 징후나 검사 결과와 같은 데이터를

참고하여, 환자의 이력 및 의사의 의학적 지식과 통찰력을 바탕
으로 최종 진단을 내리는 것이 바로 종합의 과정이다. 의사가 되
기 위해 수련 중인 레지던트들은 이러한 종합을 하는 법을 배워
야 한다. 응급실에서는 종종 의대생이나 주니어 레지던트가 환
자를 입원시키고 상태를 파악한 후, 검사를 시행한 뒤 지도 전문
의에게 보고한다. 이때 레지던트가 취할 수 있는 가장 안전한 방
법은 단순히 검사 결과를 전문의에게 보고하고, 경험이 풍부한
의사가 진단을 내릴 때까지 기다리는 것이다. 숙련된 전문의라
면 응급실의 소란스럽고 스트레스 가득한 환경 속에서도 레지던
트에게 "이 환자의 병명이 뭐라고 생각하나?"라고 물을 것이다.
리스크를 줄이기 위해 전문의는 "자네가 지난 20분 동안 환자와
함께 있었지 않나. 나보다 자네가 환자를 더 잘 알고 있으니, 진
단명이 무엇이라고 생각하는지 말해보게"라며 레지던트에게 권
한을 주기도 한다. 물론 경험이 풍부한 의사는 스스로 진단을 내
리지만, 자신의 레지던트도 그렇게 하기를 기대한다. 마찬가지
로 우리 역시 함께 일하는 사람들이 일반 데이터를 단순히 나열
하여 되돌려주기보다는, 정보를 판별하고 종합하여 전달하기를
기대해야 한다.

셋째, 사람들은 시간의 흐름에 따라 내용을 이야기하는 경향
이 있으며, 업무를 수행한 순서대로 자신의 노력을 묘사한다. 비
서 샘의 시나리오 1은 시간 흐름에 따른 보고의 전형이다. 그것
은 회의 일정을 잡기 위해 통화한 내용을 시간순으로 기록한 보

고다. 반면, 종합은 시간 순서와는 전혀 무관하다. 종합은 판단이나 진술에 도달하기 위해 각각의 정보를 결합하는 병렬 방식이며, 그렇게 내린 결정을 뒷받침하는 정보만 보고한다. 회의 일정을 잡는 샘의 업무에서 시나리오 2와 시나리오 1을 비교해 보라. 시나리오 1의 이메일을 보면, 샘이 회의 일정을 잡는 데 얼마나 많은 시간과 노력이 필요했는지 쉽게 알 수 있다. 그런데 시나리오 2의 이메일처럼 종합된 결과만을 짤막하게 보고한다면, 이 회의를 성사시키기 위해 들어간 샘의 노력을 상사가 어떻게 알아주겠는가? 제대로 된 종합의 역량을 발휘하게 하려면, 우리는 사람들이 자신이 얼마나 열심히 일했는지 굳이 증명할 필요가 없다고 말해줄 필요가 있다. 대신 효과적인 정보 전달을 위해 노력하는 모습에 더 감사해야 하고 인정해야 한다.

종합의 문화를 장려하라

종합이 왜 어려운지 그 이유를 기억하는 일은 유용하다. 종합은 더 많은 노력이 필요하고, 때로는 더 위험하며, 종종 들인 노력이 직접적으로 드러나지 않기 때문이다. 그러므로 구성원들이 종합에 필요한 노력을 기울이고 자신의 판단을 더하는 리스크를 감수하도록 장려하려면, 그들이 데이터와 분석에 자신의 판단을 적용하는 데 자신감을 가질 수 있도록 권한을 부여해야 한다.

환자에 대한 정확한 진단을 내리기 위해 정보를 종합해야 하는 응급실의 레지던트 사례를 다시 떠올려보라. 지도 전문의는 레지던트가 자신보다 환자와 더 많은 시간을 보냈다는 점을 강조하여 레지던트를 격려할 수 있다. 데이터 분석의 경우도 마찬가지다. 학생이나 분석가가 자신의 관점을 밝히지 않은 채 단순 정보 요약만을 가지고 어떻게 생각하냐고 물을 때, 우리는 흔히 다음과 같이 대답한다. "자네가 이 데이터를 보며 2주를 보냈지 않나. 나보다 자네가 데이터에 훨씬 더 가까이 있으니, 자네가 생각하는 분석과 그 의미를 이야기해줄 수 있나?" 이처럼 분석가나 구성원에게 권한을 부여하고 믿어줌으로써, 단순한 요약에서 좀 더 입체적인 종합으로 나아가는 데 필요한 역량을 갖추고 있음을 보여줄 필요가 있다. 여기에는 꾸준한 격려가 필요하다. 또한, 종합을 시도하는 사람들을 칭찬하고 꾸준하게 이를 응원하는 습관을 들여야 한다. 비록 그 과정에서 실수가 다소 발견되어도, 종합하려는 행위 자체는 거의 항상 논의를 진전시키므로 분명 칭찬할 가치가 있다.

어쩌면 사람들이 쉽게 종합을 하지 않게 만드는 더 높은 장벽은 단순히 요약하는 것에 비해 종합의 과정을 거치면서 일어날 수 있는 리스크다. 종합은 판단을 내리고 이를 바탕으로 궁극적인 제안 및 결론에 도달한다. 그러므로 판단을 내릴 때 세운 가정이나 판단 자체가 틀릴 위험이 있다. 이러한 리스크는 경험이 부족하고 적절한 맥락을 파악하지 못해 타당한 종합의 과정을 밟기 어려운 신입 또는 주니어 직원들에게 종종 더 높게 나타난다.

구성원들이 종합의 과정을 밟을 수 있도록 자신감을 길러주기 위해 여러 가지 접근법을 사용할 수 있다. 첫째, 조직의 리더들이 실수나 판단 착오에 대응하는 방식이 중요하다. 종합을 장려하려면 잘못된 판단에 관대한 환경을 조성해야 한다. 또한, 계산된 위험을 일정 감수할 수 있도록 지지할 필요가 있다. 예를 들어, 자신의 판단은 결정 그 자체가 아니라 의사결정의 한 요소일 뿐이라는 점을 알림으로써, 신입이나 주니어 직원이 종합에 따르는 리스크를 감수할 수 있도록 장려해야 한다. 리더는 발생한 실수를 즉시 지적하는 대신, 특정 증거가 해당 종합과 일치하지 않을 가능성이 있다고 설명한 후, 구성원들에게 또 무슨 일이 일어날 수 있는지 고민해 보라고 권유할 수 있다. 또 다른 방법은 주어진 상황에 대해 최소한 두 가지 가능한 종합 시나리오를 생각해 보라고 요청하는 것이다. 이러한 방식은 사람들이 불확실하더라도 판단을 내리는 데 도움이 된다. 어차피 두 가지 중 적어도 하나는 틀릴 가능성이 크기 때문에, 사람들이 언제나 정답을 맞춰야 한다는 강박관념에서 해방된다.

또한 요약의 허용 범위를 좁히는 것도 종합을 장려하는 문화를 만드는 하나의 방법이다. 예를 들어, "어떻게 할까요?"로 끝나는 샘의 시나리오 1의 요약으로 돌아가 보자. 숙련된 정량적 직관 관리자는 "언제 회의를 여는 것이 좋겠다고 권장하나요?"라고 되물을 수 있다. 일부 조직에서는 직원들이 판단력을 더하고 권장 사항을 제시하는 과정을 장려하기 위해, 질문으로 진술이나 분석을 끝내지 못하도록 하는 규범을 세우기도 한다. 일례로 몇몇 기업에서는 직원들에게 단순히 문제를 보고하는 데 그치지 말고, 가능한 해결책을 문제와 함께 보고하도록 지시한다.

조직 내에서 종합의 문화를 정착하기 위해서 사용할 수 있는 공식적인 방법으로는 '갤러리 워크(gallery walk)'가 있다. 갤러리 워크에서는 분석을 통해 생성된 표와 도표들을 마치 미술관의 예술 작품처럼 벽에 걸어 놓는다. 그러고 나서 분석가와 중간 및 최고 경영진을 초대해, 미술관에서 작품을 감상하는 것처럼 방을 돌아다니며 도표와 차트를 검토하고 각 '전시물'에 대한 인상, 결론, 질문을 포스트잇에 적어 남기게 한다. 의견의 출처를 식별하기 위해 조직 내 여러 부서의 사람들에게 각기 다른 색상의 포스트잇을 제공할 수도 있다. 이 단계는 주로 정보 요약으로 이어질 가능성이 크지만, 사람들이 몇몇 수치를 확인하고 나면 여러 차트를 가로지르는 전반적인 정보의 종합에 대해 의견을 남길 수도 있다.

다음 단계는 종합에 도달하기 위해 매우 결정적이다. 이 단계에서는 벽에 붙여두었던 도표들과 해당 포스트잇을 벽에서 떼어 낸 뒤 테이블 위에 펼쳐 놓고, 팀원들에게 정보를 종합해달라고 요청한다. 이 모든 정보가 종합적으로 조직에 의미하는 바가 무엇인지 묻는 것이다. 갤러리 워크는 종합의 과정을 밟기 위한 공식적인 오프라인 버전이라고 할 수 있다. 갤러리 워크의 온라인 버전은 회의 전에 데이터와 분석을 팀원들에게 보내고, 분석에 대한 의견이나 생각을 게시하도록 요청하는 방식이다. 그 이후 회의는 갤러리 워크의 두 번째 단계와 유사하게, 게시된 의견들을 논의하고 정보를 종합하는 용도로 활용한다.

그래서 무엇인가? 그것이 왜 중요한가? 이제 무엇을 해야 하는가?

우리는 끝없는 회의에서 참석하며, 그간의 분석에 대해서 언급한다. 그 와중에 다른 팀원들은 데이터의 무결성과 분석의 정확성에 대해 계속 의문을 제기한다. 이러한 회의는 종종 지난 회의에서 제기된 질문을 해결하고 또 다른 쟁점들을 제기하기 위한 추가 회의로 이어진다. 이러한 과정은 아무런 결정도 내려지지 않은 채 질문과 답변만이 반복되는 무한 루프처럼 보일 때가 많다.

종합이란 주로 중요한 데이터가 무엇인지, 무엇이 중요한 통찰인지 알려주는 '분석'에서 더 나아가, "그래서 그것이 우리에게 어떤 의미가 있는가(so what)?"라는 질문으로 전환하는 것을 의미한다. 이 중요한 질문이 없으면 아무리 통찰력 있는 분석이라도 실행에 옮길 수 없다. 단순한 분석을 위한 분석에서, 실행을 위한 분석으로 이행이 필요하다. 우리는 팀이 이러한 분석을 위한 분석에서 멈추지 않도록 격려하고, 그 결과가 자신이나 조직에 무엇을 의미하는지 생각하도록 영감을 주어야 한다. 그리고 한 단계 더 나아간 도약은 "그것이 왜 중요한가(so what)?"에서 "이 제 무엇을 해야 하는가(now what)?"이다. 즉 "우리에게 어떤 의미 인가?"에서 "그에 대해 우리는 무엇을 할 것인가?"와 같은 실행의 단계로 움직이고 있음을 의미한다. 이 단계는 의사가 질병 진단 에서 가능한 치료 단계로 나아가는 것과 비슷하다. 우리는 분석 가나 경험이 적은 직원들에게 종합하고 생각하도록 장려할 수는 있고 또 그래야 하지만, 업무가 아주 사소하거나 반복적인 것이 아니라면 '다음에 무엇을 해야 할지'로 넘어가는 전환은 대개 중 간 및 최고 경영진의 역할인 경우가 많다.

그저 실행할 수 없는 단순 발상에 지나지 않는 통찰 수준에서 멈추지 않도록 하기 위해, 우리는 흔히 회의가 끝나기 15분 전으 로 알람을 설정해 둔다. 알람이 울리면 우리는 팀원들을 향해 이 렇게 말한다. "지난 45분 동안 데이터와 분석에 대해 논의했습니 다. 우리는 많은 부분에서 의견이 엇갈렸네요. 분석가는 이번 회 의에서 제기된 좋은 질문과 의견에 대한 답변을 가지고 다시 회 의에 임할 것입니다. 그러나 더 이상의 질문이나 데이터에 대한 질문보다는 이 회의의 마지막 15분을 이 분석들이 우리에게 어 떤 의미가 있는지, 그리고 우리가 이에 대해 무엇을 할 것인지 논의했으면 좋겠습니다."

이처럼 회의의 방향을 설정하여, 논의의 초점을 의사결정에 맞추도록 돕는다. 애초에 회의를 소집한 주된 이유도 바로 결정을 내리기 위해서다. 이를 통해, 영원히 끝나지 않을 것 같이 데이터를 철저하게 살펴보고 확실성을 위해 부단히 노력해야 할 것만 같은 부담에서 벗어날 수 있다. 이 책의 프롤로그에서 살펴봤듯이, 확실성은 만들어진 신화에 불과하다. 의사결정은 제한된 데이터 속에서 이루어져야 한다. 종합은 분석에서 결정으로 나아가는 핵심 단계이다.

6장의 핵심 내용

- 요약하지 말고 종합하라.

- 핵심 결론을 맨 앞에 배치하라. 통찰에서 종합으로 나아갈 때는 상향식으로, 전달할 때는 종합된 결과를 먼저 밝히고 필요한 분석으로 이를 뒷받침하는 하향식의 피라미드 원칙을 사용하라.

- 종합을 장려하려면 판단을 내리고 리스크를 감수하는 것을 북돋우는 안전한 환경을 조성하라.

- 갤러리 워크를 활용하거나 회의 전에 분석 내용을 게시하여 종합이 활발히 일어나게 하라.

- 모든 회의 내용이 구체적인 실행으로 이어질 수 있도록, 각각의 시간을 제한하고 별도로 할당한다. 먼저 데이터와 분석의 내용을 논의한 후, 그것이 무엇을 의미하며 앞으로 무엇을 할 것인지에 대해 집중하라.

7장.

의사결정의
순간

■ 모든 복잡한 문제에는 명쾌하고 단순하며, 틀린 답이 존재한다.

- 헨리 루이 멩켄

우리는 어떻게 망설임에서 결정으로 나아가는가? 의사결정은 실제로 어떻게 내려지는가? 하나의 결정이 내려지는 바로 그 순간, 찰나의 순간에는 어떤 일이 일어나는가? 그리고 무엇이 의사결정자로 하여금 실제 결정을 내릴 수 있도록 만드는가?

대부분의 결정은 정보와 본능의 조합에 달려있다. 이러한 두 가지 형태의 지식이 만들어내는 시너지는 정량적 직관의 핵심이다. 정량적 직관은 앞서 실리콘밸리 스타트업에 대해 폴이 가졌던 회의감과 같은 우리의 직감을 강화해 주며, 우리가 어떤 결정을 내리는데 충분한 정보가 있는지 이해하도록 돕는다.

1장부터 6장까지는 어떤 문제나 데이터 발표라도 조사하는 데 필요한 정량적 직관 도구들을 소개했다. 강력한 질문 던지기, IWIK, 역방향으로 접근하기, 집요하게 데이터 파고들기, 어림잡아서 숫자 감각 기르기, 그리고 중요한 인사이트를 종합하여 최종 제안으로 제시하기 등이다. 이제 그동안의 내용을 바탕으로, 의사결정의 순간 그 자체를 이야기할 차례다.

이 장에서는 결정의 순간에 초점을 맞춘다. 우리는 그 순간을 형성하고 영향을 미치는 주요 동인들, 즉 시간, 리스크, 신뢰, 그리고 의사결정 프로세스 자체의 추진력을 분해해 볼 것이다. 우리는 이러한 각 차원을 확장하여 분석함으로써, 당신이 의사결정에 작용하는 힘을 더 날카롭게 인식하도록 돕고자 한다. 이를 통해 결정 과정에 가해지는 압박과 프로세스를 이해하고, 추가 정보가 필요한 경우 어떠한 방향으로 조사를 이어가야 하는지 파악할 수 있게 될 것이다.

의사결정의 순간 자체는 정량적 직관에 기반을 두어야 한다. 우리가 비즈니스 현장에서 흔히 굴복하고 마는 시간의 압박 내지는 피로, 또는 어쩔 수 없이 따라야 하는 압력에 의해 좌우되어서는 안 된다.

결정의 순간, 고려해야 하는 차원

의사결정을 내리는 과정을 해체해 보면 [자료 7-1]과 유사하다.

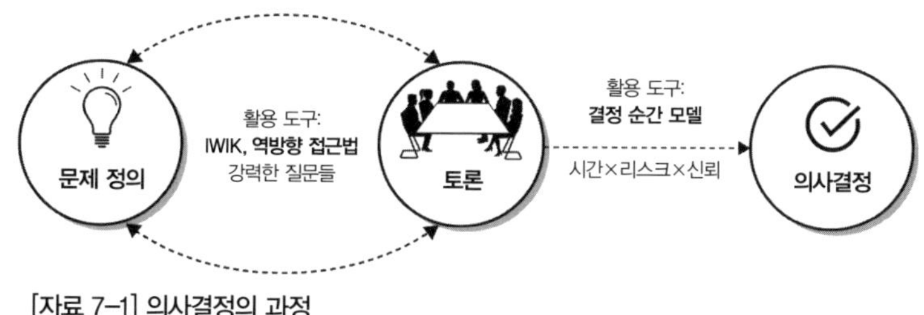

[자료 7-1] 의사결정의 과정

우리는 문제 정의 또는 문제 제기에서 시작하며, 이는 통상적으로 추가 검토와 이를 뒷받침하는 데이터의 발견으로 이어진다. 그리고 이는 다시 토론과 종합의 과정을 거쳐서, 마침내 의사결정에 도달하게 된다. 물론, 이 과정이 한 방향으로만 진행되는 것은 아니다. 정의와 토론, 종합의 단계는 흔히 데이터로 검증하고, 새로운 내용 발견이 반복되는 순환 고리 과정을 거친다. 1~6장에서 살펴본 바와 같이, 이 발견의 루프를 도는 동안 토론과 IWIK를 통해 새로운 통찰력을 얻기도 한다. 그리고 이를 바탕으로 문제가 재정의되기도 한다.

어쩔 수 없이 시간이 흘러 토론이 종료되고, 이때 이해관계자는 결정을 요청한다. 그러한 순간은 주로 마감일이 다가오거나, 논의가 필요 이상으로 오래 길어지거나 논쟁으로 변질되었을 때, 더 이상의 데이터와 분석이 필요 없고 의사결정에 도달하기에 충분히 정보를 얻었다고 느낄 때 발생한다. 어떤 경우든 의사결정의 순간은 결정을 내리는 사람이나 팀이 의식적으로 또는 무의식적으로 시간, 리스크, 신뢰라는 세 가지 차원을 고려했을 때 일어난다. 이제 이 각각의 동인들을 더 자세히 살펴보자.

두 가지 차원, 시간과 리스크

먼저 시간과 리스크부터 살펴 보자. 이 두 차원을 X축과 Y축으로 설정하면 네 개의 사분면이 나타나며, 이는 네 가지 전형적인 핵심 운영 방식을 보여준다. ([자료 7-2] 참조). 이 사분면은 각 운영 방식의 본질과 함정을 함께 이해하기 위한 프레임워크를 제공한다. 여기에 IWIK를 함께 고려하고 '의사결정 순간 모델' 매핑을 활용하여, 조사해야 할 영역과 무시해도 될 영역을 정리해 볼 것이다.

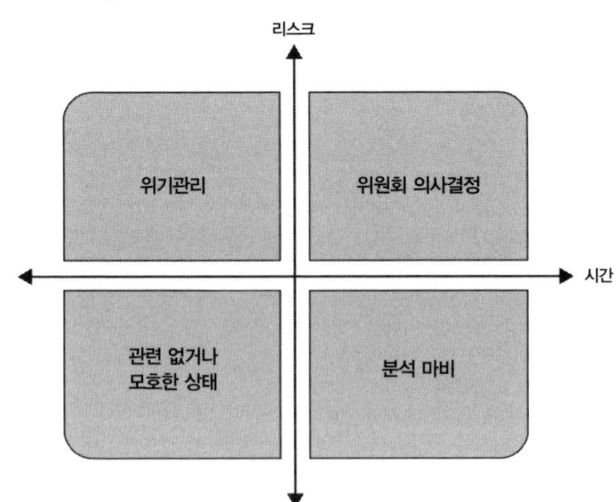

[자료 7-2] 의사결정 순간 모델과 운영 모드

[자료 7-2]에서 X축에 해당하는 시간은 매우 명확한 변수다. 시간은 주로 이해관계자에 의해 정의된다. 빠른 결정을 내릴 수밖에 없는 촉박한 시간 프레임이 있는가? 아니면 충분한 시간이 주어졌는가? 정해진 기간이 있는가? 아니면 필요한 경우 기간을 조정하거나 더 연장할 수 있는가? 시간 프레임이 짧으면 데이터 수집과 발견에 제약이 생길 수 있다. 즉, 답변을 얻을 수 있는 IWIK의 범위나 합리적으로 요청할 수 있는 데이터의 양이 제한될 수 있다. 또한, 이는 토론에도 제약을 줄 수 있다. 위원회가 회의할 시간이 충분한가? 주의를 기울여야 할 모든 세부 사항을 충분히 논의하고, 데이터 패턴과 일치하는 종합된 결론을 도출할 수 있는가? 시간이 넉넉하면 유리해 보일 수 있지만, 기회비용이나 팀의 시간 및 리소스 투입 측면에서 비용이 많이 들 수 있다.

Y축에 해당하는 리스크는 두 가지 방법으로 평가할 수 있다. 해결해야 할 문제나 내려야 할 결정 자체에 결부된 상황적 리스크가 그 첫 번째다. 하지만 리스크는 비즈니스나 개인에게 가해지는 위험을 의미하기도 하며, 이는 평판이나 브랜드와 같은 요소에 더 광범위한 영향을 미칠 수 있다.

이제 각 사분면을 하나씩 짚어가며, 의사결정의 순간에 각 모드가 제기하는 서로 다른 과제들을 탐구해 보자. 또한 각 사분면에서 정량적 직관이 이러한 과제들을 극복하는 데 어떻게 도움이 될 수 있는지 그 방법도 함께 제시하려 한다.

좌측 하단 사분면은 빠르게 결정을 내려야 하지만 리스크는 그리 크지 않은 결정이다. 이는 프롤로그에서 언급한 '시스템 1' 사고에 기반한 결정일 가능성이 높다. 여기서의 위험 요소는 사소해 보이고 시간이 촉박하다는 이유만으로 닥칠 수 있는 리스크를 과소평가하는 것이다. 점심으로 수프와 샐러드 중 하나를 빠르게 결정하는 일에는 큰 리스크가 따르지 않는다. 잘못 결정해도 재앙이 되지는 않는다. 하지만 동료나 팀장이 당신의 리소스를 잠시 빌려달라고 요청한다고 할 때, 당신은 그 결정이 간단하다고 생각할 수도 있지만 실제로는 그렇지 않다는 사실을 깨닫게 될지도 모른다. 그 '잠시'라는 기간은 당신의 희생을 담보로 한 무기한의 기간이 될 수 있으며, 당신에게 중요한 프로젝트에 영향을 미칠 수도 있다. 이처럼 이 영역에서의 결정들은 상대적으로 수월해 보일 수 있지만, 그 대가는 의외로 클 수도 있다.

우측 하단 사분면은 리스크는 낮지만 시간이 충분하거나, 유연하거나, 혹은 제한이 없는 상태로, 의사결정의 적이라 할 수 있는 분석 마비로 이어질 수 있다. 대안의 장단점을 과도하게 반복적으로 분석하여 결국 결정을 내리지 못하는 상태를 의미한다. 분석 마비는 구성원들을 좌절시킬 뿐만 아니라, 기회를 놓침으로써 시간이 흐를수록 막대한 비용을 초래할 수도 있다.

경제학자들은 이를 기회비용이라고 한다. 즉, 다른 대안을 선택했을 때 얻었을 잠재적 이익을 상실함으로써 발생하는 손실을 의미한다. 이러한 사고방식에 대응하는 개념은 실행에 중점을 두는 실리콘밸리 투자자들의 사고방식을 참고할 수 있다. 이들은 의사결정을 내려야 할 시점부터 시작하는 역방향 접근법(3장 참조)을 채택한다. 해당 과제가 리스크는 낮고 시간 프레임은 무제한이라는 점을 인식하면, 리스크와 시간 사이의 균형을 파악할 수 있으며, 결국 분석 마비의 길에 과도하게 투자하는 것을 방지하는 데 도움이 된다.

우측 상단 사분면은 리스크가 높고 시간적 여유가 충분하거나 유연한 경우로, 위원회 의사결정의 영역이다. 기업, 정부, 심지어 가족 모임에서도 우리는 흔히 이해관계자의 수에 따라 의견 수가 기하급수적으로 늘어나는 것을 목격한다. 왜 그럴까? 우리는 궁극적으로 모두 로비스트이며, 한 방향으로 확고한 신념을 가지고 그룹에 들어온 이해관계자라도 갑자기 원래의 신념을 의심하고 여러 대안을 고려해 볼 수 있기 때문이다. 사람들의 생각이 한가지로 이루어졌다는 생각은 착각에 가깝다. 그만큼 의견 일치를 보기가 어렵다. 마치 네덜란드 화가 에셔(Escher)의 그림 속의 기하학적 폭발처럼, 위원회의 논의는 심연으로 빠져들어 무의미하고 비극적인 루프를 반복할 위험이 있다.

우측 상단 사분면의 의사결정은 그 복잡성과 소요되는 시간 때문에, 어떤 결정이 이 비용이 많이 드는 사분면에 속하는지 신중하게 고려해야 한다. 스스로에게 물어보라. '이 결정을 시간이 오래 걸리지 않거나 자체적으로 위험이 낮은 더 작은 결정들로 단위를 작게 나눌 수 있을까?' 바로 이 지점에서 정량적 직관을 활용할 수 있다. 1장부터 3장까지 우리가 개발한 도구인 정밀한 질문하기, IWIK, 역방향 접근법 등은 모두 큰 결정이나 문제를 더 작은 단위로 분해하는 데 도움이 될 수 있다.

좌측 상단 사분면은 리스크는 높고 시간은 거의 없는 상태로 위기관리의 영역이다. 위기관리 전문가는 일련의 단계를 통해 사건이나 새로운 문제의 리스크 및 비즈니스 영향력을 평가한다. 즉, 예상치 못한 상황을 고려하고, 실행 계획을 수립한 다음, 모든 당사자에게 활발한 개방형 피드백 루프를 통해 지속적으로 소통한다. 이러한 순차적 과정은 일반적으로 군대, 응급실, 관제탑, 또는 소방관이나 응급 구조대원들 사이에서 대개 일사불란하게 작동한다. 하지만 위기 전문가들은 구체적으로 어떤 계획을 수립하고 어떤 조치를 취할지 어떻게 결정할까? 그리고 그들은 애초에 무엇을 '위기'라고 어떻게 식별하는 것일까?

위기를 효율적이고 자신감 있게 헤쳐 나가는 전문가들에게는 수년간의 실무 경험과 해당 분야의 리더들의 최신 통찰이 집약된 플레이북을 갖고 있다. 전장이나 응급실의 대원들, 혹은 응급 구조대원들은 모두 각자의 역할을 숙지하고 있다. 그리고 그에 필요한 훈련을 받는다. 각 개개인은 날카로운 기술을 쌓기 위해 노력하고, 각 구성원이 자기 역할을 아는 팀으로서의 부대는 계획된 시나리오와 함께 새로운 시나리오를 반복적으로 연습하는데, 이는 실제 현장에서 갑작스러운 돌발 상황에 빨리 대응하기 위한 노력이다. 이처럼 경험과 전문성을 바탕으로 짧은 시간 안에 유입되는 정보를 종합하여 중대한 결정을 내려야 하는 이러한 의사결정 방식은, 정량적 직관 역량이 어떻게 활용되는지를 보여 주는 가장 강력한 사례라 할 수 있다. 이러한 고도의 협업과 조정은 미식축구에서도 볼 수 있다. 경기장에서 쿼터백이 공격선에 서서, 플레이가 시작되기 직전에 '오더블(audible)', 즉 변칙 플레이 작전을 지시하는 장면에서 잘 드러난다. 수백만 명의 팬이 이를 지켜보고 있지만, 왜 그런 오더블이 나왔는지를 알아볼 수 있는 사람은 쿼터백과 훈련된 눈을 가진 소수의 사람들뿐이다. 공격 부대의 선수들은 경기 도중 일일이 멈춰서 각자가 무엇을 해야 하는지 논의하지 않는다. 그들은 이미 고도로 기능하는 하나의 단위로 훈련되어 있으며, 함께 움직이도록 준비되어 있기 때문이다.

우리가 잘못된 결정을 내리고 편향에 빠지는 이유 중 하나는 관련 변수를 모두 고려하지 않기 때문이며, 이는 결국 중요한 요소를 관과하게 된다. 우리에게는 의사결정을 위한 프레임이 부족하며, 그로 인해 중요할 가능성이 높은 요인들을 신속하게 고려하지 못하는 것이다. 이처럼 고도로 훈련되고 조율된 팀워크는 기업, 정부, 그리고 기타 느슨하게 연결된 대규모 조직 전반에서 이루어지는 일반적인 의사결정의 목표가 되어야 한다.

우리는 의사결정 순간의 시간과 리스크라는 차원에 집중했지만, 팀이 극심한 위기 상황에서도 어떻게 효율적으로 작동하는지 이해하기 위해서는 세 번째 차원인 '신뢰'로 시선을 돌릴 필요가 있다. 신뢰는 정량적 직관 의사결정자에게 있어 매우 중요한 요소이며, 우리의 직관을 호출하는 차원이기도 하다.

세 번째 차원, 신뢰

리스크와 시간은 대개 이미 알려져 있거나, 혹은 파악할 수 있는 요소들이다. 의사결정자들은 일반적으로 신뢰를 측정하는 세 번째 차원(Z축)을 도입한다. ([자료 7-3] 참조). 기본적으로 그들은 해당 정보를 얼마나 신뢰하는가? 이 질문에 답하려면, 두 가지 형태의 신뢰가 필요하다. 하나는 데이터 그 자체에 대한 신뢰이고, 다른 하나는 그 정보를 제시하는 개인이나 조직에 대한 신뢰다. 예를 들어, 데이터가 신뢰할 수 있는 출처에서 나왔는가? 해당 정보를 전달한 사람은 통찰력 있게 데이터를 종합해 온 이력이 있는가? 아니면 단순히 가공되지 않은 데이터를 전달하고만 있는가? 개인과 데이터에 대한 신뢰는 앞서 4장에서 제안한 일련의 질문들을 통해 데이터를 공식적으로 평가함으로써 측정할 수도 있고, 더 직관적으로는 제시된 데이터의 품질과 정확성에 대한 무의식적인 직관적 판단을 통해 신뢰성을 측정할 수도 있다.

시간, 리스크와 더불어 신뢰를 바탕으로 한 삼각 측량은 위기 상황에서 가장 분명하게 드러난다. 위기란 '중요한 결정을 내려야 하는 극심한 어려움의 시기'라고 정의할 수 있다. 응급실 의료진, 응급 구조대원, 전장의 군인은 지금 닥친 위험과 가용한 시

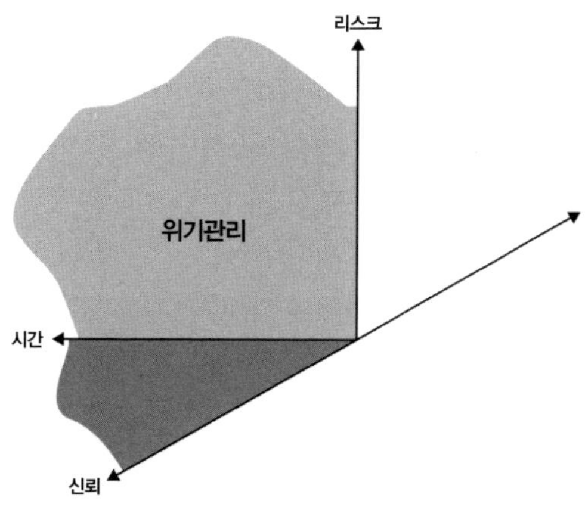

[자료 7-3] 위기관리의 세 가지 차원

간을 예민하게 인식한다. 동시에 그들은 모든 결정을 신뢰의 척도에 비추어 저울질한다. 데이터를 종합하는 사람은 훈련과 학습을 통해 다양한 시나리오가 어떻게 전개되는지 파악할 뿐만 아니라, 유사한 상황에서의 경험을 통해 직관을 얻는다. 위기 상황이 진행될 때, 이러한 경험은 데이터 종합자가 새로운 종합을 형성하고 즉각적인 행동을 취하기 위해 데이터에 반영하는 판단의 기초가 된다. 위기 상황에서 고도로 숙련된 수준으로 활동하며, 위기가 아닌 상황으로 봉합할 수 있도록 의사결정을 내리는 사람들에게서 우리는 무엇을 배울 수 있을까? 그러한 의사결정의 규율을 평상시의 상황에도 적용해 볼 수 있을까?

4장과 5장에서 보여준 것처럼 직관은 계발될 수 있으며, 그 장들에서 제시한 도구들은 비즈니스 통찰력과 경험의 부족을 보완하는 데 도움이 될 수 있다. 하지만 결정의 순간에 우리는 이 세 가지 차원을 어떻게 저울질해야 할까? 개인으로서, 그리고 팀으로서 일관성과 효율적인 기능을 높이기 위해 어떤 지표를 고안해 낼 수 있을까?

시간, 리스크, 신뢰 측정하기

시간, 리스크, 신뢰라는 세 가지 차원 모두에 대해 어떤 고정된 평점 척도를 만들어 수치로 평가하고 싶어질 수도 있다. 그러나 우리는 그렇게 하지 말 것을 권한다. 어느 정도의 기준과 가이드라인을 세우는 것은 가능하고 또 의미가 있지만, 의사결정은 결코 경직된 과정이 아니기 때문이다. 의사결정의 기술은 유동적이며, 비즈니스 목표에 맞춰 정량적 기술과 직관을 모두 활용해 이 세 가지 차원을 모두 균형 있게 조정하는 과정을 포함한다.

시간 할당하기

시간은 부족하든 너무 넉넉하든, 의사결정의 순간에 가장 큰 스트레스와 좌절을 유발하는 차원이 될 수 있다. 하지만 각 결정의 상황이 모두 다른데, 우리는 어떤 기준으로 '적절한 시간'을 가늠할 수 있을까?

응급실, NASA, 항공 관제탑, 또는 미식축구 경기장에서 훈련된 전문가들은 모두 정교하게 조율되고 엄격하게 정의된 시간 간격 내에서 행동한다. 이들의 신체적, 정신적 시계는 고도로 동기화되어 있으며, 초 단위로 정밀하게 움직인다.

대부분의 비즈니스 의사결정에서 시간 측정 방식은 앞서 언급한 전문가들의 사례와는 다르다. 우리는 결정을 내리고 최종 답변을 내놓기 위해 초 단위로 세지 않으며, 이러한 경험을 거의 하지 않는다. 그보다는 다소 잠정적으로 정의되거나 필요에 따라서 연장이 가능한 시간을 얻는 경우가 더 많다. 그러나 비즈니스 의사결정이 로켓 발사와 같은 시간적 정확성을 요구하지는 않더라도, 대신 우리는 효과적인 경계는 설정할 수 있다. 하나의 의사결정이나 그 안에 포함된 하위 의사결정들을 사전에 합의된 시간 블록 안에 넣어 관리할 수 있다는 뜻이다. 5장에서 논의했듯이, [자료 7-2]에서처럼 의사결정의 유형에 맞추어 시간 측정 단위의 정밀도를 조정해야 한다. 어떤 경우에는 의사결정을 내리는 데 몇 시간, 며칠 또는 몇 주가 필요한지를 평가하도록 '티셔츠 사이즈' 방식과 같은 대략적인 시간 측정만 있으면 충분하다. 이러한 단순한 논의를 이해관계자들과 처음부터 분명히 해두는 것이 매우 중요하다. 이 의사결정이 언제 필요한가? 우리는 좀 더 큰 마일스톤이나 일정에 맞춰 노력하고 있는가? 검토 주기는 어떻게 되는가? 최종 의사결정 전에 누가 제안 사항을 검토하고 승인해야 하는가? 이러한 질문들로부터 시작된 역산 일정 계획(calendar workback plan)을 통해, 문제를 해결하는 데 실제로 사용할 수 있는 시간이 얼마나 되는지를 명확히 파악할 수 있다.

역할 또한 중요하다. 프로젝트의 시작과 끝을 책임지는 사람으로 선정된 담당자는 의사결정 시퀀스의 모든 단계를 밀어붙일 분위기와 시간의 흐름을 설정해야 한다. 프로젝트 관리 기법을 함께 사용하여 의사결정 프로세스에 강력한 오너십을 발휘한다면, 기한 없는 무기한의 시간 프레임이 아니라 며칠 또는 몇 주 단위로 의사결정이 진척되도록 보장할 수 있다.

이것은 실제로 의사결정을 내리는 이해관계자들의 책임과 혼동되어서는 안 된다. 오히려 의사결정 프로세스 소유자는 정해진 일정을 맞추기 위해 프로세스를 추진할 뿐, 결정을 내리는 것은 아니다. 프랑스 요리의 '제자리에 두기(mise en place)'라는 개념을 활용해 볼 수 있다. 요리하기 전에 재료를 체계적으로 정리하고 준비하는 이 상세한 설정 개념을 의사결정 프로세스에 적용할 수 있다. 의사결정 회의가 열리기 전에 정보와 사전 검토 내용을 정리하여 제안 사항을 검증함으로써, 이해관계자들이 마치 셰프처럼 의사결정을 내리는 데 필요한 모든 것을 즉시 활용할 수 있도록 준비해 두는 것이다.

의사결정 프로세스에 다양한 그룹을 포함하고, 다양한 의견을 들을 수 있는 시간을 할당하는 것도 중요하다. 여러 학문과 분야를 아우르는 관점을 공유하여, 작업에 참여하는 그룹은 다양한 관점의 시각을 얻고, 결과적으로 사각지대를 피할 수 있다. 비슷한 그룹이 수십 번 강조하는 단편적인 관점은 여러 관점과 다양한 시각을 통합하는 것에 비하면 그저 낭비에 불과하다.

저녁 식사와 다양성, 창의성을 키워내는 토양

폴은 신규 유망 사업 관행을 런칭하면서, 그리드 컴퓨팅(네트워크로 연결된 컴퓨터들이 정보를 처리 및 공유할 수 있도록 고려한 컴퓨터 자원들을 지칭-옮긴이)의 고객용 상품을 시범 운영하기 위해 약 2년 동안 함께 일할 다학제적 팀(cross-functional team)을 구성했다. 이 그룹에는 IBM 기술 서비스, 애플리케이션 개발, 여러 산업군을 대변하는 경영 컨설팅, 그리고 첨단 연구 분야의 구성원들이 포함되어 있었다. 의도적으로 근속 연수와 직급 또한 다양하게 구성했는데, 이는 거침없고 새로운 아이디어를 포착하는 동시에 이를 실무 경험에 비추어 검증하기 위함이었다. 분기별 회의는 뉴욕, 오스틴, 도쿄 및 여러 유럽 도시를 순회하며 개최되었으며, 팀은 그곳에서 얼리어답터 고객들을 설득하고, 현지 팀을 교육하며, 그룹 차원에서 '다음 단계(what's next)'를 브레인스토밍했다.

브레인스토밍은 사무실에서뿐만 아니라, 긴 저녁 식사 시간에 걸쳐서 이루어지기도 했다. 이때 특히 창의적 의견과 다양한 생각이 오고 가면서 담론을 더욱 풍부하게 했다. 프랑스에서 열린 대규모 그룹 회의에는 팀원들에게 잘 알려진 마케팅 리더 맷도 참여했다. 의견을 나누던 중, 애플리케이션 개발 부문의 한 주니어 팀원이 "이런 제품 기능이 있으면 멋질 것 같아요"라고 언급했다. 그러자 IBM연구소의 케이트가 "아, 그건 제가 할 수 있어요. 제품에 쉽게 구현할 수 있습니다"라고 대답했다. 회의실이 술렁이기 시작했다. 기술 서비스와 산업 컨설팅 분야의 저명한 엔지니어들은 각자 자신의 고객들이 그 기능을 간절히 원했지만, 기술적으로 불가능하다고만 생각했었다며 한마디씩 거들었다. 케이트는 어깨를 으쓱하며 "글쎄요, 그렇게 어렵지 않아요. 제가 가르쳐 드릴 수 있어요"라고 말했다. 맷은 주위를 둘러보며 말했다. "이번 출장은 정말 가치 있군요. 이 기능을 대대적으로 마케팅할 수 있겠어요. 엄청난 비즈니스 가치가 보입니다. 우리 다음 회의는 언제죠?"

리스크 측정하기

결정의 순간에 리스크는 매우 중요한 요소다. 하지만 매 상황이 다르기 때문에 단일 측정 기준만으로 전체 상황을 온전히 파악할 수는 없다. 리스크는 어느 정도 통제할 수 있겠으나, 그 범위의 폭은 상황에 따라 천차만별이다.

그렇더라도 리스크에 대한 측정 기준을 도입하려는 시도 자체로 얻을 수 있는 이점은 없을까? 약간은 불완전하지만 놀랍도록 유익한 측정 시스템의 사례로 아프가 점수(Apgar score)를 들 수 있다. 1952년, 당시 컬럼비아대학교 의과대학 마취과 교수이자 프레스비테리언 병원의 산부인과 마취 과장이었던 버지니아 아프가는 구내식당에서 아침 식사를 하고 있었다. 그때 호기심 많은 의대생이 다가와 신생아의 건강 상태를 평가하는 가장 좋은 방법은 무엇인지 물었다.

아프가는 본능적으로 종이 한 장을 꺼내, 신생아가 태어난 직후 몇 분 동안 건강 상태를 판별할 때 가장 중요하다고 생각하는 다섯 가지 기준을 적었다. 그것은 혈색, 맥박, 근육 긴장도, 반사 신경, 호흡이었다.

학생에게는 단순한 요점 정리처럼 보였을 수도 있다. 특히 아프가 교수가 아주 신속하고 거침없이, 마치 즉흥적인 듯이 그 항목들을 떠올렸기 때문에 더 그랬을 것이다. 하지만 그녀가 그렇게 본능적으로 자연스럽게 해당 내용을 적을 수 있었던 이유는 수년간 신생아를 치료하며 때로는 이 작은 생명체에게 문제가 생겼음을 알리는 신호들에 민감하게 반응하게 된 수년간의 경험에 뿌리를 두고 있었다.

그 후 몇 년 동안, '아프가 점수'는 널리 알려지게 되었고 미국 전역의 분만실과 병실에서 의료 루틴의 필수 요소로 도입되었다. 이후 전 세계로 퍼져 나갔다. 점수를 측정할 때는 다섯 가지 기준에 대하여 각각 0점에서 2점 사이의 점수를 부여한다. 이렇게 합산된 0점에서 10점 사이의 누적 점수는 신생아가 태어난 지 1분, 5분, 10분 후에 상태가 얼마나 양호한지를 의료진에게 알려준다. 점수가 6점 미만인 경우에는 각별한 주의나 의학적 처치가 필요함을 나타낸다.

평가 시스템으로서 아프가 점수는 여러 면에서 부족한 부분도 있다. 신생아의 수많은 중요한 문제들을 측정하지 못하고, '정상' 범위의 점수가 실제 신생아의 생존이나 건강을 예측하지 못한다. 하지만 이 방법은 효과의 측면에서 아주 훌륭하다. 아프가 점수의 표준적 활용은 신생아 사망률을 유의미하게 감소시켰다. 이는 지표 자체가 정확하거나 예측력이 높아서가 아니라, 의사와 간호사들이 모든 아기를 대상으로 다섯 가지 측면에서 문제가 없는지 신속하게 리스크를 평가하도록 유도했기 때문이다.

이 검사는 오늘날에도 전 세계 병원에서 널리 사용되고 있다. 비록 너무 단순하다는 비판을 받기도 하지만, 바로 그 점 때문에 정교하고 독창적이라는 찬사를 더 많이 받아왔다. 검사 방법이 매우 직관적이어서, 아기가 태어난 직후 분만실의 소란스럽고 긴박한 상황 속에서도 극도로 빠르고 쉽게 실행할 수 있기 때문이다. 물론 모든 신생아의 건강 상태를 평가하는 데 최적의 모델은 아니다. 무엇보다 모든 변수에 동일한 가중치를 부여한다는 점이 그렇다. 하지만 이는 의료진이 초기 단계에서 긴급하게 평가할 때 가장 중요한 변수를 반드시 고려하게 만들었다. 또한, 주의가 산만해지는 바람에 무언가를 간과하지 않도록 보장하는 편리한 기본 테스트이다. 이처럼 일관되고 면밀한 관찰과 측정을 시도하는 시스템은 그 자체로 이미 장점이다.

비즈니스의 영역에서도 이러한 적절한 정성적 기준을 설정하는 방식에 아프가 점수와 유사한 접근 방식을 고려할 수 있다. 예를 들어, 영업 분야에서 널리 채택되는 리스크 및 준비도 평가 모델로는 1960년대 IBM이 우량 고객을 빠르게 식별하기 위해 고안한 BANT 모델이 있다. BANT는 예산(Budget), 권한(Authority), 니즈(Needs), 타임라인(Timeline)의 약자로, 다음과 같은 정성적 프레임워크를 구축한다.

- **예산**: 잠재고객이 해당 제품이나 프로젝트를 위해 필요한 예산을 할당해 두었는가?
- **권한**: 현재 접촉 중인 잠재고객에게 구매 결정 권한이 있는가? 만약 없다면, 권한이 있는 사람들에게 접근할 명확한 경로가 확보되어 있으며, 그들이 우호적인 반응을 보이는가?
- **니즈**: 어떤 비즈니스 문제를 해결하고자 하는가? 제품이나 서비스가 고객의 니즈를 해결할 수 있는가? 당신의 제안이 경쟁사보다 그 니즈를 충족하는 더 나은 대안인가?
- **타임라인**: 잠재고객이 계약을 체결할 준비가 되는 시점은 언제인가? 그 일정이 유지하기 위해 무엇이 필요한가?

앞서 언급한 네 가지 범주에 명백한 수치를 부여할 수 없으므로, 비즈니스의 상황 인식을 반드시 반영해야 한다. 따라서 조직의 리더십은 어떤 지점에서 어떤 신호가 '트리거'가 되는지, 그리고 어느 수준까지를 허용 가능한 임계치로 볼 것인지를 반드시 설정해야 한다. 이는 특정 제품 라인에 대한 조직의 전반적인 리스크 성향과 판매 비용을 의미하는데, 이는 거래를 추진하고 성사시키기 위해 투입한 리소스 비용을 의미한다. 나아가 비즈니스 전체에 대한 리스크 성향을 반영한다. IBM의 BANT 프레임워크는 [자료 7-1]에 요약된 시간, 리스크, 신뢰 구성 요소를 보여주는 훌륭한 사례다.

허브스팟(HubSpot)이 고안한 GPCT(Goals, Plans, Challenges, Time-line)는 BANT의 현대적 진화형이라 할 수 있다. 이는 고객 중심적 접근 방식을 취하여, 고객의 니즈와 그들이 제품 또는 솔루션을 선택할 때 추구하는 비즈니스 가치를 이해한다. GPCT 모델에서는 고객과의 논의를 거친 뒤, 비즈니스 거래를 완성하기 위해 예산과 권한을 확인하는 과정이 이어진다. 이 역시 정량적 관점과 팀원들의 직관을 결합하여 고객과의 관계를 어떻게 진전시킬지 결정한다.

마이크로소프트 엑스박스 사례

2001년 11월 15일, 마이크로소프트는 소니의 플레이스테이션

2, 닌텐도의 게임큐브와 경쟁하는 신규 진입자로서 엑스박스(Xbox)를 출시했다. 마이크로소프트는 개인용 컴퓨터(PC) 시장에서 강력한 입지를 다지고 있었지만, 게임 사업이 특히 이미 자리를 잡은 시장에서 성공할 수 있을 것인가라는 리스크를 감수하고 있었다.

소니는 1995년 첫 번째 플레이스테이션을 전 세계에 출시하여 1억 대를 판매했다. 1983년에 출시된 닌텐도의 초기 모델 NES(닌텐도 엔터테인먼트 시스템)는 6,100만 대가 팔렸고, 1990년에 출시된 슈퍼 NES는 1993년까지 4,100만 대의 판매고를 올렸다.

이처럼 수십 년간 성공을 거듭해 온 경쟁자들을 마주한 상황에서, 마이크로소프트는 제품 출시 후 성공 가능성에 대해 그렇게 확신하지 않았다. 하지만 한 가지 분명한 사실이 있었다. 게임을 통해 쌓은 소니의 인기가 PC 시장에서 마이크로소프트에 위협이 될 수 있다는 점이었다.

우리의 프레임워크를 적용해 보면, 2001년 당시 마이크로소프트의 IWIK는 다음과 같았을 것이다. 우선 (1)게임 커뮤니티가 카트리지 방식의 전용 하드웨어 기기보다는 PC 플랫폼에서 실행할 수 있는 게임 타이틀에 더 높은 관심을 보이는 추세인지 파악하는 것이었고, (2)소비자들과 게임 제작자들에게 PC 포맷을 제공함으로써 마이크로소프트가 어떤 독보적인 이점을 활용할 수 있는지 묻는 것이었다. 특히 게임 제작자들이 하드디스크 저장 장치와 기존 네트워크 인터페이스(모니터, 광디스크, 카메라, 프린터)를 활용하여 새로운 게임 경험을 개척하도록 함으로써 얻을 수 있는 이점을 말이다.

IWIK 분석에 따라 마이크로소프트는 시간, 리스크, 그리고 신뢰에 기반하여 대안들을 검토했을 것이다. 시간 관점에서 보면, 소니는 이미 2000년에 플레이스테이션 2를 전 세계에 출시했고 닌텐도는 2001년 3분기에 게임큐브 출시를 앞두고 있었다. 시장 진입 시기는 촉박했으나, 다행히 마이크로소프트는 두 가지 내부 플랫폼 옵션 중 하나를 선택할 수 있었다. 신뢰 차원에서는 '게임 개발자들이 새로운 플랫폼에서 작업을 시작할 것인가?' 그리고 '소비자들이 마이크로소프트를 게임기 제조사로 받아들일 것인가?'가 관건이었다. 지나고 보니, 개발자들은 엑스박스가 새로운 기능을 갖춘 데다 친숙하고 신뢰할 수 있는 플랫폼이라는 점에서 환영할 만한 대안으로 여겼다. 소비자들 역시 마이크로소프트라는 브랜드 자체를 신뢰해야 할 필요까지는 없었으며, 새로 런칭한 엑스박스 브랜드에 거부감만 없으면 충분했다. 덕분에 게이머들 사이에서 마이크로소프트 브랜드에 대해 가질 수 있었던 여러 우려를 피해 나갈 수 있었다.

결과적으로 엑스박스를 출시하는 데 따른 위험은 최소화되었고, 전략적 관점에서 이것은 새로운 시장을 포착하고 PC 시장에 대한 새로운 위협을 방어하기 위한 적절한 조치였으므로,

충분히 감수할 만한 가치가 있었다.

마이크로소프트의 재정적 자원과 시장 지위, 그리고 새로운 게임 플랫폼 사업에 투입할 수 있는 가용 자원들을 생각할 때, 이는 추진 여부를 고민할 문제가 아니라 곧바로 '직진(go)'하기로 한 결정이었다. 다만 논의의 초점은 성공 가능성을 최적화하기 위한 실행 방법인 '어떻게(how)'에 찍혀 있었다.

신뢰 측정하기

의사결정의 다른 두 차원과 마찬가지로, 신뢰 또한 측정하기가 매우 까다롭다. 신뢰를 측정하기 위해 어떤 평가 척도를 사용하는 것이 적절할까? 개인이든 조직이든 적정한 기간 동안 목표 대비 달성한 성과의 기록을 활용해 볼 수 있을 것이다. 하지만 그러한 과거 기록을 가중치 요소로 적용한다고 해서 반드시 미래를 예측할 수 있는 것은 아니다. 10점 만점을 받은 체조 선수나 자유투 성공률 80%인 농구 선수, 그리고 3할 타자 모두 다음 경기에서는 각자 새로운 기회를 맞이하여 성과를 내야 하는 상황에 놓이기 때문이다.

또 다른 대안으로 역량을 살펴볼 수도 있다. 결과와 상관없이 개인이나 팀이 보유한 기술과 노력의 질은 어느 정도인가? 마지막으로, 신뢰는 단순히 동료가 보여주는 신뢰성과 진실성에 대한 믿음만큼이나 간단한 문제일 수도 있다. 모든 투자 설명서에서 언급하듯이, 과거의 성과가 미래의 결과를 보장하는 것은 아니다. 따라서 우리는 사안별(case-by-case)로 신뢰의 무게를 가늠해야 한다.

모든 비즈니스 의사결정은 저마다 고유한 내용이며 상황과 맥락이 다르다. 따라서 과거의 기록을 '신뢰 측정기'로 사용하는 것은 효과적이지 않다. 오히려 신뢰도를 측정하기 위해 소속된 구성원의 가치와 결정 프로세스를 이해하고, 그들로부터 신뢰와 승인을 구하는 것이 바람직하다. 딜로이트는 이러한 고민을 총망라하여, 네 가지 주요 '비즈니스 성격 유형 분석'이라는 심도 있는 프레임워크를 제시한다.[1]

- **개척자**(Pioneers): 가능성을 중시하고, 에너지와 상상력을 불어넣는다. 이들은 큰 리스크가 큰 결실을 가져다줄 것이라 믿는 창의적인 사색가들이다.
- **수호자**(Guardians): 안정성을 중시하고, 질서와 엄격함을 부여한다. 이들은 신중한 의사결정자로, 현 상태를 유지하려는 경향이 있다.
- **추진가**(Drivers): 도전을 중시하고, 추진력을 만들어낸다. 이들은 기술적이고 정량적이며 논리적이다.
- **통합가**(Integrators): 연결을 중시하고, 팀을 하나로 모은다. 이들은 미묘한 차이에 민감하며, 흑백논리보다는 회색 지대의

다양한 측면을 파악한다.

의사결정에 참여하는 이해관계자로서, 비즈니스 성격 유형 분석이나 의사결정 스타일의 다른 유사한 지표는 무엇이 더 좋거나 더 나쁘지 않다는 것을 인식하는 것이 중요하다. 오히려 개인이나 조직에 대한 신뢰를 평가할 때 각 구성원들의 유형을 파악하는 것은, 그들이 데이터를 종합하고 심도 있는 제안 내용을 제시할 때, 당신이 어떻게 해석하고 판단할지 이해하는 데 유용하다.

결정을 뒤집을 수 있는가?

리스크 차원과 밀접하게 연관된 개념은 결정을 뒤집을 수 있는 가역성(reversibility)이다. 의사결정자가 선호하는 선택을 내릴 시점에 반드시 고려해야 할 것은 '이 결정을 되돌릴 수 있는가?'이다. 원래의 기준 상태로 되돌아가는 것이 용납될 수 있는 일이며, 심지어 가능하기는 한가? 그렇게 하는 데 비용은 얼마나 들 것이며, 그에 따른 다른 영향들은 무엇인가?

우리는 업무 현장에서 개인과 조직이 매일 돌이킬 수 없는 결정에 대한 두려움 때문에 매일같이 의사결정을 미루고 주저하는 모습을 목격한다. 심지어 그들은 자신이 미루고 있는 결정이 정말 되돌릴 수 없는 것인지조차 검토하지 않을 때가 많다. 하지만 돌이킬 수 있는 결정이라 할지라도, 결정을 되돌렸을 때 평판이나 수익에 미칠 영향이 두려워 의사결정을 미루는 마비 상태에 빠지기도 한다.

아마존은 의사결정의 가역성을 평가하는 방식을 '일방향(One-Way Door)'과 '양방향(Two-Way Door)'으로 분류한다. 일방향 결정은 쉽게 되돌릴 수 없고 돌이킬 수 없는 결과를 초래하기 때문에 심층적인 숙고가 필요하다. 그에 비해 양방향 결정은 그 영향이 제한적이며, 시간이 지남에 따라 진화하거나 더 쉽게 되돌릴 수 있다.

양방향 결정의 경우, '최악의 시나리오는 무엇인가?', '그것이 감당할 수 있는 리스크인가?', '필요할 경우 결정을 어떻게 되돌릴 것인가?'를 자문해 보아야 한다. 아마존은 이에 대해 '빠른 의사결정을 위한 열쇠'를 다음과 같이 제시한다. [2]

- **양방향 결정인지 확인하라:** 어떤 결정은 일방향 결정이지만, 어떤 결정은 양방향 결정이다. 즉, 되돌릴 수 있는 결정이며 실수를 빠르게 바로잡을 수 있다는 의미다.
- **모든 데이터를 기다리지 마라:** 모든 것을 알 때까지 기다린다면, 아마도 너무 늦어질 것이다. 대부분의 의사결정은 원하는 정보의 약 70%만 확보되면 충분하다.
- **반대하더라도 승복하라:** 의견이 다를 수는 있지만, 일단 결정이 내려지면 모두가 그 결정에 헌신해야 한다. 이는 서로를 설득하느라 시간을 낭비하는 대신 속도를 높여준다.

역설적이게도, 일방향 또는 양방향 중 하나를 결정하는 것은 단순히 경제성만이 아니라 평판과 신뢰에 기반한다. 사실, 겉보기에는 비용이 덜 드는 것처럼 보이는 일방향 결정은 거절하고, 오히려 훨씬 더 많은 비용이 들더라도 양방향 결정을 선택하는 것이 더 쉬울 수 있다.

리처드 브랜슨 경은 1984년 당시 사업이 계획대로 운영되지 않을 경우, 보잉사가 버진의 747 제트기 한 대를 1년 뒤에 되가져가기로 합의한 후에야 버진레코드의 사업 파트너들을 설득하여 버진항공 출시 계약을 체결할 수 있었다고 밝혔다. 비록 비용은 많이 들었으나, 이는 되돌릴 수 있는 양방향 결정의 전형적인 사례였다.

IBM이 전자 투표 시스템 회사와의 파트너십을 거절한 이유

폴이 IBM에 재직할 당시, 한 전자 투표 시스템 회사와 협력해 달라는 요청 전화를 받았다. 당시는 막 끝난 2000년 대통령 선거의 갈등과 정치적 파장으로 인해 매우 뜨거운 시점이었다. 모든 투표를 전자화하고 네트워크로 연결된 국가 선거 시스템으로 전환하는 것은 기술적으로 충분히 가능했다. 현금 자동 입출금기(ATM) 시스템은 이미 높은 보안 수준을 갖추고 널리 보급되어 있었으므로, 투표 시스템 또한 그만큼 안전하게 구축

될 수 있었다. 확실히 국가 및 지역 선거를 위한 견고한 새로운 플랫폼을 만들 수 있는 상황이었다. 또한 이 시스템은 주주 총회와 같은 민간 상업용 선거에도 활용될 수 있었기에, 선거가 없는 해에도 추가적인 수익원을 확보할 수 있었다.

폴은 IBM과 파트너십을 맺고자 하는 이 회사의 제안을 가장 먼저 상사에게 알렸다. 사업적 잠재력과는 별개로, 이 사안은 정치적으로 민감한 문제가 될 것이 분명했기 때문이다. 여러 차례 회의를 거치면서 우리는 사업적 잠재력을 파악했고, 해결해야 할 몇 가지 기술적 격차도 이해하게 되었다. 우리의 '의사 결정의 순간' 모델을 적용해 보았을 때, 이 사업 제안은 매출 관점에서 분명히 실행 가능한 기회였다. IBM에게는 하드웨어와 소프트웨어가 결합된 새로운 통합 솔루션을 함께 구축할 충분한 시간이 있었다. 또한 그 회사에 대해 더 많이 알아가면서 그들이 진실하고 유능하다는 것을 확인했기에 신뢰도 적정한 수준이었다.

이제 폴은 리스크를 두 가지 측면에서 살펴보았다. 첫 번째는 기술적 실행 리스크였다. "우리가 이 일을 해낼 수 있을까?"라는 질문에 대한 답은 신중하게 "가능하다"였다. 그러나 비즈니스 리스크를 함께 고려한 결과, 최종 결론은 단호하고 확고한 "불가능하다"였다. 글로벌 브랜드 컨설팅 그룹 '인터브랜드'에 따르면, 2000년 당시 IBM은 코카콜라와 마이크로소프트에 이어 세계에서 세 번째로 가치 있는 브랜드였다. IBM 경영진은 브랜드 명성을 위협에 빠뜨릴 가능성이 있다면 그 어떤 단일 상업적 계약도 추진할 가치가 없다는 것을 분명히 알고 있었다. 흥미롭게도 그 후로 20여 년이 지나고, 다섯 번의 대선 주기를 거친 지금까지도 이 문제는 여전히 해결되지 않은 과제로 남아 있다. 이 선거 시스템 회사의 사례는 일방향 결정의 리스크가 결정 그 자체에서 직접적으로 발생하는 것이 아니라, 브랜드에 미칠 잠재적 위험으로부터 올 수 있음을 보여준다.

결정을 돌이킬 수 있을지, 가역성에 대한 과도한 불안은 특히 대규모 그룹 토론과 의사결정 과정에서 쓸모없는 여러 논의로 이어진다. 많은 경우, 이는 불완전한 실행으로 이어지기도 한다. 의사결정자들은 그 어떤 선택지도 다시금 선택할 수 있다는 느낌에서 오는 안도감을 원하는 경우가 많다. 이러한 잘못된 욕망은 의사결정을 미루거나 의사결정 과정을 지나치게 길어지게 만들어 시간과 자원을 낭비하게 한다.

돌이킬 수 없는 결정을 내리는 것에 대한 거부감은 마치 테이블 위에 칩을 흩어 놓듯 여러 대안을 동시에 추진하는 룰렛 방식과 유사하다. 이러한 방식은 모두가 계속 참여할 수 있다는 점에서 처음에는 기분이 좋고 심지어 활력이 넘치거나 권한이 부여된 듯한 느낌을 줄 수 있다. 그러나 그렇게 해서는 안 된다. 기업가 정신을 발휘한다는 기분에 취해 여러 척의 범선 함대를 동시에 출항시키는 행위는 결국 조직의 자원을 고갈시키고 실제 의사결정을 지연시킬 뿐이다. 그 대신, 결정을 내린 후 범선의 모든 돛을 펼쳐 전력으로 추진하고, 필요할 때 경로를 수정하는 방식을 고려하라.

미슐랭 3스타 레스토랑이 채식 메뉴로 바꾼 이유

2017년 세계 최고의 레스토랑으로 인정받았던 '일레븐 매디슨 파크'는 코로나19로 인한 15개월간의 휴업을 마치고 2021년 6월에 영업을 재개한다고 그해 5월 발표했다. 호화로운 육류와 해산물 요리로 명성이 높았던 이 미슐랭 3스타 레스토랑은 완전히 식물성 재료로 구성된 메뉴와 함께 재개장했다. CEO이자 셰프인 다니엘 흄은 자신의 식단을 바꾸어 육류 섭취를 줄인 상태였으며, 자신의 레스토랑에 대해 "현재의 식품 시스템은 결코 지속 가능하지 않다"라는 결론을 내린 뒤였다.

당시 전 세계 136개의 미슐랭 3스타 레스토랑 중 채식 식단을 운영하는 곳은 단 한 곳뿐이었다. 2011년부터 다니엘 흄이 소유해 온 일레븐 매디슨 파크는 놀라울 정도로 일관된 우수성을 보여주었다. 이 레스토랑은 2012년부터 2020년까지 줄곧 미슐랭 3스타를 유지했다. 채식 메뉴로의 전환은 물론 돌이킬 수 있는 결정이었으나, 평판에 미칠 수 있는 리스크는 매우 높았다. 흄은 여러 언론 매체와의 인터뷰에서 "거짓말은 하지 않겠다. 한때 우리가 자랑스럽게 내놓았던 요리들을 포기함으로써 우리가 감수하고 있는 리스크를 생각하면, 때때로 한밤중에 잠에서 깨기도 한다"라고 밝혔다.

다니엘 흄의 결정은 2사분면(높은 리스크, 상당한 시간 소요)에 해당하며, 이를 결정하기 위한 위원회는 흄과 그의 투자자들로 구성된 소규모 위원회였을 것이다. 그런데 그의 결정은 데이터에 의한 것이었을까, 아니면 본능에 의한 것이었을까? 데이터가 일정 부분 역할을 한 것은 분명하다. 채식의 식재료비는 대폭 낮아지는 반면, 식사 가격은 1인당 약 335달러로 이전과 비슷한 수준을 유지하기 때문에, 분석 수치상으로는 훨씬 높은 수익이 예상되었을 것이기 때문이다.

그러나 직관 역시 분명 일정한 역할을 했다. 흄은 명성 높은 자신의 레스토랑에서 럭셔리한 분위기를 유지하기 위해 가격을 종전과 동일하게 유지해야 한다고 결정했다. 결국 사람들이 지불하는 비용은 단순히 음식값만이 아니라 파인 다이닝 경험 전체에 대한 대가였기 때문이다. 흄은 뉴욕타임스와의 인터뷰에서 "팬데믹 기간 동안 우리가 생각하는 럭셔리의 기준이 바뀌어야 한다는 생각이 분명해졌다"라고 밝혔다.

흄은 이 결정이 자신의 개인적 가치관을 반영하고 있기에, 이를 일방향 결정이라고 판단했을 것이다. 하지만 역사적으로 볼 때, 그가 매년 미슐랭 상을 받는 저명한 세프라는 평판을 고려하면 이 결정은 양방향 결정이라고 이야기할 수도 있다.

모호성 위에 올라타 방향을 모색하라

시간, 리스크, 신뢰, 그리고 가역성의 차원을 모두 살펴보았으니, 이제 의사결정의 순간에 고려해야 할 마지막 요소인 모호성과 불확실성으로 넘어가 보자. 비가역성과 마찬가지로, 이 두 가지 조건은 거의 누구에게나 보편적인 불편함을 유발한다. 사실, 강력한 의사결정자의 근본적인 차별점은 모호함을 견뎌내는 인내심, 그리고 데이터의 모호한 본질이나 불확실한 결정 조건에 대해 한탄하며 얼어붙기보다 가능한 결정에 집중하는 능력에 있다.

혼히 들리는 불평은 "데이터가 없다"거나 "데이터가 조직 어딘가 혹은 공급업체에 있지만, 우리는 접근할 수가 없다"는 말이다. 차마 말할 수 없는 그 이면의 우려는 "제대로 된 데이터 없이 어떻게 의미 있는 계산을 할 수 있겠는가?" 하는 점이다. 데이터 과학적 관점에서 볼 때, 여기에는 두 가지 대안이 있다. 인접한 영역에서 더 많은 데이터를 찾거나, 합리적인 대체 값을 대입하여 데이터를 추정하는 것이다.

이러한 대안들은 불확실성을 극복하는 데 있어 매우 중요한 단계이다. 질문하고자 하는 내용이나 관련 카테고리에 대해 시장 트렌드를 반영하는 유의미한 정보가 있을 가능성이 크다. 이는 신제품 출시의 경우에 특히 그러하다. 비록 시장에 처음 진출하는 것이라 할지라도 시장의 특성에 관한 정보는 확보할 수 있어야 한다. 우리는 5장에서 논의된 페르미 추정법과 몇 가지 추측을 활용하여 빈칸을 채워 넣을 수 있다. 그다음으로는 현재는 알지 못하더라도 판별해 낼 수 있는 '알 수 있는 정보'가 존재한다. 이러한 미지의 영역을 해결하려면, 먼저 불확실성의 간극을 좁히기 위해 당신이 정말로 알고 싶은 것이 무엇인지 파악해야 한다. 이때 IWIK를 활용하여 부족한 정보를 찾아내기 위한 탐색 방향을 설정할 수 있다. 또한 역방향 접근법을 사용하여 일련의 '빈 표'를 만들어 볼 수도 있는데, 이는 의사결정에 꼭 필요한 데이터만을 선별하고 정렬하는 데 도움을 줄 것이다. 이러한 몇 단계만 거치면 불확실성을 중심으로 프레임을 만들기 시작할 수 있으며, 그 프레임을 모두 채울 필요는 없다. 리더는 그룹이 합리적인 다음 단계를 노출할 수 있을 정도로만 빈칸을 채우도록 독려하고, 그 과정을 반복해야 한다. IWIK와 역방향 접근법을 활용해 불확실성의 일부를 채워라. 간극을 메울 때는 '관련성은 없지만 정확한 정보'보다는 '모호하더라도 옳은 정보'를 목표로 삼아야 한다.

이러한 방식으로, 의사결정의 순간은 데이터 분석의 흐름을 통해 내려야 할 결정과 데이터를 제공하는 관련 주체들에 대한 신뢰 사이의 간극을 메우며 세 가지 관점에서 측량된다. 더 나아가, 데이터는 매우 빠른 속도로 생성 및 구체화되고 있으며, 다양한 형식을 포괄할 뿐만 아니라 가용성이 불분명하여 변동성이 클 수 있다. 바로 이 지점에서 우리는 정량적 직관 방법론을 더욱 신뢰할 수 있다. 상황을 평가하고 IWIK에 의지하라. 데이터와 개인, 그리고 조직을 검증함으로써 신뢰도를 판단하거나, 적어도 현재의 의사결정에 필요한 확실성의 정도와 일치하는 신뢰구간 내에서 충분한 신뢰를 확보하라. 그리고 정보와 통찰을 종합한 관점들을 바탕으로 실행으로 옮겨라.

아이슬란드의 화산재가 남긴 의미

2010년 4월, 잘 알려지지 않은 아이슬란드 화산인 에이야피야틀라요쿨이 잠시 동안 전 세계에서 가장 화제가 되었다.

아이슬란드에서 미세 지진이 발생한 후, 4월 14일 에이야피야틀라요쿨 화산이 폭발적으로 분화했다. 이 분화로 화산재가 공중 3만 피트까지 치솟았으며, 전 세계 여행 체계에 심각한 혼란을 야기했다. 처음에는 벨기에, 영국, 덴마크, 아일랜드, 네덜란드, 스웨덴이 모든 항공편의 운항을 중단했으며, 곧 그 국가 명단은 급격히 늘어났다. 4일 만에 313개의 공항을 포함한 유럽 항공망의 80%가 사실상 폐쇄되었고, 전 세계적으로 680만 명의 승객이 발이 묶였다. 그러나 대규모 분화가 일어난 후 아이슬란드의 케플라비크 국제공항이 최종적으로 폐쇄되기까지는 거의 일주일이 걸렸다. 당국은 그 시점까지 현지 레이더 기지들이 공기 중에서 유의미한 양의 화산재를 감지하지 못했다고 밝혔다. 4월 16일에는 독일, 오스트리아, 핀란드의 모든 국제공항이 폐쇄되었으나, 같은 날 오전 아일랜드 영공은 국내선 운항을 위해 다시 열렸으며, 서쪽 방향의 대서양 횡단 노선 운항도 재개되었다.

공항 폐쇄 조치에서 왜 이렇게 차이가 발생했는가? 의사결정은 어떻게 내려졌으며, 왜 그렇게 달랐는가? 어떤 정보가 유의미했으며, 무엇을 신뢰할 수 있었는가? 안전을 극대화하면서도 신속하게 정상 상태로 복귀하기 위해, 어떤 순서로 어떤 결정들이 내려져야 했는가?

런던화산재자문센터(VAAC)는 관련 민간 항공 당국에 화산재 자문 정보를 제공하고 있었으나, 피해를 입은 국가들은 자체적인 국가 항공국이나 민간 항공 당국을 보유하고 있었다. 설상가상으로, 국제항공운송협회는 일부 국가 당국의 유럽 영공 재개방 노력에 대해 비판을 쏟아내고 있었다. 이는 유럽연합 교통부 장관들이 항공기 운항 제한을 완화하기로 한 결정에 대한 비판이기도 했다. 물론 그 이면에는 상충하는 이해관계가 작용하고 있었다. 모든 사람을 안전하게 지키려는 공공의 안전에 대한 욕구와 재정적 손실을 최소화하려는 상업적 요구가 대립하고 있었던 것이다.

이 시점에서 IWIK의 방법론은 간단하고도 의미심장한 대목을 제시한다. 첫째, 화산재 구름의 구체적인 위치는 어디였는가? 4월 17일, 에어 베를린의 사장은 비행 위험이 존재하지 않는다고 주장했는데, 이는 당시의 위험 평가가 오로지 VAAC의 컴퓨터 시뮬레이션에만 기반했을 뿐, 해당 시뮬레이션의 실제 정확성 여부를 확인하지 않았기 때문이었다. 동시에 유럽 전역에서 이루어진 시험 비행들은 엔진 손상 여부에 대해 엇갈린 결과를 내놓고 있었다.

이는 두 번째 IWIK로 이어진다. 즉, 비행기가 공중에 떠다니는 입자에 대해 어느 정도의 내성을 가지고 있는가 하는 점이었다. 이는 당연한 질문처럼 보일 수 있지만, 에이야피야틀라요쿨 화산이 폭발하기 전까지 항공기 엔진 제조사와 항공 당국은 허용 가능한 입자 위험 수준을 구체적으로 정의해 두지 않은 상태였다. 하늘이 비교적 맑아 보일지라도, 항공기에 손상을 입히기에 충분한 미세 입자들이 여전히 포함되어 있을 수 있었다.

정확하지 않은 기상 모델에서 나온 무의미한 정보는 더 빠르게 배제될 수 있었을 것이며, 안전이라는 근본적인 사안은 모든 관계자가 정확한 데이터를 바탕으로 검토할 수 있었을 것이다. 관련 유럽 기구들은 지난 10년 동안 새로운 모니터링 역량을 구축하기 위해 힘을 모아왔다. 현재 아이슬란드의 연구원들은 수치 대기 분산 모델링 환경(NAME)[3]이라는 화산재 확산 모델을 사용하고 있다. 또한 2019년 3월부터 미국에서는 국가 화산 조기 경보 시스템[4]의 개발이 진행 중이다

이 상황은 의사결정 체계의 총체적인 실패 사례다. 단 하나가 아닌 20여 개국에 걸친 수십 개의 위원회가 이론적인 시뮬레이션 형태의 무의미한 정보에 매몰되어 있었으며, 각 위원회는 서로 다른 의제와 위험 허용 범위를 가지고 있었다. 이 모든 상황은 광범위한 신뢰와 협력의 부족으로 인해 더욱 악화되었다. 궁극적으로, 오늘날 화산 안전에 가장 큰 부분을 차지하는 것은 의사소통과 학제 간 과학 연구, 그리고 조직 간의 협력이다.

IWIK에서 의사결정까지

열린 가능성에서 명확한 의사결정으로 나아가는 여정은 정량적 직관 프로세스를 단계별로 밟아나감으로써 더욱 빠르게 진행할 수 있다. 의사결정을 내리는 것은 마치 퍼즐을 맞추는 것과 같다. 이 단계에서 우리는 1장부터 6장까지 다룬 기법들을 결합하

여, 이를 시간, 리스크, 신뢰라는 세 가지 차원 위에 올려놓고 검토한다. 자원을 효율적으로 사용하고 예방 가능한 막다른 길을 피하기 위해서는 이러한 방향 설정이 반드시 의사결정의 지침이 되어야 한다.

에이야피야틀라요쿨 화산 폭발 사례에서, 본질적인 질문부터 시작하여 시간, 리스크, 신뢰에 대한 인식을 바탕으로 도출된 IWIK는 서로 다른 정보 출처가 사용되고 있었음을 알 수 있었다. 또한 각국의 교통협회와 장관들이 서로 다른 견해와 목표를 가지고 있었다는 점도 알 수 있었다. 이러한 통찰들을 IWIK 지식 매트릭스에 매핑하면 [자료 7-4]와 같은 모습이 된다. 지식 매트릭스상의 지식과 필요성이라는 차원 외에도, IWIK를 평가할 때는 시간, 리스크, 그리고 신뢰를 반드시 고려해야 한다. 어

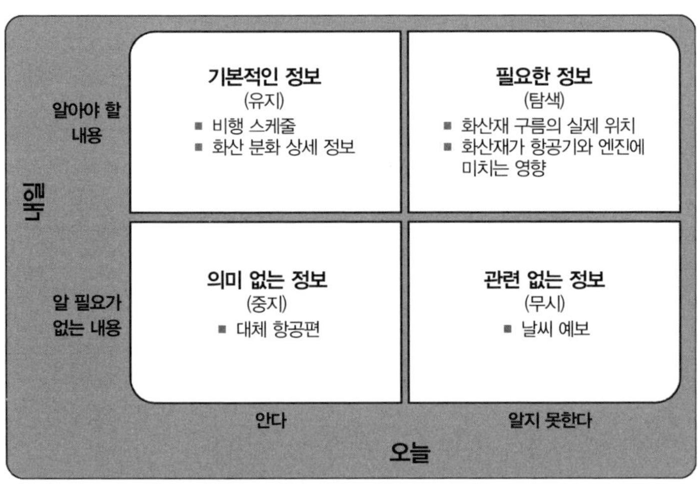

[자료 7-4] 에이야피야틀라요쿨 화산 폭발 IWIK 지식 매트릭스

면 IWIK는 답을 찾는 데 몇 달이 걸릴 수도 있으며, 에이야피야 틀라요쿨 화산 폭발과 같은 상황에서는 이러한 항목들의 우선순 위가 낮아질 수 있다. 불확실성은 언제나 존재하기 마련이지만, 어떤 IWIK는 데이터 출처에 대한 신뢰 수준이 너무 낮아 신뢰 할 수 있는 답을 얻지 못할 수도 있다. 이 역시 우선순위에서 밀 려날 수 있다. 마지막으로, 특정 IWIK에 답하는 과정 자체가 리 스크를 수반할 수도 있다. 예를 들어, 특정 IWIK에 대한 답을 구 하려 노력하는 과정에서 한편으로는 당신이 이 주제를 조사하고 있다는 사실이 경쟁자에게 알려질 수도 있음을 명심하라.

해결해야 할 본질적인 질문은 시간, 리스크, 신뢰라는 의사결 정 속성들 사이에서 적절한 균형을 이루어야 한다. 물리학에서 '보일의 법칙'은 기체의 압력, 부피, 온도 간의 관계성을 설명한 다. 기체의 상태와 거동은 이 세 변수의 변화에 따라 설명할 수 있다. 마찬가지로, 의사결정을 둘러싼 조건들도 시간, 리스크, 신뢰의 영향을 받는다. 만약 어느 한 차원이 바뀌면, 이는 나머 지 두 차원과 의사결정 프로세스 전체에 영향을 미치게 된다. 세 가지 차원 중 단 하나, 혹은 이상적으로 두 가지 차원만이라도 명확히 파악한다면, 의사결정 과정 자체가 훨씬 개선된다. 세 가 지 차원 모두를 명확히 이해한다면, 의사결정자가 좀 더 강한 확 신을 가지고 결정을 내리며 실행에 옮길 수 있을 것이다.

- 의사결정의 목표와 일정, 그리고 결정에 참여해야 할 대상에 대해 이해관계자들과 합의한 후 논의를 시작하라.

- 내려야 할 의사결정 자체와 그것이 조직에 미칠 영향 모두에 대해 시간, 리스크, 그리고 신뢰의 요소를 파악하라.

- 해당 의사결정이 되돌릴 수 있는지 여부를 고려하고, 만약 되돌릴 수 없는 경우라면 이를 되돌릴 수 있는 방법이 있는지 검토하라.

- 모호성과 불확실성이 높은 경우, 인접 영역을 조사하여 관련된 인사이트를 찾고, 그 간극을 메울 계획을 문서화하라.

- '정확하게 틀리는 것'보다 '대략적으로라도 옳은 것'에 집중하라. 데이터가 완벽하지 않더라도 확보할 수 있는 최선의 데이터를 구하라. 완벽한 데이터의 유무와 상관없이 결정(그것도 훌륭한 결정)은 내려져야 한다.

- 상호 배경이 다른, 다양한 전문성을 가진 대규모 팀을 참여시켜라.

8장.

의사결정의 전달

■ 나는 대리석 안에서 천사를 보았고, 그를 자유롭게 해줄 때까지
깎아 내려갔다.

– 미켈란젤로

정량적 직관 프레임워크의 세 가지 기둥인 정밀한 질문하기,
IWIK 및 역방향 접근법, 그리고 맥락 분석 및 종합을 거치면서,
당신은 직관적 신호와 정량적 신호를 삼각 측량하여 하나의 결
정을 이끌어냈다. 그 결정은 거의 숨겨져 있거나, 혹은 깊이 묻
혀 있었을 수도 있지만, 이제 당신은 새로운 '진실'을 알게 되었
다. 그리고 바로 여기에 마지막 장애물이 있다. 도출된 통찰과
제안 사항, 그리고 그 정당한 근거들은 당신 혹은 이 데이터 중
심의 여정을 함께한 소수의 동료들만이 알고 있다. 이제 이 시점
에서 이해관계자들을 설득하고 그들의 지지를 얻기 위해 당신은

무엇을 해야 하는가?

의사결정에 도달하는 것도 중요하지만, 그 결정이 가치를 갖기 위해서는 행동에 옮기는 단계가 필수적이다. 의사결정은 종종 개인적인 차원에서 이루어지기도 하지만, 일반적으로는 최소한의 인지 단계에서부터 조직 전반의 협력과 동의를 얻기 위한 이해관계자 관여에 이르기까지 타인을 포함하기 마련이다. 이해관계자의 행동을 이끌어내기 위해 결정을 전달하는 이 마지막 단계는 '의사결정의 전달'이라고 볼 수 있으며, 만약 이 과정이 제대로 이루어지지 않는다면 이전의 모든 노력을 헛수고로 만들 위험이 있다.

의사결정에서의 스토리 아크

스토리텔링은 인류의 역사만큼이나 오래되었으며, 국가와 대륙뿐만 아니라 시대 전체를 초월한다. 인간은 의사소통을 위해 이야기를 들려주는 몇 안 되는 종 중 하나이다. 꿀벌이 서식지나 꽃가루의 위치를 알리기 위해 일종의 이야기를 동료들에게 전달한다는 사실은 널리 알려져 있다. 많은 이들이 개와 소통하고 있다고 느끼며, 심지어 그 소통이 양방향이라고 생각하기도 한다. 그러나 인간은 과거와 현재를 관통하고 미래의 가능성으로 이어지는 연대기적 구조를 바탕으로 서사와 스토리 아크(Story Arc, 문학이나 영화에서 이야기가 시작되어 갈등이 고조되었다가 해결에 이르는 서사의 흐름. 이 책에서는 정량적 직관 프레임워크 중 이해관계자가 쉽게 이해하고 받아들일 수 있도록 논리적이고 감정적인 기승전결을 갖춘 구조로 재구성하는 것을 의미한다. -옮긴이)를 활용하여 상세한 메시지를 전달한다는 점에서 독보적이다. 이러한 방식은 인간이 다른 사람과 이해를 공유하고, 인지 가능한 패턴 안에서 의미를 찾으며, 자신의 중요한 주장을 기억에 남는 방식으로 타인에게 각인시키는 데 도움을 준다. 스토리텔링의 힘은 아무리 강조해도 지나치지 않다. 마치 장난기 많은 아이를 재우려 할 때만큼이나 기업 환경에서 스토리텔링의 힘을 활용하는 것은 매우 중요하다. 동굴 거주 시절 인류의 초기 메시지는 원시적이었으나 생존을 위해 필수적이었으며, 궁극적으로 최초의 부족 공동체를 형성하는 데 기여했다. 오늘날의 스토리텔링은 층층이 쌓인 세부 정보, 역사적 관점, 그리고 멀티미디어 형식을 활용하여 정서적 유대를 형성한다. 스토리텔링은 단순히 즐거움을 주는 차원을 넘어 정보를 이해하기 쉽고 기억에 남게 만든다.

이야기 구조의 스토리 아크는 익숙한 패턴을 제공함으로써 청중에게 안도감을 준다. 조지프 캠벨의 《영웅의 여정》[1]에서 저자는 스토리 아크를 17단계로 설명하며, 이는 크게 세 단계로 묶일 수 있다. 3막으로 구성된 연극과 마찬가지로, 제1막인 '출발(Departure)'은 앞으로의 여정을 정의한다. 의사결정의 관점에서 보면, 제1막은 2장과 3장에서 탐구한 과정인 문제의 프레임을 설정하기 위한 IWIK와 본질적인 질문의 정의를 통해 정교하게 구축될 수 있다. 극작가가 '대립(Confrontation)'이라 부르고 캠벨이 '입문(Initiation)'이라 일컬은 제2막은 본격적인 행동이 탐구되는 단계이다. 여기서는 정황 분석과 함께 질문하는 마인드셋과 추정 기법을 활용하여 정보를 맥락에 배치하고, 가설과 세부 사항들을 압박 테스트한다. 제3막은 '해결(Resolution)' 또는 '귀환(Return)'의 단계이다. 이 단계에서 우리는 시간, 리스크, 신뢰라는 차원과 제약 조건들을 삼각 측량하면서 결론을 도출하고 종합 기법을 사용한다. 바로 이 지점이 이해관계자들이 실제로 의사결정에 도달하는 순간이다.

스토리 아크 구조에 더해, 우리는 의사결정의 각 단계를 거쳐 가는 페르소나들의 존재를 인식한다. 핵심 페르소나는 도전에 직면한 '영웅'이다. 비즈니스에서 영웅은 대개 기업 자신이 아니라 바로 고객이다. 최고의 광고는 제품이나 서비스 제공자가 아닌 고객에게 그 초점을 맞춘다. 물론 예외는 존재하는데, 보통 애플이나 나이키처럼 특정 라이프스타일 브랜드 중심으로 커뮤니티가 형성되는 경우이며, 이럴 때 스토리텔링은 브랜드 자체를 영웅으로 삼아 그 브랜드에 애착을 느끼는 어조를 띠게 된다.

일반적으로 고객인 '영웅'은 도전을 완수하고 변화할 수 있도록 돕는 '변화의 조력자(Change Agent)'를 만나게 된다. 이 조력자는 대부분 제품이나 서비스를 제공하는 당신 자신이다. 영웅은 조력자의 도움을 받아 주요한 업적을 달성함으로써 마침내 '결승선'을 통과한다. 이 과정을 통해 '교훈'이 드러나며, 이는 조력자의 역량과 영웅의 인내심, 그리고 영웅이 더 크게 성공할 수 있는 기회에 대한 근본적인 진실을 보여준다. 만약 이 구조가 익숙하게 느껴진다면, 실제로 그러하기 때문이다. 대부분의 아동용 동화는 물론 수많은 소설과 영화가 도입, 갈등, 해결, 그리고 교훈이라는 이 구조를 따른다. 이러한 단순한 흐름은 모든 연령대의 청중을 대상으로 하는 스토리텔링에서 명확하고 효과적이다.

물론 인간의 의사소통 방식이 갖는 현실적 한계와 다루어야 할 정보의 복잡성은 이 단순한 구조를 더 복잡하게 만들 수 있다. 비즈니스 스토리텔링에서 해결해야 할 간극은 작업의 시작 단계부터 드러난다. 우리는 해결해야 할 도전 과제나 문제에 대해 구체적인 합의를 이루었는가? 그것을 명확하게 설명할 수 있는가? 데이터가 이 사례를 뒷받침하는가? 왜 지금 이 문제를 다루어야 하며, 이것이 우리 사업 전략과 부합하는가? 왜 이 문제가 우리 고객과 이해관계자들에게 우선순위인가? 변화의 조력자(회사의 제품이나 서비스)인 우리에게, 영웅인 고객이 자신들의 도전 과제를 해결하도록 도울 수 있는 '브랜드 권한(brand permission)'을 부여했는가? 그리고 이것이 조력자인 우리가 의식적으로 해결하기(투자하기)로 선택한 과제이며, 이를 중심으로 새로운 수익원을 창출하기를 원하는가?

이러한 질문들이 부담스럽게 느껴질 수 있지만, 본질적인 질문을 정의하기 위한 IWIK와 역방향 접근법, 그리고 이를 고객의 북극성 및 우리 비즈니스의 북극성과 연계하는 등 우리가 탐구해 온 기법들을 체계적으로 적용하면 해결 가능하다. 이해관계자와 영향력 행사자들로 구성된 청중이 이에 동의하는가? 이 지점에서는 스토리텔링이 여기에서 중심이 되는 기술이다. 당신은 이해관계자들과 주요 당사자들에게 무엇을 하라고 제안할 수 있는가? 당신은 정보와 직관을 명확하게 종합하여 공유함으로써 그들이 이 사안에 관심을 가져야 할 근거를 제시해야 한다. 그렇지 않으면, 그 결정은 '진행 불가'라는 쉽고 빠른 거절로 이어질 것이다.

서사의 조정

우리는 모두 스스로가 훌륭한 스토리텔러라고 생각하는 경향이 있다. 결국 우리는 하루 종일 자기 자신에게 자신의 이야기를 들려주기 때문이다. 우리는 스스로를 위해 서사를 만들고, 방금 나눈 대화나 시간이 흐르며 타인과 겪은 상호작용을 되돌아본다. 우리는 끊임없이 스토리텔링 기술을 연습하며, 스스로의 기록자로서 서술하는 목소리는 언제나 우리 곁에 존재한다. 하지만 그 목소리는 객관적인가? 우리의 서사는 어떤 세부 사항에 초점을 맞추고 있는가? 데이터인가, 사람인가, 사건인가, 아니면 더 광범위한 상황과 같은 주제인가?

서술하는 목소리는 대개 편향을 증폭시키지만, 정량적 통찰과 직관적 통찰 사이의 균형을 맞추며 객관적인 관점을 통합하고 존중해야 한다. 이러한 이분법적 사고 때문에 우리는 타인을 '숫자에 강한 사람' 혹은 '관계에 강한 사람'으로 구분하곤 한다. 하지만 실제로 우리는 두 가지 면모를 모두 가지고 있다. 수학을 어려워한다고 주장하는 이들조차 숫자가 갖는 의미와 함의에 대해서는 깊이 있는 대화를 나눌 수 있다. 반대로 데이터 과학자는 자신의 숫자가 옳다는 것을 단순히 직관에 근거해 스스로 확신할 수도 있다. 어떤 경우든, 자신의 스토리텔링 능력에 대한 스스로의 평가가 청중들의 평가와 일치하는가?

지리가 우리의 사고방식에 미치는 영향에 관한 〈BBC 퓨처〉 보고서[2]에 따르면, '기차, 버스, 선로'와 같은 단어 목록에서 관련 있는 두 항목을 고르라는 질문을 받았을 때, 서구권 사람들은 둘 다 탈것의 종류라는 이유로 '버스'와 '기차'를 선택할 가능성이 높다. 반면 전체론적 사고를 하는 사람은 '기차'와 '선로'를 선택하는데, 이는 한 항목이 다른 항목의 기능을 수행하는 데 필수적이라는 기능적 관계에 집중하기 때문이다. 마찬가지로 비즈니스 문제가 다양한 분야의 리더들(재무, 마케팅, 제품 개발 등)에게 제시될 때, 그들은 각자 서로 다른 결론을 도출하게 된다. 그들은 각자 정보를 바라보던 기존의 관점대로 데이터를 해석할 것이다. 당신이 유능한 스토리텔러라면, 이는 이해관계자들이 당신이 들려줄 이야기에서 무엇을 해석해낼지 깊이 있게 파악하여 서로 다른 그룹 간의 협력과 합의를 이끌어낼 수 있는 기회이다.

당신이 도출한 종합적인 판단과 공들여 내린 결론을 전달하러 회의실에 들어가기 전, 청중이 누구인지, 그들이 어떤 배경을 가졌으며 무엇을 원하는지를 정확히 파악하는 것이 매우 중요하다. 또한 당신이 마주치게 될 다양한 페르소나들에 대해 철저히 준비해야 한다. 당신의 청중에게는 당신이 헤쳐 나가야 할 다양한 페르소나들이 존재한다. 앞서 7장에서 살펴본 딜로이트 '비즈니스 성격 유형 분석' 외에도, 우리가 다음과 같이 부를 수 있는 다양한 사람들을 만나게 될 것이다. 데이터 분석가나 데이터 과학자인 빌리 넘버스, "더 많은 데이터를 보고 싶다"라며 끊임없이 요청하는 시모어 와이, 이해관계자이자 최종 의사결정자인 실버 서퍼, 그리고 당신의 옹호자이자 비즈니스 사례의 정확한 조건을 충족하도록 조율하고자 하는 관리자이며, 비즈니스 사례를 꿰뚫고 있는 크리스가 그들이다. 이들 각 캐릭터는 마케팅, 재무, 제품 개발, 영업, 운영 등 어느 부서에나 존재할 수 있지만, 그 영향력은 동일하다. 그들은 자신의 관점을 수호하는 문지기들이며, 이들을 당신의 편으로 끌어들이는 것이 바로 당신의 임무이다.

각 페르소나는 의사결정을 촉진하거나, 혹은 반대로 고통스럽게 지연시키는 저마다의 독특한 역할을 수행한다.

· **빌리 넘버스:** 스프레드시트와 데이터에 정통하며, 당신의 발표 내용을 철저히 파헤치고 분석 방식에 의문을 제기함으로써 자

신의 상사인 최종 의사결정자 실버 서퍼에게 자신의 가치를 증명해야만 하는 존재이다. 데이터에는 타당성 여부와 상관없이 언제나 고려 가능한 또 다른 관점과 분석 방식이 존재하기 마련이다. 반드시 회의의 요점과는 상관이 없을 때도 이들은 데이터와 분석에 치중하는 경향이 있다. 그래서, 당신의 목표는 빌리 넘버스가 대화의 흐름을 본질적인 질문에서 이탈시켜, 왜 이 분석에 'A'라는 방식 대신 자신이 최근 학술 기사에서 접한 'B'라는 방식을 쓰지 않았느냐는 식의 지엽적인 논쟁으로 끌고 가지 못하도록 방어하는 것이다. 빌리 넘버스에게는 발표 자료의 본문이 아닌, 데이터와 분석 수치가 보강된 상세 부록을 안내하는 것이 효과적이다. 이는 당신이 스토리 아크에 집중하는 동안 빌리 넘버스가 그 수치들을 탐구하느라 몰두하게끔 도와줄 것이다. 만약 청중 속에 빌리 넘버스 유형이 여러 명 있을 것으로 예상된다면, 빌리 넘버스의 질문에 정확하게 답변할 수 있는 데이터 분석가를 데려가는 것이 좋다. 그 사이에 당신은 최종 의사결정자인 실버 설퍼에게 최종 제안을 열심히 설득하면 된다. 빌리 넘버스가 던지는 세부적인 데이터 질문이 매우 중요하며, 데이터에 대한 치열한 검증이 필수적인 단계임을 그가 확신하게 만드는 것 또한 중요하다. 결국 빌리가 반드시 당신의 분석에서 허점을 찾아내려 애쓰는 것은 아니다. 그는 아마도 주로 자신의 상사들에게 깊은 인상을 남기려 노력 중일 가능성이 크다. 그의 마음을 당신의 편으로 붙들어 두기 위해, 그의 질문이 가치 있어 보이게 만들되 당신이 궁극적으로 말하고자 하는 결론의 핵심이 비켜 나가지 않도록 주의해야 한다.

· **시모어 와이:** 회의의 흐름이 끊길 때마다 "왜 그렇죠?"라고 묻거나 "자세한 내용을 보여주세요"라고 끝없이 요구하는, 무한한 인내심을 가진 현업 부서 관리자이다. 그 어떤 비즈니스 사례도 시모어로부터 안전하지 않으며, 그는 대화의 진전 여부와 상관없이 회의 종료 벨이 울릴 때까지, 때로는 그 이후까지도 질문을 멈추지 않는다. 시모어를 관리하기 위해서는 본질적인 질문의 중요성과 당면한 문제의 해결책을 찾아야 할 필요성을 계속 강조해야 한다. '무엇인가(What?)', '그래서 어쨌다는 것인가(So what?)', 그리고 '이제 무엇을 할 것인가(Now what?)' 사이의 차이를 명확히 구분하고, 논의를 '무엇인가'에서 '그래서 어쨌다는 것인가'로, 궁극적으로는 '이제 무엇을 할 것인가'의 단계로 신속히 진전시키는 것이 중요하다. 시모어의 더 많은 데이터를 요구하는 반복적인 요청을 무작정 들어주기보다는, 더 많은 데이터를 얻는 것이 지금 현재로는 가치가 없음을 알려줘야 한다. 즉, 행여나 새로운 데이터를 얻는다 하더라도 그것이 최종 제안 사항의 핵심을 관통하는 우리의 행동 방침을 바꿀 가능성이 희박하다는 사실을 설득해야 한다.

- **실버 서퍼:** 우리의 이해관계자인 실버 서퍼는 모기의 주의력만큼이나 짧은 집중력을 가지고 있으며, 회의의 내용보다는 아이폰을 손에 쥐고 신경을 뺏겨 있다. 과거 그들은 블랙베리를 그렇게 사용했었다. 회의 시간 중에는 대개 초반부에 실버 서퍼의 관심과 승인을 얻을 수 있는 찰나의 순간이 존재하지만, 만약 그 기회를 놓친다면 당신은 한 시간 내내 빌리, 시모어와 씨름해야 할 것이다. 실버 서퍼는 당신의 핵심 청중이다. 발표 내내, 특히 요약 보고서와 주요 제안 사항을 설명할 때는 실버 서퍼와 눈을 맞추는 것이 매우 중요하다. 실버 서퍼가 제안 사항을 어느 정도나 수용할지 가늠해 보고, 필요하다면 그들에게 직접적으로 질문을 던져 의중을 파악하라. 앞선 6장에서 다루었듯이, 정보 종합의 일환으로 수익성을 최우선 순위로 내세우는 전략은 실버 서퍼와 소통할 때 특히 중요하다. 분석의 아주 세부적인 내용에 도달했을 때 실버 서퍼가 집중력을 잃더라도 낙담하지 마라. 대신 주요 제안 사항을 요약할 때 목소리를 부드럽게 높이거나, "회사를 위한 핵심 제안 사항으로 돌아가서 말씀드리면"과 같은 신호를 사용하여 그들을 다시 주요 안건 논의의 장으로 불러들여야 한다.

- **크리스:** 비즈니스 챔피언 크리스는 규율의 수호자 같은 존재로, 비즈니스 케이스가 완벽하게 검토되고 기대치를 뛰어넘는 성과를 보일 때에만 긍정적인 반응을 보인다. 크리스는 사실 당신의

옹호자이자 코치이지만, 동시에 프로세스의 신봉자이기도 하다. 당신의 분석과 제안 사항을 발표할 때 크리스의 체면을 세워주도록 유의해야 한다. 크리스는 종종 당신을 이 자리에 불러들인 장본인이며, 당신과 크리스의 성공은 서로 밀접하게 연결되어 있다.

때로는 앞에서 언급한 페르소나들이 더 많이, 혹은 무리 지어 나타날 수도 있다. 당신의 사려 깊은 비즈니스 사례에 귀를 기울이기보다는, 마치 서커스 음악이라도 틀어놓은 듯 소란을 피울 태세를 갖춘 다섯 명의 '빌리'와 두 명의 '시모어'가 모인 상황을 상상해 보라. 스토리텔러는 그들의 집요한 질문에 정면으로 맞서기보다, 각 캐릭터가 어떤 질문을 던질지 미리 예상하고 전략을 세워야 한다. 즉, 동료의 관점을 서사에 통합하여 질문에 미리 답하거나, 상세 부록에 적절한 정보를 배치해 그들이 읽어보도록 안내함으로써 질문을 무력화하거나, 혹은 정중하게 해당 질문을 나중으로 미루어 그룹의 관심을 본질적인 질문으로 되돌리고 의사결정을 향해 나아가도록 유도해야 한다. 심지어 회의 중에 이러한 페르소나들의 존재를 단순히 인지하는 것만으로도 의사소통 목표를 달성하는 데 큰 진전이 될 것이다. 당신은 목표에 집중력을 유지하면서, 일방적으로 콘텐츠를 전달하는 것이 아니라 필요하다면 콘텐츠의 내용을 오고 가면서 다양한 유형의 질문자들을 관리할 준비를 해야 한다.

스토리텔링이 왜 그토록 강력한지에 대해 우리는 수많은 시간을 들여 그 다각적인 이유를 토론할 수도 있겠지만, 결국 하나의 단순한 진실로 요약될 수 있다고 생각한다. 그것은 바로 의미를 파악하는 일이 사실 관계를 넘어선 다른 차원들에 달려 있다는 점이다. 그렇다면 이것이 구체적으로 무엇을 의미하는가?

해석은 특정 단어에 담긴 감정이나 심지어 어조에 의해서도 복잡해진다. 다음 문장을 예로 들어보자. "나는 그녀가 내 돈을 훔쳤다고 말한 적은 한 번도 없다." 잠시 시간을 내어, 이 문장이 전하는 핵심 메시지가 무엇이라고 생각하는지 고민해 보라.

이제 다음의 나열된 문장들을 소리 내어 읽어보라. 이때 굵게 강조된 단어에 힘을 주어 읽어보라.

"**나는** 그녀가 내 돈을 훔쳤다고 말한 적은 한 번도 없다."
"나는 **그녀가** 내 돈을 훔쳤다고 말한 적은 한 번도 없다."
"나는 그녀가 **내 돈을** 훔쳤다고 말한 적은 한 번도 없다."
"나는 그녀가 내 돈을 **훔쳤다고** 말한 적은 한 번도 없다."
"나는 그녀가 내 돈을 훔쳤다고 **말한 적은** 한 번도 없다."
"나는 그녀가 내 돈을 훔쳤다고 말한 적은 **한 번도** 없다."
"나는 그녀가 내 돈을 훔쳤다고 말한 적은 한 번도 **없다.**"

이처럼 각 문장의 소리, 멈춤, 그리고 강조된 단어에 따라 그 문장이 의도한 의미, 즉 전달하고자 설계된 메시지가 즉각적으로 달라진다. 이는 매우 자명하다.

첫 번째 문장에서 함축하는 의미는 화자가 돈을 도난당했다는 사실 자체를 문제 삼는 것이 아니라, '그녀'가 도둑질을 했다고 비난한 사람이 다름 아닌 '나'는 아니었다는 사실이다. 두 번째 문장에서는 그녀가 실제로 돈을 훔쳤을 수도 있지만, '나'는 그것을 입 밖으로 내어 '말'한 적은 없다는 뜻을 내포한다. 한편, 세 번째 문장은 그 돈이 애초에 '내 것'이 아니었을 수도 있다는 점을 시사하는 듯하다. 네 번째 문장에서의 강조는 '훔쳤다'라는 단어에 문제가 있음을 암시하며, 어쩌면 단순히 빌려 간 것일 수도 있다는 의미를 담는다. 마지막 문장은 도둑맞은 대상이 정말 '돈'이었는지 의문을 제기할 수 있다. 돈이 아닌 전혀 다른 것일 수도 있다.

이 예시가 다소 단순하거나 심지어 기발해 보일 수도 있지만, 실제로 심리학자들은 추론이 얼마나 중요한지를 설명하기 위해 이 문장을 사용한다. 즉, 좌뇌와 우뇌 사이의 상호작용은 의사결정을 내릴 때 무엇보다 중요하며, 이는 아마도 정량적 직관에 내재된 끊임없는 균형 잡기 과정을 보여주는 최적의 예시일 것이다. 더 근본적으로, 이 예시는 이야기가 어떻게 전달되느냐에 따라 메시지가 완전히 바뀔 수 있으며, 심지어 혁신적으로 변화할 수도 있다는 스토리텔링의 기초적인 중요성을 잘 보여준다.

이제 데이터에 기반한 의사결정을 전달해야 하는 더 현실적이고 복잡한 상황을 생각해 보자. 동일한 수치의 데이터 세트를 보더라도 의사결정자마다 서로 다른 결론을 내릴 수 있다. 게다가 숙련된 스토리텔러는 자신의 제안 사항이나 결정을 뒷받침하기 위해 데이터나 분석의 특정 측면을 다르게 강조하기도 한다. 이는 양날의 검과 같아서, 타당하고 탄탄한 결론을 뒷받침하는 데 사용될 수도 있지만, 한편으로는 특정 의도에 부합하는 결정을 추진하기 위해 데이터의 특정 부분만을 입맛에 맞게 골라 강조하는 '체리 피킹(cherry-picking)'에 악용될 수도 있다.

지난 수 세기 동안 발생한 분쟁으로 인한 전 세계 사망자 수를 나타낸 [자료 8-1]을 살펴보자. 앞선 예시에서 문장의 서로 다른 단어에 강조점을 두었던 것과 마찬가지로, 스토리텔러가 강조하고자 하는 지점이나 그들이 본래 가진 낙관주의 또는 비관주의의 정도에 따라 이 자료를 설명하는 방식은 달라질 수 있다. 가령, 어떤 이는 지난 50여 년간 인구 대비 사망률이 감소했다는 점을 강조하며 세상이 더 안전한 곳이 되고 있다고 결론을 내릴 수 있다. 반면 다른 이는 지난 세기 동안 분쟁이 더 빈번하게 발생했고 분쟁당 사망자 수(원 크기의 확대)가 증가했다는 점을 강조하며, 대규모 인명 피해를 동반하는 분쟁의 위험이 커졌음을 강조할 수도 있다. 또 다른 발표자는 선 그래프에서 나타나는 주기성에 집중하여, 우리가 조만간 또 다른 대규모 분쟁을 겪게 될 위험이 있다는 점을 부각할 수도 있다. 동일한 그래프를 바라보는 이러한 각양각색의 관점은 본질적으로 서로 다른 결론으로 이어질 수 있다. 이러한 서로 다른 서사들은 단순히 스토리텔러들이

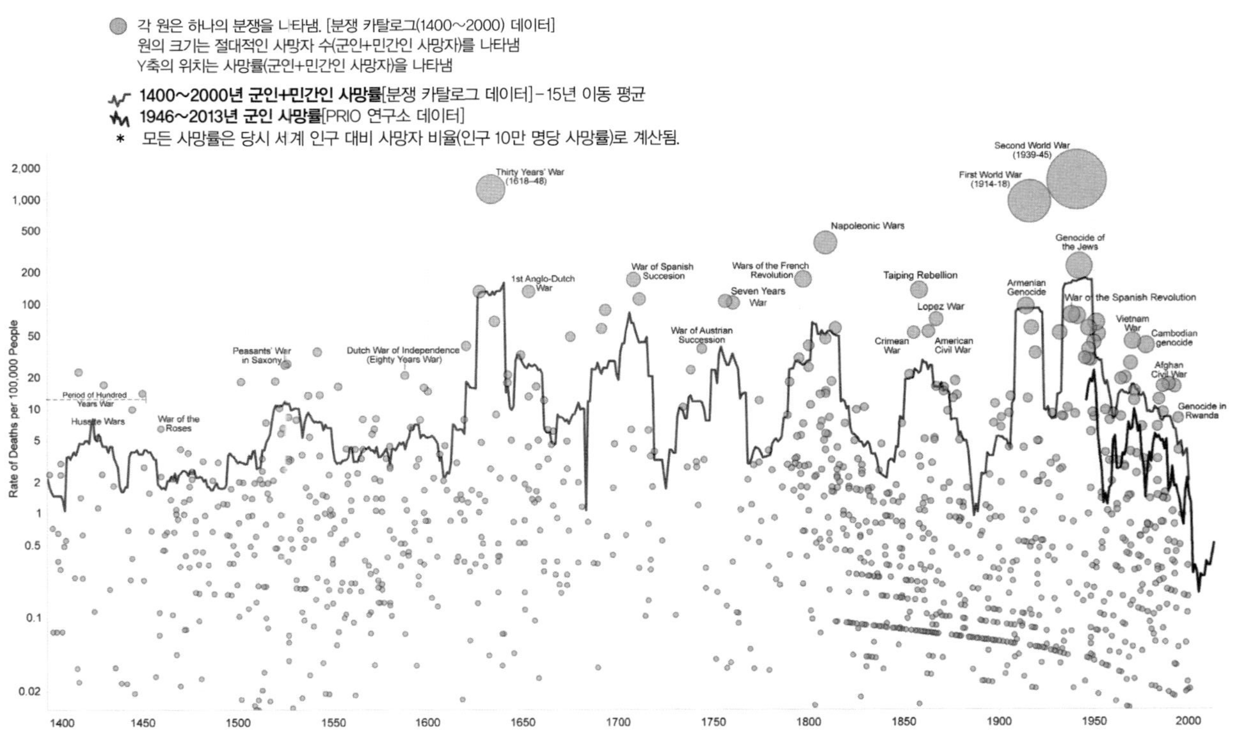

[자료 8-1] 1400년 이후 분쟁으로 인한 전 세계 사망자 수

취한 각기 다른 관점에서 비롯된 것일 수 있다. 그러나 더욱 경각심을 가지고 봐야 하는 부분은 스토리텔러가 가진 특정한 의도가 집중하고자 하는 지점으로 이끈다는 점이다. 데이터에 대한 치열한 검증가라면, 가능한 대안적 서사들을 파악하기 위해 이 자료를 더욱 폭넓은 관점에서 바라볼 것이며, 쉽게 결론 내리지 않을 것이다.

정밀한 스토리텔링에도 불구하고, 우리는 모두 모호함에 둘러싸여 있다. 그것이 단어 자체의 의미에서 비롯된 것이든, 문장 구조나 논거에 대한 해석이든, 혹은 개념의 근본적인 범위와 관련된 문제이든 마찬가지다. 인간은 특히 구어(spoken word)를 통해 모호하게 소통하는 경우가 많으며, 그래서 우리는 각자 사물의 정확한 의미를 분석하고 검토해야 한다는 강박을 느끼곤 하지만, 정작 그 본질에 가까이 다가가는 경우는 드물다. "우리는 옳은 일을 할 것이다"라는 말은 매우 모호하지만, 동시에 위안과 최선의 의도를 내포한다. '옳은 일'이라는 표현은 도처에서 쓰이지만, 결코 제대로 정의된 적이 없다. 여기서 옳은 일은 법치(Rule of Law)를 말하는 것인가, 아니면 황금률(Golden Rule)을 말하는 것인가? 심지어 히포크라테스 선서에 나오는 '해를 끼치지 말라'라는 말이 실제로 무엇을 의미하는지조차 우리는 정말로 온전히 확신할 수 있는가?

나아가 앞서 설명한 다양한 페르소나를 포함하여 모든 회의 참여자는 각기 다르며, 동일한 정보라도 저마다 다르게 해석할 수 있다. 겉보기에 단순한 문장조차 여러 방식으로 해석될 수 있다면, 의사결정을 위해 복잡한 세부 사항을 전달해야 하는 사람은 메시지를 최대한 단순화하고 각 이해관계자가 그 정보를 어떻게 받아들일지 미리 고려하는 것이 가장 좋다. 만약 한 그룹의 일원이 되어 마음속으로 꽃 이름을 하나만 지어보라는 요청을 받는다면, 당신은 물론 그 자리에 있는 모든 이들이 각자 머릿속에 가장 먼저 떠오르는 꽃 이름을 대기 마련이다. 결과적으로 청중의 마음속에는 온갖 꽃이 섞여 있는 정원이 생겨나겠지만, 정작 스토리텔러는 이야기의 핵심 포인트로서 특정한 단 하나의 꽃을 염두에 두었을 수 있다. 이야기의 단순한 요소조차 이처럼 여러 갈래로 해석될 수 있다면, 한 집단이 영업 스프레드시트나 재무 보고서, 혹은 의료 기록을 평가할 때 어떤 일이 벌어질지 생각해보라. "꽃 이름을 말하라"라는 과제가 수많은 결과를 낳는 것처럼, 가이드가 없는 스프레드시트 검토는 다수의 서로 다른 관점을 양산하고, 결국 검토하는 팀 내에서 주의를 분산시키는 덜 중요한 주제들을 다루느라 노력을 낭비하게 만든다.

스토리텔러는 여러 의사소통 단계에서 진정으로 중요한 요점들을 강조함으로써 토론의 초점을 통제할 수 있다. 6장에서 언급했던 것처럼, 시작 단계에서의 최상단 메시지는 반드시 그 결정이 가져올 '최종적인 가치'를 강조해야 한다. 저널리즘에서는 이를 '핵심 메시지를 불명확하게 하지 말 것(not burying the lead)'이라고 표현하는데, 이는 핵심 메시지나 제안 사항을 명확히 제시하여 그것이 논의를 주도하도록 보장하기 위함이다.

논의 과정에서 고려해야 할 핵심 요소에 집중하게 만드는 또 다른 방법은, 추진하고자 하는 주요 의사결정을 뒷받침하는 세부 사항과 사례들을 확대시키는 것이다. 이러한 핵심 요소들은 광고나 마케팅 커뮤니케이션에서는 명확하게 드러나지만, 여기에 데이터가 포함될 때는 그 명확성이 떨어지곤 한다. 광고주는 이슈와 속성을 빠르게 부각하는 데 능숙하며 이를 명시적으로 표현한다. 즉, 단순히 '꽃'이라고 뭉뚱그리지 않고 '장미'라는 구체적인 이름을 불러주는 식이다. 브랜드들은 청중이 흡수하기 효율적이고 이해하기 쉬우며 기억에 남는 '스파클러(sparkler, 주의를 즉각적으로 사로잡고 기억에 오래 남도록 설계된 강력하고 명확한 메시지 도구-옮긴이)'를 앞세워 대화를 주도한다. 스파클러는 비교와 맥락을 제공하며(예: "우리 제품은 50% 더 빠르고, 저렴하며, 더 좋습니다"), 종종 현재의 이슈를 반영하기도 한다(예: "100% 재활용 가능한 소재로 현지에서 조달됩니다" 또는 "우리의 미션은 2030년까지 모든 제품을 지속 가능한 방식으로 생산하는 것입니다").

우리는 매 분기 월스트리트에서 실적이 좋은 기업이 재무 성과를 전면에 내세우는 모습을 목격한다. 이러한 기업의 진전과 성공은 데이터를 통해 명확히 드러나며 전달하기도 쉽다. 반면, 기대에 못 미치는 실적이나 장기 목표 대비 미묘한 진척 상황을 발표해야 하는 기업들은 자신들의 실적과 상황을 유리하게 배치하기 위해 서사(narrative)부터 시작한다. 당시 IBM은 샘 팔미사노 회장 체제하에서 주당순이익(EPS)을 2006년 6달러에서 2010년

10달러로 늘리고, 2015년까지 그 두 배로 만들겠다고 약속했다. 이러한 진행 상황의 신뢰성과 재무적 규율이라는 서사는 월스트리트의 환영을 받았지만, 그 스토리텔링은 인력, 제품, 미래 투자의 자금을 전용함으로써 발생한 문제점들을 교묘히 비껴갔다.

메시지의 효과는 사실과 데이터의 활용, 스토리텔링에 담긴 감정, 그리고 줄거리를 강화하는 기억에 남는 상징들을 통해 청중을 얼마나 몰입시키느냐와도 관련이 있다. 론 크로슬랜드의 저서《보이스 레슨(Voice Lessons)》과 보이드 클라크와 론 크로슬랜드의 공저《리더스 보이스》는 몰입과 기억 유지에 관한 뇌과학적 원리를 다루고 있다. 이들의 저서에서 우리는 사실(정량적 데이터 분석의 강조), 감정(직관적 분석의 통합), 그리고 상징이라는 세 가지 요소를 모두 활용할 때 얻을 수 있는 이점을 확인할 수 있다.

청중으로부터 특히 강렬한 감정적 반응을 이끌어내는 이야기는 기억에 잘 남고 회상하기 쉽다는 점에서 가장 효과적일 가능성이 크다.

스토리텔링에서 상징(symbols)의 가치는 의사소통에 또 다른 차원의 층위를 더해준다. 넓은 의미에서 상징은 관계, 연상, 관습, 혹은 심지어 우연한 유사성을 통해 다른 무언가를 나타내거나 암시하는 가시적인 것으로 정의될 수 있다.

상징은 극도로 단순할 수 있지만, 광범위하고 복잡하며 심지어 논쟁적인 연상 작용을 일으키기도 한다. 수학 기호인 파이(π)를 예로 들어보자.

어떤 이들은 이 기호를 단순히 3.14159로 반올림할 수 있는 숫자의 시각적 표현이자, 원의 둘레와 지름의 비율을 나타내는 것으로 이해할 것이다. 하지만 어떤 이들은 이에 격렬히 반대할지도 모른다. 파이(π)가 중세 암흑기에서 벗어나는 사회의 모습과 그 뒤를 이은 신비주의와 과학 사이의 갈등을 어떻게 대변하는지에 대해 책 한 권 분량의 이야기가 쓰어지기도 했다.

다른 예들을 살펴보자. 사자의 단순한 이미지는 용기, 용맹함, 힘이라는 개념을 떠올리게 할 수도 있고, 혹은 특정 브랜드나 회사를 떠올리게 할 수도 있다. 다른 동물들은 사람이나 문화에 따라 각기 다른 개념과 아이디어를 불러일으킬 것이다. 평화의 상징이나 음양을 뜻하는 기호 또한 시대와 보는 이에 따라 다르게 해석될 것이다. 평화의 상징은 지난 5세기에 걸쳐 '평화'에서 '전쟁에 대한 반대'로, 그리고 무지개 패턴일 때는 '포용'의 의미로 진화해 왔다. 저울 이미지의 경우, 어떤 이에게는 농산물을 사고파는 일과 관련이 있겠지만, 전 세계 대다수 사람에게는 '정의'나 '법조계'라는 개념을 가장 잘 요약하는 이미지다.

상징은 그 단순함 속에서도 극도로 강력한 힘을 발휘한다. 왜냐하면 상징은 기억에 오래 남고 감정을 불러일으키며, 숫자나 글자보다 훨씬 더 빠르고 간결하게 정보를 전달할 수 있기 때문이다.

2001년 9.11 테러 20주년 추모 광고에서 버드와이저의 클라이즈데일(Clydesdale) 말들이 경건하게 빈 마차를 끌며 미국 국기

앞에서 고개를 숙이던 장면을 떠올리는 것만으로도 엄청난 감정이 북받쳐 오른다. 이 장면에서 클라이즈데일은 경의와 존중의 상징이 되며, 이는 버드와이저가 소비자의 마음속에 심어주고 싶어 하는 브랜드 가치를 반영한다.

상징은 그 순간 즉석에서 만들어질 수도 있다. 펜과 같은 개인적인 물건을 보여주며 그에 얽힌 이야기나 가족의 유산으로서 갖는 의미를 들려주는 것은 청중에게 잊지 못할 이정표가 될 수 있다. 리처드 도킨스가 저서 《이기적 유전자》[3]에서 명명한 '밈(Meme)'은 "한 사람의 마음에서 다음 사람으로 복제되고 퍼져나가는 아이디어이며, 이제는 인터넷의 파급력을 통해 사회적 의식 속으로 빠르게 침투하고 있다"고 정의된다. 오랫동안 지속되는 수많은 온라인 밈들은 국가적, 심지어 세계적 수준에서 거대한 상징이 되기도 한다. 인터넷에서 'One does not simply(그리 간단히 ~할 수 없다)', 'Distracted boyfriend(한눈파는 남자친구)', 또는 'Condescending Willy Wonka(거만한 윌리 웡카)'를 검색해 보면, 공감대를 형성하는 이러한 밈들이 상징으로서 수천 가지 방식으로 해석되고 있음을 알 수 있다.

우리는 이처럼 사람의 시선을 사로잡는 매혹적인 이미지에 쉽게 휘둘릴 수 있으므로, 그 바탕이 되는 정보는 반드시 균형 잡힌 시각을 제공해야 한다. 극단적인 사례로 앨런 그린스펀 전 연방준비제도 의장이 1990년대 초 인터넷 버블로 이어진 낙관주의의 물결을 설명하기 위해 사용한 '비이성적 과열(irrational exuberance)'을 들 수 있다. 당시 평판 좋은 언론인들은 아직 혁신적인 제품조차 출시하지 않은 스타트업이 몇 년 안에 "미래 수익 20배"를 달성할 것이라는 약속을 반복하고 확대 재생산했다. 아침 금융 뉴스 프로그램의 기자들은 폭발적인 성장을 보여주는 차트를 뒷받침할 유의미한 근거가 전혀 없음에도 불구하고 특정 스타트업의 잠재력을 부각하며 주가를 끌어올렸다. 그들의 어조에는 흔히 놀라움과 함께 파티에 동참하라는 미묘한 제안이 섞여 있었으며, 이는 투자자들의 '포모'를 자극했다. 이는 위험한 스토리텔링이지만, 설득과 감정적 몰입이 가진 강력한 힘을 여실히 보여준다. 또한 이러한 과열 양상이 네덜란드 황금기의 튤립 투기(1634~1637년)부터 1990년대 인터넷 버블, 그리고 최근의 월스트리트 열풍에 이르기까지 역사 전반에 걸쳐 반복된다는 점은 인간의 본성을 잘 나타내준다.

중요한 리더들을 상대로 스토리텔링하기

폴이 IBM에서 일했을 당시, 상사는 폴을 방으로 불러 이렇게 말했다. "지난번 제품 출시는 아주 훌륭하게 처리했네. 하지만 그 일은 이제 끝났어. 이제 다음 문제를 해결해 주게. 이것을 비즈니스로 만들 수 있을지 알아봐." 화이트보드에는 '그리드(grid)'라는 단 한 단어만 적혀 있었다. 그것은 클라우드 컴퓨팅의 전구체이자 핵심 구성 요소였다. 당시 그것은 검증되지 않은 기술이었고, IBM은 이 새로운 기술을 기반으로 수익성 있는 제품 및 서비스 사업이 가능한지 알고 싶어 했다. 상사는 "조사가 끝나면 알려주게"라는 말을 남기고 방을 나갔다.

폴에게는 주장을 입증할 몇 달의 시간이 주어졌다. 그는 제품, 구축 서비스, 운영 및 영업 분야의 전문가들로 구성된 '타이거 팀(tiger team)'을 소집했다. 그들은 신속하게 기본적인 서비스 상품군을 만들고 초기 잠재 고객들을 대상으로 반응을 테스트했다. 또한 기존 역량과 제품 사이의 적합성을 모델링해야 했으며, 고객 거래 유형에 따라 기대할 수 있는 수익률이 어느 정도인지 산출해내야 했다.

폴과 팀은 더 많은 잠재 고객들을 인터뷰하며 일정한 패턴이 형성되는 것을 확인했고, 이를 바탕으로 다음 단계 고객들을 위한 컨설팅 및 시스템 통합 제안 서사를 발전시켰다. 또한 산업별 활용 사례도 신속하게 식별해 나갔다.

몇 달 후, 폴은 다섯 명의 중요한 이해관계자 앞에서 발표를 진행했다. 서로 다른 제품 및 서비스 라인을 대표하는 네 명의 IBM 총괄 책임자들과 마케팅 부사장이 그들이었다. 이번 회의는 그동안 학습한 내용을 바탕으로 상당한 규모의 자금을 확보하기 위한 자리였다. 폴은 대부분의 이해관계자를 잘 알고 있었지만, 더 중요한 것은 그들의 목표를 꿰뚫고 있었으며, 타이거

팀에 그들 각 부서의 팀원들을 참여시키고 있었다는 점이다.

폴은 이번 조사의 목적이 신기술을 활용해 실행 가능하고 수익성 있는 비즈니스를 구축할 수 있는지 판단하는 것이라고 밝히며 발표를 시작했다. 이어서 다음과 같이 말했다. "우리는 120일 동안 아시아, 유럽, 북미, 남미 전역에서 78곳의 고객사를 확인했습니다. 저는 그중 상당수를 직접 만났고, 다음과 같은 관심사와 구매 패턴을 발견했습니다." 폴은 그들의 주의를 단번에 사로잡았다. 그 후 폴은 각 이해관계자를 위한 사례를 하나씩 짚어보며 고객의 니즈, 새로운 서비스로 해결 가능한 문제, 그것이 각자의 기존 사업 라인과 어떻게 확장 연결되는지, 고객의 생생한 말 그대로 인용하고, 그러한 성공 사례가 전체 잠재시장(TAM)으로 어떻게 확장될 수 있는지에 대한 맥락을 설명했다. 각 사례를 발표할 때마다 이해관계자들이 몰입하고 있음이 분명하게 드러났다. 그들은 몸을 앞으로 숙였고, 고객의 생생한 인용구(이른바 '스파클러')가 나올 때마다 눈빛이 반짝였다. 폴은 비즈니스 전체의 맥락과 그것이 재무 전망에 미칠 영향을 보여주는 개요로 발표를 마무리했다. "아무것도 하지 않았을 때의 결과는 무엇인가? 향후 6개월간 어떻게 운영할 것이며, 내년에는 어떻게 규모를 확장할 것인가?" 발표는 그렇게 끝났다.

발표가 시작된 지 40분 만에, 각 이해관계자는 이 신규 스타트업 부서의 설립에 찬성표를 던졌고, 처음 계획보다 투자 규모를 더 늘리기로 했다. 사실 여러 면에서 회의는 불필요했다. 폴과 그의 팀은 긍정적인 결과를 이미 알고 있었으며, 각 이해관계자 부서의 핵심 인물들을 타이거 팀의 일원으로 의도적으로 참여시켜, 그들이 진행 과정을 직접 목격하고 권장 사항의 타당성을 검증하도록 만들었기 때문이다. 결국 이 회의는 최종 투자 요청을 비준하고, 조사 과정에서 발견한 예상 밖의 수확들을 강조하며, 유능한 IBM 리더들 사이에서 새로운 아이디어를 공유하기 위한 자리였다.

정보를 전달할 것인가?
아니면 행동을 촉구할 것인가?

의사소통을 할 때는 논의가 시작되기 전부터 암묵적인 결정 사항이 존재한다. 당신은 타인에게 정보를 전달하려는 것인가, 아니면 행동을 촉구하려는 것인가? 이것이 단순해 보일 수 있지만, 다음 회의에서 이해관계자들이 결정을 내릴 수 있도록 준비시키는 것은 단순히 통찰이나 진행 상황을 알리는 것과는 완전히 다른 작업이다. 흔히 논의는 정보 전달이나 행동 촉구 중 어느 쪽으로도 향하지 못한 채 집단 토론으로 변질되곤 하는데, 이는 의사결정 과정처럼 보일 수 있으나 실제로는 그렇지 않다. 열린 결말의 토론도 나름의 가치가 있을 수 있지만, 마감 기한을 맞추고 의사결정을 진전시키기 위해서는 시간을 효율적으로 관리해야만 한다.

이해관계자들에게 정보를 전달한다는 것은 인식과 이해를 돕기 위해 정보를 명확히 전달하는 동시에, 실제 의사결정을 위한 투표는 나중에 이루어질 것이라는 맥락을 설정하는 것을 의미한다. 발표자나 프로젝트 리더는 이해관계자들이 시간이 지남에 따라 프로젝트에 익숙해지도록 이끌고, 중간 과정에서의 수정 사항에 대한 피드백을 수용하며, 궁극적으로 의사결정을 내려야 할 시점에 당혹스러운 상황이 발생하지 않도록 관리한다. 속도가 빠른 비즈니스 환경에서 리더들은 조치가 필요한 세부 사항을 논의하기 위한 회의만을 원하며, 단순한 인식을 위한 논의에는 시간을 할애할 필요가 없다고 말하곤 한다. 하지만 프로젝트를 지속하는 것 자체가 자원의 지속적인 소비를 의미하므로, 그 자체로 하나의 행동이다. 정보 전달 회의 중에 나타나는 피드백이나 중간 수정 사항들은 매우 가치 있는 단계이며, 이를 건너뛰고 리더십의 투입 없이 프로젝트가 흔들리거나 원하는 경로에서 벗어난다면 나중에 더 큰 비용을 치르게 될 수 있다.

의사결정을 '촉구'하기 위해 설계된 커뮤니케이션은 즉각적인 최종 결정을 이끌어내기 위해 정량적 차원과 직관적 차원 모두를 아우르며 조직된다. 이 결정은 그 자체로 독립적인 것일 수도 있고, 더 큰 의사결정 과정의 일부로서 일련의 단계별 승인 중 하나일 수도 있다. 어떤 경우든 이해관계자에게는 프로젝트 리더가 제시한 입장에 투표하고 지지해줄 것을 명확히 요청해야 한다. 적절하게 조율되었다면, 이러한 행동 촉구는 이해관계자들에게 전혀 갑작스러운 일이 아니다. 의사결정과 논의는 보통 투자를 결정해야 할 때 가장 어려워진다. 논거가 명확하지 않다면 이해관계자가 예산, 자원, 그리고 개인적인 시간까지 투입하도록 촉구하는 것은 믿기지 않을 정도로 힘든 일이다. 대부분의 조직은 투자 수익률(ROI)에 대한 정의된 기준과 변수가 달라질 수 있을 때 예상되는 임계치를 가지고 있다. 하지만, 실제 결정의 순간 자체는 모호하거나 자금 지원을 요청하는 발표가 끝난 후에야 결정되는 경우가 많다. 행동을 촉구하기 위한 준비 단계에서 흔히 제기되는 질문은 다음과 같다. "IWIK가 해결되었는가?", "제안된 내용이 처음에 정의된 본질적인 문제를 해결하는지 명확한가?", "비즈니스 이점과 함께 예상치 못한 발견들이 드러났는가?", "중요한 결과들이 고려되었는가?", 그리고 "의사결정자가 즉각적인 행동으로 옮길 수 있도록 '그래서 뭐?'와 '이제 뭘 해야 하는가?'가 명확히 보이는가?"

의사결정 프로세스 전반에 걸쳐 명확성을 주도하는 것은 발표자나 비즈니스 사례를 언급하는 핵심 인력의 책임이다. 여기에는 중간 정보 전달 회의와 행동을 촉구하는 최종 결정 회의가 모두 포함된다. 따라서 의사결정을 성공적으로 이끌어내기 위해서는 청중에 대한 확실한 이해와 함께 그들 각자가 정보를 어떻게 해석하는지 파악해야 한다. 이는 청중을 이해관계자, 영향력 행사자, 그리고 주의 산만 유발자로 세분화하는 것에서 시작된다. 동시에 스토리텔링의 원리와 행동을 보장하는 스토리 아크의 구축 방법을 이해하는 것이 필수적이다.

8장의 핵심 내용

의사결정을 성공적으로 이끌어낼 확률은 이해관계자인 청중에게 집중하고, 해결해야 할 본질적인 문제에 초점을 맞춤으로써 높일 수 있다. 이를 위한 효과적인 방법은 계획 수립을 위한 발표 요약서(presentation brief)를 작성하는 것이다.

- 청중을 파악하라. 프로젝트의 이해관계자와 그들의 기대치, 그리고 그들 간의 관계를 파악하라. 실제 의사결정자인 이해관계자와 강력한 영향력 행사자 사이의 차이를 인식해야 한다.

- 분석 결과와 통찰이 어떻게 받아들여질지 고려하라. 권장 사항의 가치와 영향력을 부각할 수 있도록, 충분히 검증된 정보와 기억에 남을 만한 세부 사항들이 포함되었는지 확인하라.

- 즉각적이고 장기적인 문제점 및 민감한 사안들을 이해하라. 이해관계자들의 현재 여론은 어떠하며 과거와 달라졌는가? 왜 이것이 지금 우선순위가 되었는가?

- 단순히 데이터를 요약하는 수준을 넘어, 새로운 통찰을 제시하는 종합된 정보로 일관되고 설득력 있는 이야기를 전달하라. 데이터를 현명하게 사용하고, 필요에 따라서 무자비할 정도로 편집하라. 핵심 결론을 뒤로 미루지 마라.

- 최종 제안 사항은 즉시 실행 가능하고 명확해야 한다. 뒷받침되는 결과물

과 함께 특정 결정을 이끌어낼 수 있는 결과물을 구체적이고 직접적으로
요청하라.

9장.

의사결정의 추적

■ 사람들은 자신에게 가장 이롭다고 믿는 결정에는 저항하지 않는다.

– 작가 미상

전력을 다해 달리고 있지만, 결승선이 아득하게 느껴지는가? 모든 열정을 쏟아붓지만 주말이 되면 당신은 지쳐 있고, 해야 할 일 목록은 오히려 더 길어져 있다. 다음 주 일정은 이미 초과 예약되었고, 지난주의 결정 사항들은 여전히 보류 상태다. 당신은 끊임없이 결정을 추격하고 있다고 느낀다. 이쯤 되면 대개 동료 중 한 명이 이렇게 말하곤 한다. "글쎄요. 이런 결정은 단거리 경주가 아니라 마라톤이에요." 솔직히 우리는 그 진부한 표현에서 위안을 얻어본 적이 없다. 두 가지 유형의 레이스 경주 모두 나름의 방식으로 도전적이다. 하나는 오래 뛸 수 있는 지구력에 관한 것이고, 다른 하나는 짧은 폭발력이나 최대 속도에 관한 것이다. 그리고 둘 다 심신을 단련하기 위한 고된 훈련과 헌신을 요구한다. 하지만 두 레이스 모두 도전적이라는 점과는 별개로, 그것들은 결국 '달리기'일 뿐이다. 그러나 의사결정은 결코 단일 종목의 도전이 아니다.

의사결정은 여러 종목을 병행하는 철인 3종 경기에 더 가깝다. 철인 3종 경기는 항상 수영으로 시작해 사이클을 거쳐 마지막 달리기 순으로 진행된다. 수영이 첫 번째인 이유는 물이 지친 선수에게 가장 큰 위협이 되기 때문이다. 탈진은 자칫 익사로 이어질 수 있다. 마찬가지로, 사이클에서 피로나 실수로 인해 발생하는 위험은 달리기보다 훨씬 크다. 투르 드 프랑스나 경쟁적인 자전거 경주를 보면, '펠로톤(peloton, 프랑스어로 소대를 뜻함)'이라 불리는 선수 집단이 하나의 단위가 되어 밀집해 이동하는 것을 볼 수 있다. 각 선수는 앞사람의 뒤에 붙어 공기 저항을 줄이는 드래프팅을 통해 에너지를 비축하지만, 단 한 명의 실수만으로도 나머지 선수들 모두가 급제동을 하거나 비틀거리고 넘어지며 아수라장이 될 수 있다. 마지막은 달리기다. 달리기의 과제는 결승선을 통과할 때까지 다리의 근력을 유지하고 정신을 집중하며 오직 속도와 지구력에 매진하는 것이다.

효과적인 의사결정자가 되기 위해서는 각 단계마다 서로 다른 능력과 자원을 활용할 줄 아는 철인 3종 경기 선수가 되어야 한다. 의사결정의 발견(discovery) 단계는 수영과 같아서, 자칫하면 물이 아닌 데이터의 늪에 빠져 익사할 수 있다. 분석(analysis) 단계는 사이클과 같아서, 더 큰 추진력과 효율성을 내기 위해 팀원들과의 정밀한 협력과 조율이 필요하다. 마지막으로 토론(discussion) 단계는 달리기와 같다. 이것이 대회의 대미를 장식하는 마지막 종목이다. 당신은 자신과 팀의 피로감을 이겨내야 하며, 결승선을 통과할 때까지 정신력과 에너지를 오직 그곳에만 집중해야 한다.

우리는 다양한 규모의 기업들과 협업하며 '의사결정을 추적하는 과정'에서 발생하는 문제점들을 연구해 왔다. 2,100명의 전문가를 대상으로 진행한 연구 결과, 과도한 양의 데이터는 오히려 해롭다는 결론에 도달했다. 데이터가 많다고 해서 의사결정 속도가 빨라지거나, 논리가 정교해지거나, 가장 현명한 결정을 내릴 수 있는 것은 아니다. 실제로 우리의 연구 데이터에 따르면 '데이터는 흑백(명확함)이지만, 진실은 회색 지대에 있다'는 사실을 보여준다. 이 회색 지대는 편향, 리스크 선호도, 과거의 이력, 이해관계자 간의 상충하는 우선순위, 문제 정의, 그리고 기대치와 같은 무형의 요소들로 인해 형성된다. 이런 것들은 숫자를 통해서는 알 수 없으며, 오직 신뢰를 바탕으로 한 통찰과 직관을 통해서만 파악할 수 있다.

우리는 다음과 같은 요인들이 결합되어 의사결정이 지연되는 상황을 목격해 왔다. 시니어 리더십이 결정을 내려야 한다는 막연한 기대, 회의실에 너무 많은 의견이 섞여 있거나 정작 적합한 인물은 부재한 상황, 의사결정권의 부재나 취약함, 혹은 서로 결정권을 가졌다고 주장하는 상황, 상충하는 우선순위, 과도한 승인 요청 과정, 무엇을 결정하려는지에 대한 명확성이 부족한 경우, 문제 정의에 대한 불일치, 불완전한 정보, 데이터나 전달자에 대한 신뢰 부족, 갑작스러운 추가 분석 요청, 그리고 변화에 대한 저항 등이 그것이다. 이 모든 것들은 실재하는 문제들이지만, 사실 더 큰 근본적인 문제의 증상일 뿐이다. 그 본질은 바로 ‘두려움’이다.

우리는 옳지 않거나 현명하지 못한 결정을 내리는 것, 혹은 완벽하지 않은 선택을 하는 것을 두려워한다. 만약 불완전한 결정을 내린다면 그것이 자신의 퍼스널 브랜드, 고과 점수, 다음 프로젝트, 혹은 이직 기회에 악영향을 미칠까 봐 두려워한다. 그래서 우리는 ‘완벽한 결정’을 추구한다. 이러한 탐색은 민첩한 의사결정을 방해하지만, 우리는 확신을 얻고 싶다는 희망에 사로잡혀 스스로를 속인다. 정보를 더 요청하고, 스프레드시트 하나를 더 요구하고, 추가 데이터와 데이터의 흐름을 계속해서 쫓다 보면 결국 수많은 회의만 남게 된다. 너무나 자주 우리는 제자리를 맴돌고 있는 자신을 발견한다. 토론은 논쟁으로 변질되어 길어지고, 우리의 활력을 앗아간다. 그렇게 우리는 더 많은 데이터를 찾으며 프로세스를 연장한다. 결국 느린 결정, 잘못된 결정, 그리고 때로는 아무런 결정도 내리지 못하는 상황에 이르고 만다.

이 장에서는 결정을 연기하는 악순환을 끊어내는 데 도움이 될 일곱 가지 실용적인 전략을 제시한다. 이는 이 책 전반에서 논의한 많은 전략과 기술을 집약한 것이다. 다양한 규모의 팀, 서로 다른 유형의 의사결정, 그리고 제각기 다른 데이터 양을 다루는 환경에서도 더 훌륭하고 빠른 결정을 내릴 수 있도록, 우리는 일곱 가지 교훈을 정립했다.

각각의 전략들을 하나씩 살펴보기 전에 강조하고 싶은 점이 있다. 바로 이 전략들을 반드시 순서대로 적용할 필요는 없다는 것이다. 이는 위에서 한 방향으로 떨어지는 폭포수 방식이 아니라, 오히려 재즈에 가깝다. 당신이 처한 상황에 따라 이 기법들 사이를 자유롭게 넘나들 수 있도록 설계되었다. 전략 6번을 먼저 적용했다가 4번으로 건너뛰고, 다시 7번으로 돌아올 수도 있다. [자료 9-1]은 이 장에서 다룰 일곱 가지 전략을 보여준다.

각 전략을 완벽하게 이해하기 위해서는 그 이면에 깔린 원칙을 살펴보고, 실제 사례를 통해 어떻게 작동하는지 확인한 후, 그 전략을 적용할 수 있는 이유, 시기, 그리고 방법에 즉시 적용

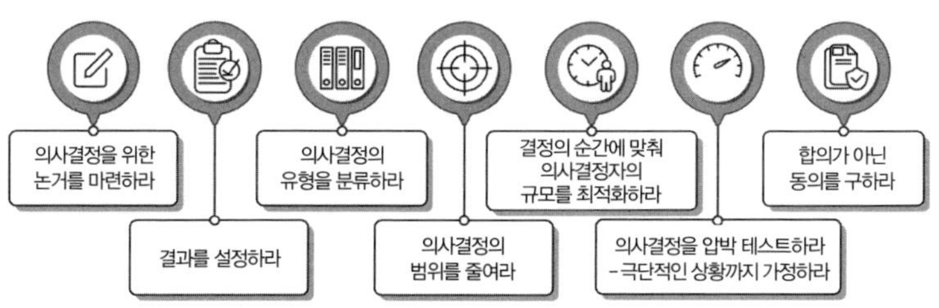

[자료 9-1] 더 빠르고 더 나은 의사결정을 위한 일곱 가지 전략

할 수 있는지에 대한 팁을 얻어야 한다.

전략 1: 의사결정을 위한 논거를 마련하라

의사결정은 변화를 의미하며, 이는 곧 지금까지와는 다른 경로를 고려하라는 요청을 받는 셈이다. 인간은 본래 변화에 익숙해지도록 설계되지 않았으며, 우리는 이 점을 이해하는 것이 중요하다고 생각한다. 즉, 조직이 변화에 저항하는 것이 아니라 사람이 저항하는 것이다. 인간의 저항은 의사결정 과정에 매우 무거운 짐이 된다. 따라서 변화에 대한 사람들의 본능적인 저항을 관리하고 극복하려면, 개별 이해관계자들의 공감을 불러일으킬 수 있는 방식으로 의사결정을 위한 논거를 마련해야 한다. [1]

경영학 문헌은 광범위한 변화 모델을 제시하며, 우리는 연구와 강의를 통해 레빈의 변화 관리 모델, 맥킨지 7-S 프레임워크, 코터의 8단계 프로세스, ADKAR(인식, 욕망, 지식, 능력, 강화) 모델, 넛지 이론, 브리지스 전환 모델, 퀴블러-로스 변화 곡선 모델, 그리고 사티어 변화 모델 등 유수의 모델들을 검토해 왔다. 의사결정을 위한 논거를 마련하는 목적에 있어서 저자들은 베카드와 해리스 모델을 선호한다. 경영 컨설턴트 데이비드 글라이처가 고안하고 리처드 베카드와 루벤 T. 해리스가 정교화한 이 모델은 적용 방법이 놀라울 정도로 간단하며, 다양한 규모의 조직으로 쉽게 확장할 수 있을 뿐만 아니라, 여러 리더십 스타일과 다양한 크기 및 유형의 의사결정에 적합하다.

베카드와 해리스 모델[2]은 변화가 일어나기 위해 필요한 네 가지 요소로 불만족(dissatisfaction), 비전(vision), 첫 번째 단계(first steps), 그리고 저항(resistance)을 꼽는다.[3] 저항을 극복하기 위해서는 앞의 세 가지 요소가 충분히 강력해야만 한다. 이제 각 요소를 하나씩 살펴보고, 이 다이얼들을 어떻게 조절하는 것이 의사결정을 개선하는지에 대해 논의해 보자.

불만족(D)

현재 상태에 대한 불만족은 의사결정이 일어나기 위한 핵심 요소이다. 변화하지 않을 때의 고통이 변화에 수반되는 불확실성보다 커야 하기 때문이다. 불만족의 수준은 단순히 필요성을 인지하는 단계부터 이를 수용하는 단계를 거쳐, 새로운 방향으로 나아가야 할 필요성을 완전히 포용하는 단계까지 다양할 수 있다. 최소한 변화의 필요성에 대한 인정은 반드시 선행되어야 한다. 변화의 영향을 받게 될 사람들이 변화에 동참할 동기를 느껴야 한다. 따라서 왜 현재 상태를 바꿔야만 하는지를 명확하게 제시하는 것이 무엇보다 중요하다.

비전(V)

미래에 대한 명확하고 공유된 그림이 필요하다. 비전은 의사결정을 내릴 때 이상적인 상태의 이미지를 제시한다. 이는 사람들과 정서적 차원에서 연결되기 때문에, 효과적인 의사결정의 핵심적인 부분이다. 앞선 8장에서 논의했듯이, 감정은 이성적인 기능이나 혜택보다 의사결정에 2~3배 더 큰 영향을 미친다. 감정은 의사결정의 본질뿐만 아니라 의사결정의 속도까지 좌우하기 때문에 중요하다. 명확하게 표현된 비전은 안정감, 편안함, 열망, 영감, 또는 통제감과 같은 감정을 불러일으켜야 한다. 변화는 미지의 영역을 의미하므로 불안함이 생기는 것은 의사결정 과정에서 자연스러운 일이지만, 미래 상태가 주는 정서적 보상이 긍정적이라면 그 불안은 단기에 그칠 것임을 명심해야 한다.

첫 번째 단계(F)

비전을 달성하기 위한 첫 번째 실무적 단계는 팀 전체가 보기에 도달 불가능해 보일 수 있다. 따라서 이를 더 작은 작업 단위, 프로젝트, 세부 의사결정, 또는 이니셔티브로 세분화해야 한다. 개개인은 비전이 어떻게 실현 가능한지 확인해야 하며, 무엇보다 그 비전을 현실로 만드는 과정에서 자신이 어떤 구체적인 역할을 할지 이해해야 한다. 초기 단계는 높은 참여를 끌어낼 수 있도록 명확하고 쉬워야 한다.

저항(R)

앞서 논의한 바와 같이, 저항은 변화에 있어 항상 존재하는 요소이다. [4] 인간은 본래 변화에 익숙해지도록 설계되지 않았기에, 의사결정이 성공을 거두려면 반드시 이 저항을 극복해야 한다. 저항을 넘어서기 위해서는 사람들이 변화에 저항하는 주요 원인을 이해하는 것이 무엇보다 중요하다.

- 미지에 대한 두려움
- 변화의 필요성에 대한 이해 부족
- 지위, 안전, 소속감 또는 역량 상실에 대한 두려움
- 현재 상태와의 정서적 연결
- 변화를 추진하거나 주도하는 사람들에 대한 신뢰 부족
- 제안된 변화와 그 의미에 대한 지식 부족
- 변화가 더 나은 상태로 이어질 것이라는 믿음의 부재

이러한 조건들은 다음과 같은 변화 공식으로 이어진다.

$$\text{불만족}_{(D)} \times \text{비전}_{(V)} \times \text{첫 번째 단계}_{(F)} > \text{저항}_{(R)}$$

왼쪽의 세 가지 구성 요소는 변화에 대한 본질적이고 자연스러운 저항을 극복할 수 있을 만큼 충분한 양으로 존재해야 한다. 이 알고리즘은 수학적인 결괏값을 산출하지는 않지만, 그 자체

로 의미 있고 효율적인 의사결정 프로세스를 구축하기 위한 가이드 역할을 한다.

이 단계 적용하기

논거를 마련하고 프로세스의 주요 순간마다 이를 재확인할 때, 리더는 의사결정 과정에 이 세 가지 요소가 존재하는지, 그리고 어느 정도 수준인지를 관찰해야 한다. 먼저 이 세 가지 중 어느 하나를 과도하게 제공하고 있지는 않은지 확인하기 위해 간단한 자기 진단을 수행하는 것부터 시작하라. 당신은 현재 상태를 진단하는 데만 얽매여 있는가? 팀을 비전으로 고무시키는 데 너무 많은 시간을 썼는가? 당신의 편안함(comfort zone)이 세부 사항과 실행 계획에만 머물러 있는가?

마찬가지로, 리더는 다음의 세 가지 질문을 통해 팀원들과 신속하게 상황을 점검할 수 있다.

1. 이 문제가 왜 지금 해결되어야 하는지에 대해 명확하게 합의했는가?
2. 도출될 결과가 현재 상황과 비교했을 때 우월하고 뚜렷하게 차별화되는가?
3. 각자의 역할과 이러한 변화가 자신에게 미칠 영향에 대해 모두가 이해하고 있는가?

이 세 가지 요소가 모두 존재하는가? 만약 이 질문들 중 하나라도 불만족, 비전, 그리고 첫 번째 단계라는 세 가지 요소가 모두 존재하지 않는다는 결과를 나타낸다면, 리더는 쉽게 방향을 수정할 수 있다. 이러한 질문들은 프로젝트의 시작 단계에만 국한되는 것이 아니라, 주기적인 점검을 위해 사용되어야 함을 명심하라. 분석, 생산 또는 다양한 작업 과정에 들어가게 되면 사람들은 비전을 놓치거나 세부 사항에 매몰될 수 있다. 의사결정을 내리기 위해 노력하는 이유를 주기적으로 강조하면 자연스러운 저항도 극복할 수 있을 것이다.

세 가지 요소 중 어느 하나라도 소홀히 하거나 과도하게 비중을 두는 경우 위험이 발생할 수 있다. 이러한 위험을 헤아리는 것이 중요하다. 우리가 관찰한 흔한 실수는 리더들이 왼쪽의 세 가지 요소 중 하나에만 과도하게 치중하고 나머지 두 요소는 무시하는 경향이 있다는 점이다. 이러한 현상은 리더 개인의 스타일, 기업 문화, 또는 위기관리나 시간 압박과 같은 환경적 조건에 의해 의도치 않게 발생할 수 있다.

불만족(D)에 과도하게 치중한다는 것은 어떤 모습인가?

고장 난 부분에만 집중하거나 비관적이며, 제안된 해결책과 상관없이 매우 비판적인 리더, 팀 또는 개인들이 있다. 이들은 현재의 상황 너머를 내다보는 데 어려움을 겪는다. 무엇이 작동하지 않는지에 대한 이러한 과도한 집착은 좌절감이나 냉소주의로 이어지며, 의사결정에 역풍으로 작용한다. 현재 상황에 대한 현실적인 시각을 갖는 것도 중요하지만, 잘못된 점에만 강하게 집중하는 것은 귀마개와 눈가리개를 착용하는 것과 마찬가지다. 그렇게 되면 다른 어떤 것도 명확하게 보거나 들을 수 없게 된다. 실패한 과거에 대한 과도한 집중은 지양해야 한다.

비전(V)에 과도하게 치중한다는 것은 어떤 모습인가?

어떤 리더들은 훌륭한 비전가이다. 이들은 미래가 어떤 모습일지 명확하게 설명하는 데 능숙하다. 이들은 현재 상태의 고통이 이미 충분히 이해되고 있다고 가정하며, 불만족(D) 요소에 집중하는 것을 마치 백미러를 보는 것처럼 느낄 수 있기에 그리 중시하지 않는다. 이러한 유형의 리더에게 첫 번째 단계(F)는 너무 절차 중심적이고 부담스러운 것으로 느껴질 수 있다. 이들은 다른 사람들이 변화를 받아들이는 데 불만족(D)이 필수적인 동기 부여 요소라는 점과, 첫 번째 단계(F)는 비전을 달성하는 방법을 전달하고 각자의 역할을 명확히 하는 수단이라는 사실을 간과하는 경향이 있다.

비전가들은 세 단계 앞을 내다보며, 그들에게 미래는 밝고 흥미진진하며 영감을 주는 공간이다. 이들은 개척자이며, 현상 유지를 깨뜨리려고 한다. 또한 모퉁이 너머를 내다보는 창의적 사색가로서 혁신을 추진하고, 끊임없이 앞을 내다보며 야심 찬 의제를 제시한다. 이들이 이렇게 행동하는 이유는 야망이 타고난 본성이거나, 그것이 팀에 동기 부여가 될 것이라고 믿기 때문이다. 비전가 리더는 필수적인 존재다. 최고의 비전가 리더는 현재의 불만족을 동력으로 활용할 줄 알며, 프로세스와 운영에 능숙한 팀을 구축하여 자신의 비전을 뒷받침한다.

첫 번째 단계(F)에 과도하게 치중한다는 것은 어떤 모습인가?

어떤 사람들은 작업 과정이나 할당된 과업, 그리고 단계들에 지나치게 의존하는 경향이 나타난다. 대화의 대부분은 프로세스에 집중되며, 초점은 단기적인 목표에 맞춰져 있다. 이러한 유형의 리더들은 효율성을 추구하며 스스로를 '철저하고 꼼꼼하다'라고 생각한다. 이들은 수행해야 할 직무를 명확히 하는 것, 그리고 역할과 책임을 빈틈없이 배치하여 시간을 낭비하지 않는 것에 총력을 기울인다. 그러나 결과에 대한 연결이나 논의는 최소화하려고 한다. 이는 마치 매크로(접사) 카메라 렌즈와 같아서, 피사체에 너무 가깝게 초점을 맞춘 나머지 뷰파인더에는 그것밖에 보이지 않는 상태와 같다. 팀원들이 볼 수 있는 것은 딱 그 모습이 전부다. 어떤 단계가 계획대로 진행되지 않을 경우, 후속 단계들이 이전 단계의 실행에 따라 달라지기 때문에 모든 작업이 중단되기도 한다. 설령 모든 과정이 차질 없이 진행된다 하더라도, 첫 번째 단계에만 과도하게 집중하면 그 단계가 완료되는 즉시 팀은 다음 단계를 구상하기 위해 멈춰서 재정비를 해야만 한다. 이는 조직의 민첩성과 유연성에 악영향을 미친다. 또한 첫 번째 단계에만 치중하는 것은 비전과의 연결이 끊어져 팀의 사기를 저하시킬 위험이 있다.

세 가지 요소는 모두 각각의 역량이다. 어느 하나가 지나치면 오히려 부정적인 결과로 이어질 수 있다. 어떤 사물의 가치는 그 양에 비례하기 마련이며, 좋은 것도 과하면 해롭거나 지나치게 된다. 이는 사람들이 변화에 대해 갖는 본능적인 저항을 극복해야 하는 의사결정 과정에서도 마찬가지다. 의사결정 시점을 앞당기기 위해서는 동료들이 생산적인 방식으로 참여할 수 있도록 논거를 효과적으로 마련해야 하며, 이를 위해 세 가지 요소가 모두 존재해야 한다.

전략 2: 결과를 설정하라

결과에 대한 절대적인 명확성은 효과적인 의사결정의 기초가 된다. 문제는 성공의 모습에 대해 서로 다른 정의를 내릴 때 발생한다. 비즈니스 파트너에게 가장 중요한 것이 의사결정의 속도라면, 그들에게 필요한 것은 간단한 답변이나 신속한 분석, 또는 단 하나의 숫자뿐일 수 있다. 하지만 당신은 기대 이상의 성과를 내기 위해 피벗 테이블을 만들고, 이를 뒷받침하는 슬라이드 세트를 준비하며, 분석 내용의 종합 보고서까지 작성한다. 비록 그것이 탄탄한 답변일지라도, 실제로는 성과 미달이며 지연을 초래한 셈이다. 만약 2장과 3장에서 제안한 대로 무엇이 필요한지 사전에 설정하는 시간을 가졌다면, 더 적은 시간을 투자하고도 더 큰 성공을 거두었을 것이다.

프레임은 일종의 가이드다. 프레임은 특정 측면을 강조하고 다른 측면을 제거함으로써 어디에 집중해야 할지 보여준다. 프레임 설정은 당신이 무엇을 제공해야 하는지 명확히 하고 시간을 어떻게 쓸지 안내하는 동시에, 당신이 보고 있는 것을 해석하는 데 도움이 되는 경계를 제공한다. 대부분의 팀이나 고객은 자신이 무엇을 원하지 않는지 표현하는 데는 거의 어려움을 느끼지 않는다. 그들은 광범위한 고충에 대해서는 쉽게 논의하지만, 자신이 어디로 가고 싶은지 명확하게 정의하는 데는 애를 먹는다. 만약 한 그룹에게 파노라마 사진을 보여준다면, 그룹 구성원들은 모두 같은 사진을 보고 있음에도 각각 다른 측면에 집중할 것이다. 결국 그들은 같은 사진을 두고도 매우 다양한 해석을 내놓게 된다.

프로젝트의 결과에 대해 논의할 때, 대개 두 가지 극단적인 시나리오가 나타난다. 첫째, 리더의 목표가 매우 명확한 경우이다. 리더는 프로젝트를 형성하는 데 중요한 역할을 했기에 성공의 모습이 어떠해야 하는지 본능적으로 이해하고 있다. 둘째, 리더가 최종 결과물에 대해 모호한 개념만 가지고 있는 경우이다. 결과를 깊이 생각할 시간을 투자하지 않았거나, 충분한 맥락 없이 과업을 맡게 되었기 때문이다. 이러한 극과 극의 시나리오는 결국 동일한 상황으로 이어진다. 즉, 성공의 모습에 대해 논의하는 시간은 최소화된 채 목표에 대한 모호한 설명만 남는 상황이다. 의사결정에서 필요한 것에 대한 서로 다른 견해가 팽배하니, 사람들은 서로 다른 기준을 향해 일하면서 결정을 내리려고 한다. 이는 끝없는 경쟁의 근원이다. 팀은 행동을 결과로 착각하며, '승리'에 대한 공통된 정의를 확보하는 데 실패한다. 일단 결정이 내려지더라도 목표를 빗나가거나 더 큰 기회를 놓치게 되는 것이다.

그러므로 성공의 모습이 어떠한지 정의하고, 그 결과를 구성원들에게 교육하고 전파하는 것이 필수적이다. 군사 작전에는 '승리 조건(victory conditions)', 즉 승리하기 위해 충족되어야 하는 조건이라는 개념이 있다. 성공적인 리더는 앞으로 나아가기 위해 무엇이 필요한지 명확하게 설명한다. 그들은 복잡한 캠페인을 가장 단순한 용어를 사용하여 본질로 세분화하며, 이를 통해 명확성을 확보함으로써 부대 전체가 하나가 되어 전진할 수 있도록 만든다.

이 단계 적용하기

승리 조건의 개념은 학교 과제, 자원봉사 단체, 혹은 직장 등 모든 팀 환경에 적용할 수 있다. 이는 다음과 같은 세 가지 질문을 하는 것만큼이나 간단하다.

1. 승리란 어떤 모습인가?

2. 당신에게 필요한 것은 금메달, 은메달, 혹은 동메달 수준의
   솔루션 중 무엇인가?

3. 의사결정을 내리기 위해 당신에게 필요한 핵심 정보는 무
   엇인가?

파노라마 사진의 예로 돌아가서, 승리 조건에 대한 대화는 사진에서 원치 않는 바깥 영역을 잘라내는 기술이라고 생각하라. 성공의 모습이 어떠한지 이해하는 것은 사진의 구도를 잡는 데 도움이 된다. 이는 팀이 필요한 데이터, 필요한 분석, 그리고 내려야 할 결정에 집중하게 만든다(3장의 '역방향 접근법' 참조). 잠시 멈추어 이러한 대화를 나누는 것은 우리에게 정말 필요한 것이 무엇인지 알도록 한다. 우리는 "자전거로 충분히 갈 수 있는데, 굳이 로켓을 만들지 마라"라는 표현을 자주 사용한다. 필요한 것보다 더 복잡하게 만들지 마라.

메리엄 웹스터 사전에 따르면, 과도한 엔지니어링(overengineering)이란 제품을 설계하거나 문제에 대한 해결책을 제공할 때, 원래의 설계와 동일한 효율성 및 효과를 지닌 더 간단한 해결책이 존재함에도 불구하고, 이를 정교하거나 복잡한 방식으로 수행하는 행위를 말한다([자료 9-2] 참조).

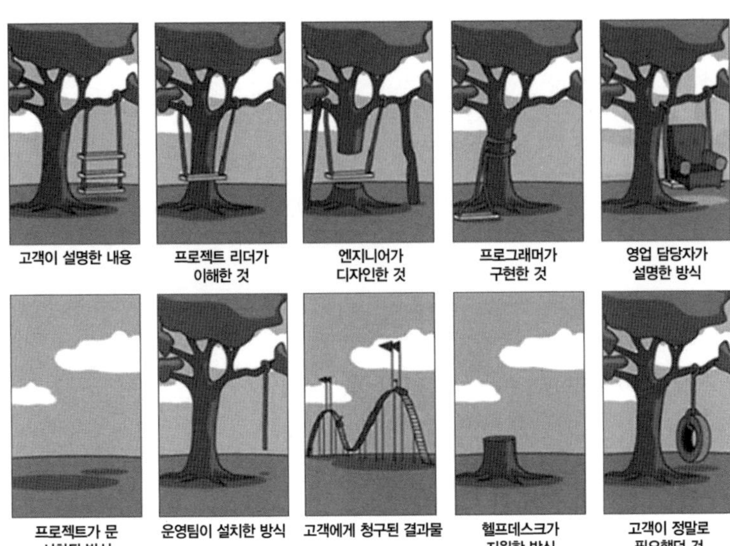

[자료 9-2] 과도한 엔지니어링

출처: https://hackernoon.com/how-to-accept-over-engineering-for-what-it-really-is-6fca9a919263.

의사결정의 목표는 요구 사항을 그에 적합한 결과물과 일치시키는 데 있다. 의사결정 과정을 과도하게 엔지니어링하는 것은 자원을 낭비하고 에너지를 고갈시킨다. 의사결정을 과도하게 엔지니어링하면 팀은 주요 목표 외에 부차적인 문제들까지 해결해야 하는 과업을 맡게 되는 경우가 많아, 자연스레 팀을 지치게 할 수 있다. 또한 이는 다른 프로젝트에 집중해야 할 팀의 주의력을 분산시키는 하향 효과를 낳기도 한다. 결과에 대한 명확성은 의사결정 속도를 높이고, 비즈니스의 다른 측면에도 긍정적인 영향을 미친다.

전략 3: 의사결정의 유형을 분류하라

인간은 실패하기를 원치 않는다. 이러한 태도는 지향해야 할 목표이기는 하지만, 민첩한 의사결정을 방해하기도 한다. 이러한 실패에 대한 두려움은 한 번 의사결정이 내려지면 이를 되돌릴 수 없다는 느낌과 관련이 있다. 이를 염두에 두고, 아마존은 의사결정 과정을 '유형 1'과 '유형 2'로 분류하여 접근한다. 제프 베이조스는 주주 서한에서 이러한 의사결정 사고방식에 대해 논한 바 있다. [5]

- **유형 1 의사결정:** 되돌리는 것이 거의 불가능하다. 이러한 결정을 문(door)에 비유해 보자. 유형 1 의사결정은 오직 한 방향으로만 통행할 수 있는 문과 같다. 유형 1 의사결정은 다시 뒤집기가 어렵다. 예를 들어, 제조 시설을 열기로 하거나 제품 라인을 폐쇄하거나 합병에 참여하기로 결정하는 것과 같이 원래대로 되돌리는 데 엄청난 노력이 수반되는 중대한 결정들이다.
- **유형 2 의사결정:** 되돌리기 쉽다. 이러한 의사결정은 양방향 통행이 가능한 문과 같다. 대부분의 결정은 유형 2에 해당하며, 원래대로 되돌릴 수 있다.

7장에서는 의사결정 시점에서 리스크 차원을 평가할 때, 그 결정이 '얼마나 되돌릴 수 있는가' 하는 가역성이 어떻게 관련이 있는지 설명한다.

이 단계 적용하기

이것은 의사결정을 분류하는 유용한 체계이지만, 실제로 어떤 결정을 어떻게 되돌릴 수 있는지 또는 아닌지로 분류할 수 있을까?

의사결정에 직면했을 때, 그 결정을 얼마나 쉽게 수정할 수 있는지 고려해야 한다. 결정이 내려진 후 그것을 바꾸기 위해 무엇이 필요할지 생각하라. 어느 시점에 이르면 결정을 되돌릴 수 없게 되는지 검토하라. 이것이 되돌릴 수 있는 가벼운 결정인지, 아니면 되돌릴 수 없는 무거운 결정인지 판단하라.

대부분의 의사결정이 되돌릴 수 있다는 것을 종종 알게 될 것이다. 만약 많은 결정이 되돌릴 수 없는 비가역적 범주에 해당한다고 느껴진다면, 의사결정의 범위를 줄여야 한다. 이것이 바로 다음에 다룰 전략의 핵심 주제이다.

전략 4: 의사결정의 범위를 줄여라

결정이 클수록 그 영향력도 커진다. 빠른 의사결정을 내리려는 과정에서 우리는 흔히 지점 A에서 지점 B로 이동하려고 노력한다. 어린 시절 우리는 두 지점 사이의 최단 거리가 직선이라는 것을 배웠다. 이러한 지식은 아르키메데스의 연구에 근거한다.

저명한 그리스 철학자에게 이의를 제기하려는 것은 아니지만, 수학자들은 정당한 이유를 들어 이 주장에 반론을 제기해 왔다. 기초 기하학에 따르면 점 A와 B 사이의 최단 거리는 기저에 깔린 지형에 따라 달라진다. 지형이 완벽하게 평평하다면 직선이 최단 거리를 의미한다. 하지만 자연에서와 마찬가지로 의사결정에서도 지형이 평평하거나 장애물이 없는 경우는 드물다.

큰 의사결정은 일반적으로 광범위한 이해관계자, 고려해야 할 더 많은 입력 정보, 또는 여러 결과를 동시에 최적화해야 하는 필요성을 포함한다. 따라서 의사결정의 지형은 '굴곡져'있다. 이 책 전반에서 공유했듯이, 이러한 지형뿐만 아니라 계획을 틀어지게 만들 수 있는 수많은 역풍도 존재한다.

항해를 해보았거나 항해 경기를 관람한 적이 있다면, 최종 목적지로 이동하는 여정은 결코 직선이 아니라는 것을 알 수 있다. 경도와 위도 좌표는 알고 있지만, 키를 잡은 선장은 풍속, 조류, 장애물, 선원의 숙련도, 기상 조건과 같은 부수적인 요인들을 고려하며 항해해야 한다. 어떤 범선도 정면으로 오는 바람에 맞서 똑바로 항해할 수 없다. 바람을 정면으로 맞으면 바람이 배 주변으로 흘러버려 돛을 채울 수 없기 때문이다. 하지만 공기와 물이 만들어내는 힘을 활용하고, 바람을 타기 위해 끊임없이 조정함으로써 배는 빠르게 앞으로 나아간다. 이러한 조정 과정을 항해 용어로 '태킹(tacking)'이라고 한다. 태킹은 바람을 이용하면서 목적지에 더 가까이 다가가는 일련의 톱니 모양 움직임과 유사하다. 주기적으로 바람의 상태를 평가하여 미세하게 경로를 수정하는 것은 배가 유리한 항로를 유지할 수 있게 해준다. 이러한 주기적인 조정으로 인해 이동 거리는 다소 늘어날 수 있지만, 결과적으로는 낭비되는 노력을 줄이면서 더 빠르게 목적지에 도착하게 된다.

이 단계 적용하기

숙련된 의사결정자는 큰 결정을 더 작은 단계들로 쪼개어 태킹 개념을 적용한다([자료 9-3] 참조). 이때 핵심은 이러한 미세 의사결정(micro-decisions)들을 해결함으로써 진행 상황을 보여주고, 역풍에 맞춰 실시간으로 경로를 조정하는 데 있다. 여기서 역풍이란 새로운 데이터, 우선순위 변경, 일정 변경, 또는 경쟁사의 행동 등을 의미한다. 이러한 역풍은 의사결정을 내리기 위해 반드시 헤쳐 나가야 할 요소들이다. 의사결정을 잘게 나누어 처리하면, 경로 수정의 폭이 좁아지고 전체 결정에 미치는 변화도 작아지기 때문에, 이러한 역풍의 영향력을 최소화할 수 있다.

숙련된 의사결정자가 되기 위해서는 A에서 B로 가는 직접적인 경로로 바로 이동하는 것을 피해야 한다. 대신 전체 의사결정을 시간이 적게 들거나 리스크가 낮은 여러 개의 미세 의사결정

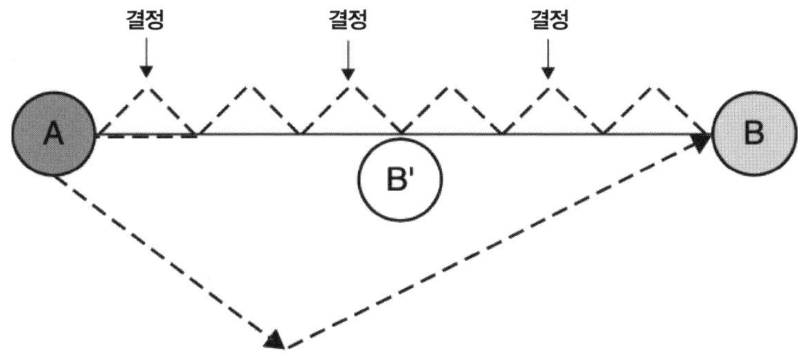

[자료 9-3] 의사결정을 작게 나누는 방식

으로 세분화해야 한다. 그런 다음 역풍을 평가하고 그것이 세부 결정에 미치는 영향을 측정한다. 만약 역풍이 일정하고 업무 흐름이 앞으로 나아가고 있다면, 현재 유리한 항로에 있는 것이므로 그대로 계속 진행하면 된다. 방향을 바꾸거나 경로를 수정해야 할 상황이 생겨도 미세 의사결정 방식을 활용하면 훨씬 수월하다. 이는 의사결정 접근 방식의 근본적인 변화라고 할 수 있다. 미세 의사결정은 더 적은 인원을 필요로 하며, 노력과 정보 입력도 적게 든다. 따라서 경로에서 벗어나더라도 그 여파가 통제 가능한 범위 내에 있게 된다. 의사결정의 범위를 줄이면 실패의 리스크가 감소하므로, 사람들이 작은 결정을 내리는 데 자연스럽게 자신감을 갖게 되고, 결과적으로 의사결정 속도가 빨라진다.

이 기술의 핵심 부분은 진행 상황을 정기적으로 평가하고 이를 팀원들과 공유하는 것이다. 작은 결정들이 앞으로 나아가는 움직임으로 인식되지 않을 수 있기 때문에, 이러한 작은 결정들을 더 큰 목표와 연결하고 의미를 부여하는 소통 과정이 필수적이다. 사람들의 자연스러운 성향은 목적지에 도달하는 것에만 집중하는 경향이 있다는 점을 기억하라. 그들에게 성공의 정의는 '목표를 달성했는가, 아닌가'라는 흑백논리로 나뉘기 쉽다. 그래서 빈번한 소통을 통해 당신이 목표를 놓치지 않고 있으며, 모든 작업이 그 목적을 달성하는 방향으로 나아가고 있다는 사실을 팀원들에게 각인시켜야 한다. 소통은 개방적이고 투명해야 한다. 설령 방향을 전환하거나 경로를 수정해야 할 때조차도 이에 대한 논의가 이루어져야 한다. 팀원들을 과정에 참여시키고 이러한 변화를 더 큰 목표라는 맥락 안에서 설명함으로써, 팀원들은 자신들의 업무가 어떻게 최종 결과 달성에 기여하고 있는지 이해하게 될 것이다.

전략 5: 의사결정의 규모를 최적화하라

어린아이들이 축구하는 모습을 본 적이 있는가? 마치 꽃 사이를 날아다니는 벌 떼를 보는 것과 비슷하다는 느낌을 받을 것이다. 휘슬이 울리고, 아이들은 공을 쫓아 달려간다. 부모들은 열정과 활력에 찬 목소리로 소리를 지르기 시작한다. 코치는 환상적인 에너지를 뿜어내며 팀을 독려한다. 워낙 정신없이 상황이 돌아가다 보니 정작 공이 어디 있는지 놓치기 일쑤다. 그러다 공이 슬쩍 보이면 아이들은 잠시 멈췄다가 흩어지더니, 다시 전력 질주를 시작한다. 모두의 목표는 오직 공 하나다. 아이들은 달리고, 부모들은 제자리에서 방방 뛰며, 코치는 고함을 지른다. 그 에너지는 주변으로 전염된다. 50분 내내 이런 광경이 이어진다.

목표는 명확하다. 말 그대로 눈앞에 골대가 있다. 공을 골망에 넣어야 한다는 목적 또한 모두가 잘 알고 있다. 격려와 인내, 그리고 뜨거운 에너지가 넘쳐난다. 그곳에는 각기 다른 수준의 경험과 기술, 지식을 가진 어른들도 있다. 하지만 우리 모두는 이 경기가 어떻게 끝날지 이미 알고 있다. 모두가 전력을 다해 달리느라 지치고, 점수는 보통 무승부이며, 그간의 노력에 대한 보상으로 간식 시간이 주어진다.

아이들이 성장하고 코칭이 노련해짐에 따라 경기 양상은 달라진다. 경기는 훨씬 경쟁적으로 변한다. 몇몇 팀은 두각을 나타내며 토너먼트나 디비전 경기, 혹은 플레이오프에 진출한다. 그들은 패스와 어시스트에 관한 값진 교훈을 배우며 기술을 익히고, 각자의 포지션에 맞춰 플레이하는 법을 배운다. 상대 팀이나 점수, 선수들의 역량에 따라 선수를 교체하기도 한다. 에너지는 상황에 맞게 조절된다. 때로는 이기고 때로는 지기도 하지만, 승부근성이 있는 경기를 펼친다. 경기는 빠르게 진행된다. 당신이 직접 스포츠를 즐기든 관람하는 것을 좋아하든, 이런 종류의 경기를 본 적이 있을 것이다.

이는 더 빠른 의사결정을 가능하게 하는 유용한 비즈니스 교훈이다. 새로운 프로젝트가 시작되면 팀원들은 선한 의도를 가지고 공을 향해 달려들 듯 프로젝트에 달려든다. 추가 인력도 투입된다. 결정을 내려야 할 시점이 다가올수록 회의실 안팎에서 들려오는 목소리는 점점 커진다. 사람들이 이 회의 저 회의로 옮겨 다니고, 이메일이 난무하며, 슬라이드가 제작되고, 데이터를 뽑아내고, 논의가 이어진다. 사람들은 이 과정 속에서 흔히 '활동'을 '성과'로 착각하곤 한다. 결국 사람들은 지쳐버리고, 결과물은 좋은 결정이 될 수도, 나쁜 결정이 될 수도, 혹은 아예 아무런 결정도 내리지 못한 상태가 될 수도 있다.

이 단계 적용하기

목표는 축구공을 쫓아 우르르 몰려다니는 상황을 피하는 것이다. 보통은 일단 뛰어들어 팀을 꾸리고 바로 일을 시작하려는 경향이 있다. 하지만 모든 의사결정이 똑같은 가치를 지니는 것은 아니다. 팀들은 언제나 같은 역량을 가지고 있지 않으며, 그렇게 움직이지도 않는다. 그런데 종종 모든 결정을 똑같은 강도로 처리하곤 한다. 실제로 어떤 결정에는 지난 결정과 다른 요소가 필요하다. 의사결정의 성격에 따라 필요한 기술과 인력, 타이밍은 제각각이다. 다음 단계에서는 의사결정의 순간에 맞게 의사결정자의 규모를 알맞게 조정하는 새로운 접근 방식을 자세히 설명한다.

1. **의사결정 분류하기:** 7장에서 논의했던 두 가지 요소인 시간과 리스크를 고려해야 한다.

   a. 고위험/최소 시간 = 위기관리 상황. 한정된 인원만 참여.

   b. 고위험/최대 시간 = 위원회 차원의 결정. 더 큰 규모의 팀이 움직임.

   c. 저위험/최소 시간 = 사소한 결정. 참여 인원이 없거나 한 명으로 제한.

   d. 저위험/최대 시간 = 고도의 분석이 필요한 결정. 특정 목표를 가진 팀 구성.

[자료 9-4]는 다음과 같은 공식을 보여준다.

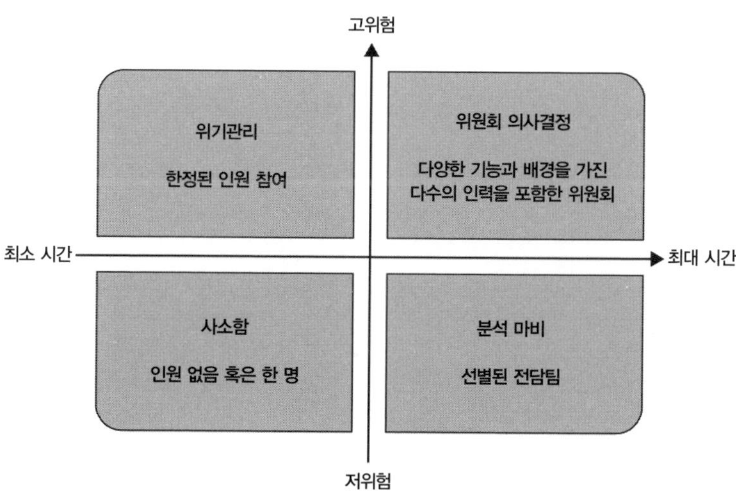

[자료 9-4] 의사결정 상황에 따른 결정 사분면

공간의 제약 = 시간의 단축 = 인원의 축소 = 더 빠른 의사결정

2. **역량 평가하기:** 새로운 프로젝트가 시작되면 특정 인물을 떠올리기 전, 의사결정에 반드시 필요한 전문 지식이나 경험이 무엇인지부터 정리하라. 효과적인 의사결정을 위해 필요한 작지만 수준 높은 역량의 팀을 구성하려면 '필수성'을 핵심 기준으로 삼아야 한다.

3. **인원 선정:** 현실적으로 개개인의 가용 시간과 업무량을 고려해야 하지만, 실제 현장에서는 너무 많은 사람이 참여하거나 정작 필요한 사람이 빠지는 경우가 허다하다. 적임자가 없을 때 흔히 범하는 실수는 인원수를 늘려 역량의 공백을 메우려 하는 것이다.

4. **리더 선정:** 적합한 리더를 선택하는 일은 앞선 1, 2, 3단계를 모두 마친 후에 고려해야 한다. 적합한 전문성을 갖춘 고성과자들로 구성된 팀인 경우, 강력한 조직 운영 능력을 갖춘 리더가 필요할 수 있다. 반면, 역량차가 있고 경험이 부족한 대규모 팀의 경우에는 해당 결정 사안과 직접 혹은 간접 경험이 풍부한 노련한 리더를 지정하라. 강력한 리더는 팀의 역량 차이를 메울 수 있기 때문이다. 만약 선정된 리더가 기획 능력에서 강점을 보이지 못한다면, 실무 운영을 이끌 수 있는 팀원을 반드시 별도로 지정하여 그를 보완하라.

5. **역할 부여:** 프로젝트를 시작할 때 모두가 목표를 인지하는 것

도 중요하다. 하지만, 목표와 관련하여 각자의 역할을 명확히 정의하면 훨씬 더 많은 노력을 절약할 수 있다. 팀 리더는 동료에게 단순히 책임을 할당하는 것을 넘어, 성공의 모습이 구체적으로 어떠해야 하는지 정의하고 개인적인 기대치를 공유하는 데 공을 들여야 한다. 팀원들에게 자신의 역할과 전달해야 할 결과물이 무엇인지 각자의 언어로 다시 설명해보게 함으로써 본인의 위치를 명확히 이해시켜야 한다. 스포츠에서처럼 '자기 포지션에 맞게 플레이하는 것'은 구조를 명확히 하고 프로세스를 질서 있게 만들어 과업 완수를 한결 수월하게 한다. 각 구성원은 높은 수준의 성과를 낼 수 있고, 진행 과정 중의 궤도 수정도 용이하며, 목표를 향한 노력을 높은 성공률로 전환할 수 있다.

많은 기업은 위기 상황에서 신속하게 결정을 내린다. 완벽한 결정은 아닐지라도, 결정을 내리는 속도만큼은 매우 빠르다. 이러한 위기 상황의 의사결정을 할 때, 추론할 수 있는 몇 가지 교훈이 있다. 시간이 촉박하고 리스크가 큰 상황은 빠른 속도로 움직여야 하는 긴박한 환경을 조성한다. 이에 팀원들은 이러한 빠른 속도에 적응하기 위해 신속하게 집중한다. 짧은 일정과 함께 소규모 팀을 구성하는 방식은 민첩성을 높이는 데 팀의 노력을 집중시킨다.

전략 6: 의사결정을 압박 테스트하라 -극단적인 상황까지 가정하라

의사결정에 적절히 대비하기 위해서는 그 결정이 가진 강점과 약점을 파악하는 것이 중요하다. 이 개념은 엔지니어링에서 일반적이고 모범적인 관행인 '솔루션이나 제품을 한계치까지 밀어붙이는 것'과 유사하다. 그 목적은 통제된 환경 내에서 재료가 파손되기 전까지 견딜 수 있는 최대 응력을 측정하는 것이다. 이러한 과정은 제조사가 성능을 최적화하고 결함을 방지하기 위해 제품의 설계, 용도, 기능을 결정하는 길잡이가 된다. 이는 자동차, 가전제품, 도구, 장난감에서부터 소프트웨어, 웹사이트, 모바일 애플리케이션에 이르기까지 다양한 산업 전반에서 볼 수 있다. 이러한 검증 테스트는 스트레스 테스트, 내하중 테스트, 혹은 라인 테스트 등 다양한 명칭으로 불리지만, 모두 설계의 한계를 이해한다는 점에서는 동일하다.

이러한 개념을 경영 전략 평가에 적용하면 이를 워게이밍(war gaming)이라고 한다. 워게이밍에서는 정밀한 시뮬레이션을 통해 경쟁사, 트렌드, 기술, 고객 니즈, 그리고 시장의 역학을 모방한다. 하루 또는 며칠에 걸쳐 다양한 모델을 구동하며 다각도의 관점을 도출한다. 변수를 조정하고, 각 팀은 경쟁사 역할을 맡아 상황극을 벌이며, 발생 가능한 다양한 대응책을 실행에 옮긴다. 이 과정이 끝나면 기업은 자사 전략의 우위점과 열위점, 그리고 보완해야 할 공백을 더 깊이 이해하게 된다. 워게이밍은 강력한 도구이지만 상당한 시간과 노력이 필요하다. 투입된 노력에 비례하여 그 가치가 창출되므로 자주 시행하지는 않고 필요에 따라 수행하며, 대개 주요 프로젝트나 장기 전략 수립을 위해 아껴 두는 방식이다.

현실적으로 대다수의 의사결정은 매일 일어난다. 컬럼비아 경영대학원 경영학과의 쉬나 아이엔가 교수에 따르면,[6] 미국 성인은 하루 평균 70건의 의사결정을 내리는 것으로 추산된다. 이처럼 의사결정이 빈번하게 발생하는 상황에서 진정으로 필요한 것은 미처 확인되지 않은 리스크를 빠르게 노출시키고 잠재적인 기회를 찾아내는 기술이다. 이를 위한 도구는 무엇보다 단순하고, 확장이 가능하며, 빨라야 한다.

이러한 조건에 부합하는 기법을 찾기 위해 다양한 테스트 기술을 해체해 본 결과, 한 가지 공통된 특성이 명확해졌다. 스트레스 테스트 시스템에 쓰이는 많은 접근 방식은 다양한 지점과 광범위한 조건에서의 성능을 살피도록 설계되어 있다. 이 방식들은 가상의 라이프 사이클 동안 발생하는 성능 변화를 포착하기 위해 그물을 넓게 펼친다. 그러나 일상적인 결정에는 그 정도 수준의 엄격함까지는 필요하지 않다. 앞선 4장에서 다루는 기법들은 극단적인 시나리오에서 의사결정이 어떻게 수행될지 고려하는 것으로 시작한다. 이것만으로도 최종 제안 사항을 뒷받침하는 기초 근거를 검증함과 동시에, 해당 의사결정의 실행 가능성을 빠르게 평가할 수 있다고 가정한다.

그에 앞서 '극단적인 시나리오'가 무엇을 의미하는지부터 살펴보자. 극단적인 시나리오는 의사결정이나 솔루션, 혹은 권장 사항이 한계치에 도달했을 때의 상태를 파악하는 것을 말한다. 자동차 산업을 예로 들면, 엔지니어들은 내연 기관이 내부 부품에 손상을 입히지 않고 작동할 수 있도록 설계된 '최대 엔진 속도'를 테스트한다.

의사결정 상황에서 이러한 극단적인 시나리오를 설정한다면, 다음과 같은 사례를 통해 정의할 수 있다.

1. 만약 요청한 것보다 2배 더 많은 예산이 주어진다면, 당신은 무엇을 하겠는가?
2. 시범 프로그램이 성공한다면 그 모습은 구체적으로 어떠하겠는가?
3. 만약 이 프로그램을 중단한다면, 누구로부터 어떤 피드백을 듣게 되겠는가?

이 세 가지 예는 일상적인 의사결정에 스트레스 테스트 개념을 어떻게 빠르게 적용하는지 잘 보여준다. 각 사례는 답변자가 반드시 대응해야 할 지점인 극단적인 상황, 즉 결정적인 지점을 의미한다. 이것이 실제로 예산을 두 배로 받거나 프로그램이 즉시 폐쇄된다는 뜻은 아니지만, 충분히 고민한 답변을 내놓지 못한다면 이는 사고와 분석의 공백을 드러내는 지표가 된다. 이는 해당 결정에 도달한 논리가 얼마나 포괄적인지를 평가하는 매우 간단한 방법이다.

이 도구는 예산 수립 단계에서 특히 효과적이다. 실제로 크고 작은 투자 요청 시 이 기법을 적용하는 사례를 수없이 목격하곤 한다.

사례 연구: 3억 달러짜리 결정

몇 년 전, 우리는 3억 달러 규모의 신규 소매 사업 착수를 제안하는 자리에 함께할 기회가 있었다. 당시 현장에는 매장 모형을 비롯하여 인구 통계 연구, 유동 인구 분석, 토지 용도 제한 요건, 경쟁사 조사, 매장 예상 매출, 손익분기점 분석, 시공 비용, 그리고 운영에 필요한 제반 사항들이 준비되어 있었다. 오프라인 매장을 보완하기 위한 이커머스 측면의 검토도 포함되어 있었다. 발표 자료의 모습은 마치 알로 거스리(Arlo Guthrie)의 노래 '앨리스 레스토랑의 대학살(Alice's Restaurant Massacree)' 속 한 장면 같았다. 가로 8인치, 세로 10인치인 27장의 컬러 사진에는 원과 화살표가 요란하게 표시돼 있었고, 뒷면에는 설명이 가득했다. 팀이 프레젠테이션을 시작하려 하자, 고위 임원이 손을 들어 발표를 잠시 멈추라는 신호를 보냈다.

그가 말했다. "한 가지 질문이 있습니다. 만약 여러분들이 엄청난 성공을 거두면 어떻게 되나요? 매장 밖에 사람들이 줄을 서고, 수요가 예상치보다 세 배나 높다면 어떻게 할 건가요?” 잠깐 침묵이 흘렀다. 이것은 그들이 연습한 내용이 아니었다. 준비해 온 답변 목록에도 없었다. 그들의 분석은 5%, 10%, 15%의 성장률이나 손익분기점이 늦춰지는 상황만을 상정하고 있었다. 그들은 ‘폭발적인 성장’에 관한 질문에는 전혀 대비가 되어 있지 않았다. 콜센터를 어떻게 확장할지, 극한 상황에서 배송 역량은 어느 정도일지, 인력 충원은 어떻게 진행할지에 대해 깊이 고민하지 않았던 것이다. 그 순간 그들이 할 수 있는 일은 아무것도 없었다. CEO는 ‘뒷면에 설명이 적힌, 원과 화살표가 그려진 27장의 8×10인치 컬러 사진’ 따위는 처다보지도 않을 것이다. 3시간으로 예정되었던 발표는 30분 만에 종료되었다. 리더는 분석이 완료되면 그때 두 번째 미팅을 잡자며 자리를 마무리했다.

질문을 한 임원은 단 하나의 질문으로 그들의 논리를 압박 면접(stress test)한 셈이다. 그는 제안을 한계점까지 밀어붙여 검증했다. 이 사례의 결말을 요약하자면, 팀은 다시 회의실로 돌아왔다. 그들은 발표 자료를 전면 수정하고 모든 시나리오를 심도 있게 검토했다. 요청 사항을 수정하고 실행 계획과 인력 요구 사항을 조정하여, 마침내 투자 승인을 받아냈다. 이후 매장이 문을 열었고, 11년 동안 4개국에 116개 매장을 오픈하며 성공적인 사업을 이어갔다.

사례 연구: 200만 달러짜리 결정

연간 예산 수립 시기였고 자원은 빠듯했다. 예산은 한정되어 있었고 새로운 디지털 플랫폼을 구축하려는 야심 찬 계획이 있었지만, 전년 대비 예산 동결이라는 전사적 지침에 부딪혔다. 리더가 계획 실행에 확고한 의지가 있다면 해결책은 단 하나였다. 팀 전체의 예산을 재분배하는 것이다. 리더는 한 부사장의 예산 500만 달러 중 200만 달러를 삭감해 신규 프로젝트로 전용하는 어려운 결정을 내렸다. 해당 부사장의 예산을 40%나 줄인 것이다. 화면에 이 내용을 띄운 뒤 리더는 침묵을 지켰다. 그는 반발과 저항을 예상하며 조심스럽게 기색을 살폈다. 예산 삭감에 영향을 받지 않은 나머지 세 명의 부사장은 의자에 가만히 앉아 있었다. 그야말로 폭풍 전야의 고요함이었다. 예산이 삭감된 부사장이 헛기침을 하더니 몸을 앞으로 숙여 테이블에 팔꿈치를 올리고 질문했다. "새로운 디지털 플랫폼 구축 예산을 400만 달러로 늘리면 어떤 결과가 나올까요?"

새로운 디지털 플랫폼 담당 관리자는 무슨 말을 해야 할지 몰랐다. 그는 예산 2배 증액에 대한 질문을 전혀 예상하지 못했다. 예산이 삭감된 부사장은 "우리가 비전을 믿는다면 모든 선택지를 검토해야 하는 것 아니냐"며 설명을 이어갔다. 그 질문 하나로 회의 분위기가 바뀌었을 뿐만 아니라, 혁신에 투자하고 현상 유지를 타파하며, 미래의 신규 채용 인재상 변화에 관한 심도 있는 대화가 시작되었다.

의사결정을 압박 검증하는 또 다른 형태는 이른바 '제로(zero)' 버전이라 불린다. 이는 우리가 사업을 진행하지 않기로 하거나, 연구 프로젝트를 중단하거나, 프로그램을 종료하거나, 혹은 보고서 발행을 중단한다고 가정했을 때 "누가 그것을 그리워할 것인가? 누구에게서 연락이 오겠는가?"라고 묻는 방식이다. 만약 답변이 "아무도 없다"거나 "극소수뿐이다"라면, 이는 해당 프로그램의 가치가 수명을 다했거나 그 자원을 다른 작업에 투입하는 것이 더 낫다는 지표가 된다.

이러한 사례들은 모두 불완전한 사고의 면면을 드러낸다. 의사결정을 극단적인 지점에서 압박 검증함으로써 자신의 논리를 스스로 진단할 수 있다. 이렇게 내린 결정을 이해관계자나 고객과 공유할 때, 당신은 더 큰 자신감을 얻게 되며 포괄적인 사고 능력을 입증하고 팀이 충분한 대비를 갖추도록 보장한다.

전략 7: 합의가 아닌 동의를 구하라

현명한 의사결정은 다양한 분야와 경험, 그리고 결과에 대한 다채로운 의견을 반영한다. 오늘날과 같은 협력적 사고 중심의 문화에서 팀은 이러한 각각의 투입 요소를 최적화하기 위해 노력한다. 우리는 모든 사람의 의견을 경청하고 그에 반응하며, 모든 사람을 끌어들이려고 노력한다. 의사결정 과정에서 모든 사람은 동등한 목소리를 가진 것으로 대우받는다. 하지만 사람들이 반드시 결정을 '함께' 내려야 한다고 믿는 순간, 민첩성은 훼손된다. 결국 그 과정은 모두를 지치게 만들고, 결정은 이도 저도 아닌 평범한 수준에 그치고 만다.

의사결정을 추진하는 과정에서 당신은 모든 의견을 수렴하여 보편적인 허락을 얻어내는 방식으로 '합의'를 추구한다. 합의란 모든 사람의 의견이 이해되고, 그 의견들을 존중하는 해결책이 만들어지는 상태를 말한다. 합의는 그 시점에 그룹이 달성할 수 있는 해결책을 결과로 내놓는다.[7] 하지만 모든 사람의 입장을 수용하려는 것은 최상의 해결책이 아닐 수도 있다는 점에 유의하라. 다수의 승인을 얻으려는 시도는 종종 소수의 의견에 휘둘리는 결정으로 이어진다.

수렴되는 의견 중 일부는 전문 지식에 기반한 사실이지만, 대다수는 반드시 지식에 근거하지 않은 개인적인 의견이나 관점, 혹은 판단에 불과하다. 이러한 의견들은 강한 확신과 함께 전달되거나, 발언자의 직위가 주는 권위에 힘입어 더 큰 무게감을 갖기도 한다. 이런 종류의 의견을 배제함으로써 당신은 시간과 노력을 절약할 수 있다.

사람들로부터 받는 정보는 소중하다. 피드백을 적극적으로 구해야 하지만, 그렇다고 모든 제안에 대해 일정한 피드백을 줘야 하는 것은 아니다. 의사결정자로서 당신은 어떤 의견이든 검토하고 수용하거나 거부할 권리가 있다. 의미 있는 피드백을 공유하기 위해 시간을 투자한 사람에게는 반드시 그 결과를 다시 알려줘야 한다. 최소한 그들의 기여에 인정하고 감사를 표해야 한다. 한 걸음 더 나아가, 그들의 의견을 검토했으나 균형을 맞춰야 할 다른 요소들로 인해 모든 피드백을 반영하지는 않을 것임을 알린다면 더욱 좋다. 이는 지극히 수용 가능한 방식이다. 이는 상대에 대한 존중일 뿐만 아니라, 사람들을 내 편으로 끌어들이는 전략적인 방법이기도 하다. 실제로 이해관계자들은 흔히 자신의 의견이 충분히 전달되었다는 사실만 확인하고 싶어 한다. 이런 방식으로 사람들을 동참시키면 대화의 장이 열리고, 그들이 결정을 지지하거나 최소한 반대하지 않을 가능성이 커진다. 이는 '협업'이라는 목표를 달성함과 동시에 최종 결정을 공유할 때 맞닥뜨릴 저항을 최소화 해준다.

이 대안적인 경로가 결국 '동의'로 이어진다. 동의란 사실에 기반하여 빠르고 현명하게 결정을 내리는 것을 의미한다. 또한 피드백을 검토할 때 중대한 리스크를 식별해내는 빠른 필터 역할을 한다. 이 방식이 완벽한 결정을 보장하지는 않지만, 더 빠른 결정으로 이어질 수 있다. 사소한 변경 사항들은 이 장의 앞부분에서 논의한 태킹 개념을 적용하여, 실행해 나가면서 다듬어 가면 된다.

이 단계 적용하기

우리는 다음과 같은 빠른 2단계 프로세스를 제시한다.

1. 피드백의 질을 평가한다. 제공된 의견이 객관적 사실에 근거하고 있는가, 아니면 단순한 의견이나 판단인가?
2. 의견에 대한 리스크를 평가한다. 사실에 기반한 의견이 결과 달성에 있어 어느 정도의 리스크(고, 중, 제)를 갖는지 판단한다.

완벽한 결정은 환상이다

완벽한 결정은 존재하지 않는다. 우리에게는 완벽한 결정을 내리고자 하는 본능적인 욕구가 있다. 우리는 데이터가 확실성으로 가는 길이라고 잘못 믿고 있다. 하지만 인간은 이성적이지 않으며, 이로 인해 결정을 향한 추격은 끊임없이 반복된다. 결정을

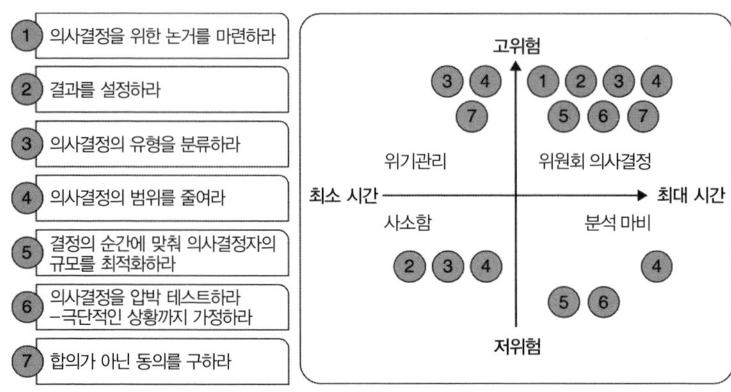

[자료 9-5] 의사결정 순간에 따른 단계별 전략 매핑

내리지 못하는 사람이 되는 것은, 일단 결정을 내린 뒤 학습하고 궤도를 수정할 줄 아는 사람이 되는 것보다 당신의 경력에 훨씬 더 부정적인 영향을 미친다.

이번 장에서 설명한 7단계 접근법은 본래 순서대로 따르도록 설계되었다. 하지만 결정을 하염없이 연기하는 것을 멈추기 위해서는, 현재 직면한 상황에 적절한 단계를 골라 적용해야 한다 ([자료 9-5] 참조).

민첩한 의사결정자가 되는 것은 성공을 위한 필수 요건이다. 의사결정의 속도는 결정을 내리는 사람과 결정을 요청하는 사람 모두에 의해 결정된다. 오늘 내리는 괜찮은 결정이 내일 내리는 완벽한 결정보다 낫다.

- 질문이 '왕'이라는 것을 기억하라.

- 문제를 설정하고, 성공을 정의하는 데 시간을 투자하라.

- 하나의 선택지에 '예스'라고 말하는 것은 동시에 다른 기회에 '아니오'라고 말하는 것과 같다.

- 느린 '예'보다 빠른 '아니오'가 낫다

- 결정하지 않는 것도 하나의 결정임을 깨달아야 한다.

10장.

정량적 직관
문화 만들기

■ 결국 최후의 순간에 우리는 전략이 아니라 사람에게 투자한다.

– 로런스 보시디(전 하니웰 CEO)

팀을 성장시키고 구축하는 것은 리더로서 갖춰야 할 가장 필수적인 기술 중 하나이다. 월트 디즈니가 믿었듯이, 세상에서 가장 멋진 장소를 꿈꾸고 창조하고 설계하며 건설할 수는 있지만, 그 꿈을 현실로 만들려면 사람이 필요하다. 올리브 앤 비치, 헨리 포드, 캐서린 그레이엄, 스티브 잡스, 빌 게이츠, 제프 베이조스, 윌리엄 프록터, 에이사 캔들러, 또는 마담 C. J. 워커와 같은 위대한 혁신가와 선구자들을 생각해 보라. 이들은 모두 새로운 산업을 재정의하거나 창조하는 강력한 비전을 제시한 리더들이었다. 이들은 모두 자신의 비전을 현실로 바꾸기 위해 팀을 구축하는 데 상당한 시간을 할애했다.

이전 장들에서 논의한 정량적 직관 역량을 갖춘 후, 이 시점에서 스스로에게 던질 수 있는 질문은 다음과 같다. 정량적 직관 역량을 갖춘 인재를 어떻게 채용해야 하는가? 내가 찾아야 할 구체적인 개별 기술은 무엇이며, 팀의 이상적인 구성은 무엇인가?"

최고의 인재를 찾는 것이 첫 번째 장애물이다. 그다음에는 A급 인재나 해당 분야의 전문가를 성공적으로 영입해야 한다. 설상가상으로, 공석을 빠르게 채워야 한다는 시간적 제약 아래 이 과업을 수행해야 하는 경우가 많다. 마지막으로, 이러한 인재들이 집단으로서 일하도록 동기를 부여하면서도 자신의 기여에 대해 가치를 인정받고 보상받는다고 느끼는 환경을 조성해야 한다. 본질적으로 채용이란, 몇 번의 데이트만 거친 후 인위적인 환경 속에서 누구와 결혼할지를 결정하는 것과 같다. 이로 인해 채용은 마스터하기 가장 어려운 역량 중 하나가 되지만, 제대로 이루어졌을 때 비즈니스에 미치는 영향력이 상당하기 때문에 가장 전략적인 역량이기도 하다. 맥킨지의 연구 〈인재 전쟁(War for Talent)〉에서는 우수한 인재가 저성과자보다 최대 8배 더 생산적이라는 사실을 수치화하여, 인재의 질과 비즈니스 성과 사이의 관계가 얼마나 극적인지를 보여주었다.

2011년, 맥킨지의 연구는 다음과 같이 단언했다. "2018년까지 미국에서만 심층 분석 기술을 갖춘 인력이 14만 명에서 19만 명가량 부족해질 수 있다." 2010년부터 시작된 이러한 분석 인력 부족에 대한 위기감은 미국을 비롯한 선진국 교육 시스템이 과학, 기술, 공학, 수학(STEM) 분야에 집중하게 만드는 강력한 동인이 되었다. 이는 고등학교와 대학교 커리큘럼의 변화로 이어졌으며, 수많은 교육 기관에 데이터 과학 및 분석 대학원 과정이 신설되는 결과를 낳았다. 결과적으로 강력한 분석 배경을 갖춘 인력들이 노동 시장으로 대거 유입되었다. 과거에는 이러한 기술을 가진 인재들이 주로 기술 산업(tech industry)에 고용되었다면, 이제는 소비재나 B2B 기업과 같은 전통적인 산업군에서도 데이터 과학자와 데이터 엔지니어를 채용하는 모습을 보이고 있다. 실제로 2011년 맥킨지 보고서가 나온 지 10년 후, 세계경제포럼은 〈미래 일자리 보고서(The Future of Jobs Report)〉를 통해 전 세계 15개 주요 경제국, 9개 산업 분야에 걸친 350개 이상의 기업 경영진을 대상으로 설문조사를 실시했다. 그 결과, 수요가 가장 많이 증가할 직종 1위는 데이터 분석가 및 과학자였으며, 그 뒤를 AI 및 머신러닝 전문가, 그리고 빅데이터 전문가가 이었다. 미국 노동통계국은 데이터 과학 분야가 2026년까지 28% 성장할 것으로 예측했다.

하지만 기술, 금융, 교육부터 소비재에 이르기까지 산업 전반에 걸쳐 심층적인 분석 기술을 갖춘 데이터 분석가와 데이터 과학자를 채용하는 기업이 늘고 있다면, 이러한 기업의 인력을 이끄는 리더십은 어떠한가? 이 리더들은 새로운 분석 인력들이 생산해 낸 데이터와 분석 결과를 활용하여 의사결정을 내릴 것이다. 실제로 맥킨지는 같은 연구에서 2018년까지 "빅데이터 분석 결과를 사용하여 효과적인 의사결정을 내릴 수 있는 노하우를 가진 관리자와 분석가가 150만 명 부족할 것"이라고 단언했다. 즉, 데이터 과학자보다 분석을 활용해 의사결정을 내릴 관리자의 부족 현상이 10대 1의 비율로 나타날 것이라고 예측한 것이다. 이러한 격차야말로 정량적 직관이 비즈니스 통찰력 및 직관을 데이터와 결합함으로써, 더 현명하고 자신감 있는 의사결정을 내려 리더십 공백을 메우는 중요한 역할을 수행하는 지점이다.

정량적 직관 역량을 갖춘 인재 채용하기

책의 서두에서 강조했듯이, 데이터에 기반해 의사결정을 내리거나 정량적 직관을 갖춘 의사결정자가 되기 위해 반드시 수학 천재가 될 필요는 없다. 하지만 이것이 정량적 직관 팀 리더가 되기 위해 필요한 중요한 기술들이 전혀 없다는 의미는 아니다.

직무 기술서 작성, 여러 차례의 면접과 토론, 후보자가 제출한 참고 자료, 그리고 면접관마다 제각각인 질문들과 같은 전형적인 도구들은 필요하긴 하지만, 그 자체로는 충분하지 않다. 지원자의 내재된 강점과 선호하는 업무 방식, 그리고 정량적 직관 의사결정자처럼 사고할 수 있는지를 파악하기 위해 지원자와 좀 더 상호작용하는 대안적인 방법들을 추가로 고려해야 한다. 이러한 대안적 방법에는 실습 과제나 비정형 질문 등이 포함된다.

그 이유는 무엇인가? 리더는 때로 공식에 들어맞지 않는 해답을 제시해야 하기 때문이다. 이때 필요한 속성은 바로 대응력, 통찰력, 그리고 독창성이다. 당신은 빠른 성장을 주도하고 모호함을 헤쳐 나갈 수 있는가? 위기 상황에 효과적으로 대응할 수 있는가? 민첩한 의사결정을 내리기 위해서는 성장을 이끌 수 있는 사람, 진실을 말하는 사람, 고객 관리자, 그리고 통찰력의 창조자와 같은 역량이 동시에 필요하다. 문제를 개념화하고 상황을 정의하며 더 똑똑한 질문을 던질 수 있는 사람은 교과서적인 답변에 의존하는 사람들보다 뛰어난 성과를 낼 것이다. 우리는 이러한 필수 역량을 정량적 직관의 세 가지 기둥으로 정의할 수 있다.

(31쪽 프롤로그 [자료 P-1] 참조)

- **정교한 질문 기술:** 이 기술은 영리하고 정확한 질문을 하는 역량을 포함한다. 1장에서 논의했듯이, 질문은 매우 강력한 힘을 발휘할 수 있다. 훌륭한 정량적 직관 리더는 탐구심이 강하며, 데이터나 분석에 뛰어들기 전에 반드시 본질적인 질문을 이해하려 노력한다. 채용 면접에서 많은 면접관은 질문하는 데 집중하며, 지원자가 그 질문에 얼마나 잘 답하는지를 테스트한다. 채용 담당자라면, 이러한 과정을 바꿔보는 것도 좋다. 좋은 질문을 던지고 본질적인 문제에 빠르게 집중할 수 있는 지원자의 능력을 테스트해 볼 것을 권장한다. 예를 들어, 면접관은 지원자에게 실제 상황을 제시한 뒤, 상황을 분석하거나 해결책을 제

안하라고 요구하는 대신 상황을 더 잘 이해하기 위해 어떤 질문을 던질 것인지 물어볼 수 있다.

· **맥락적 분석 기술:** 이 기술은 데이터를 치열하게 파고드는 역량을 포함한다. 4장에서 논의했듯이, 데이터를 치열하게 파고든다는 것은 어떤 분석 도구를 사용했는지 또는 적절한 통계적 절차를 거쳤는지를 평가하는 데 초점을 맞추는 것이 아니다. 이러한 것들은 통계학이나 데이터 과학 과정에서 배우는 중요하고 보편적인 기술이며, 데이터 과학자나 분석가 역할에 종종 요구되는 역량이다. 여기서 핵심은 데이터를 어떻게 맥락에 맞춰 해석할 것인가에 있다. 즉, '이 데이터가 회사나 환경의 맥락에 어떻게 들어맞는가?', '분석 과정에서 특별히 놀라웠던 점이 있는가?'와 같은 질문을 할 수 있다. 또는 5장에서 언급한 페르미 추정법을 수행해 어림잡기로 계산해 볼 수도 있다. 이러한 기술들은 주로 경영 컨설팅 분야의 직무 면접에 자주 포함된다. 이는 데이터를 맥락화하는 역량의 핵심이다. 이 기술을 테스트하기 위해 면접관은 특정 수치가 포함된 시나리오를 제시한 후 해당 숫자가 타당한 범위 안에 있는지, 어떻게 평가할 것인지를 지원자에게 물어볼 수 있다. 5장에서 논의한 과테말라 팜스테이 시장 규모 분석이 이러한 시나리오의 좋은 예이다.

· **종합 기술:** 이 기술은 매우 중요하지만, 특히 주니어 직원들에

게서는 찾아보기 힘든 경향이 있는 역량이다. 이는 단순히 정보를 요약하거나 표나 그림에 제시된 내용을 말로 옮기는 수준을 넘어, 정보들 사이의 점들을 연결하고 하나로 통합하는 능력이다. 이 기술은 데이터 분석 과정에서 일정한 방식으로 판단을 쏟아부을 것을 요구한다. 그러나 안타깝게도 이 기술은 그 어떤 데이터 분석 과정에서도 좀처럼 가르치지 않는다. 면접에서 면접관은 특정 상황을 설명하는 표(예: 6장의 [자료 6-2])를 제시하고, 지원자에게 이 시나리오에서 어떤 결론을 도출할 수 있는지 물어볼 수 있다. 여기서 핵심은 지원자가 표에 담긴 내용이 '무엇'인지 단순히 요약하는 수준에 머무는지, 아니면 한 단계 더 나아가 판단을 더하고 정보를 종합할 수 있는지이다. 훌륭한 지원자라면 그 숫자들이 시사하는 '그래서 무엇이 중요한가?'와 '이제 무엇을 해야 하는가?'를 논의할 수 있어야 한다.

이 기술은 8장에서 다룬 전달력 및 스토리텔링 기술과도 밀접하게 연관되어 있다. 이러한 기술은 면접 중 지원자에게 개방형 질문을 던질 때 훨씬 평가하기 쉽다. 면접관은 지원자의 답변을 들으면서 의사소통 능력, 스토리 아크의 활용, 상징과 감정의 사용, 그리고 청중(이 경우 면접관)에 대한 이해와 정도를 파악할 수 있다. 또한, 지원자가 대화하는 와중에 무엇을 찾고 있는지 파악하는 능력을 주의 깊게 살펴야 한다.

배경이나 교육 과정에 따라 어떤 사람은 정량적 기술에 강하고 직관이 약할 수 있으며, 그 반대의 경우일 수도 있다. 따라서 각 기둥의 서로 다른 요소들과 기술들을 상황에 맞춰 강조할 필요가 있다. 수천 명의 경영진에게 정량적 직관을 가르쳐 온 수년 동안, 우리는 의사결정자들이 저마다 서로 다른 정량적 직관 기술을 습득하고자 노력하는 모습을 보아왔다. 이들은 거의 모든 산업 분야와 조직 내 모든 직급을 망라한다. 예를 들어, 우리의 정량적 직관 워크숍에 참여하는 엔지니어나 데이터 과학자들은 대개 강력한 정량적 기술을 보유하고 있으며, 대신 자신의 직관력을 강화하는 데 집중하는 경향이 있다. 이러한 참가자들은 우리에게 종종 다음과 같이 질문한다. "분석에 들어가기 전에 어떻게 본질적인 질문을 명확히 하고 집중할 수 있을까요?", "최고 경영진이 본질적인 질문을 명확히 할 수 있게 도우려면 그들과 어떻게 협력해야 할까요?", "우리가 수행한 분석이 타당한지 확인하기 위해, 통계적 관점이 아니라 비즈니스 관점에서 데이터를 파고들려면 어떻게 해야 하나요?" 정량적 기술이 뛰어난 이 의사결정자들은 종종 정보를 실행 가능한 방식으로 전달하는 데 어려움을 겪으며, 최고 경영진이 그 정보를 이해하고 행동에 옮기게 만드는 법을 고민한다.

다른 참가자들은 종종 강력한 비즈니스 직관을 갖춘 상태로 참여하며, 더 나은 의사결정을 내리기 위해 데이터를 어떻게 활용해야 할지 이해하고자 한다. 이러한 참가자들은 종종 데이터 기반 의사결정의 분석적 측면을 두려워한다. 하지만 정량적 직관 의사결정자가 되기 위해 필요한 기술이 분석 기술 그 자체와 거의 관련이 없다는 사실을 깨닫고 나면, 이들은 큰 안도감을 느낀다. 이러한 유형의 의사결정자들은 자신의 강력한 비즈니스 지식과 직관을 활용하여 데이터를 비즈니스 맥락에 대입하고, 데이터가 자신의 의사결정에 실질적인 도움이 되도록 만드는 법을 배움으로써 이득을 얻는다. 또한 이들은 분석팀과 긴밀한 협력을 유지하는 것의 중요성을 배우는데, 특히 분석 결과가 실행으로 이어질 수 있도록 문제를 정의하고 정보를 종합하는 단계에서의 협력이 얼마나 중요한지를 깨닫게 된다.

채용 과정에서 활용할 수 있는 한 가지 실습 과제는 지원자에게 비즈니스를 하나 시작해 보라고 가정하는 것이다. '만약 돈이 전혀 문제가 되지 않는다면, 당신은 어떤 비즈니스를 시작하겠는가? 가장 먼저 채용할 역할은 무엇인가? 팀을 어떻게 구성하겠는가? 성공을 어떻게 정의하겠는가? 고객 만족을 어떻게 보장하겠는가? 제품 구축에는 어떻게 접근하겠는가?' 비즈니스의 유형 자체는 중요하지 않다. 다시 말하지만, 이러한 질문의 핵심은 지원자의 강점을 파악하기 위함이다. 그들의 답변은 그들이 자연스럽게 어디에 관심이 있는지 보여줄 것이다. 그들은 운영에 집중하는가, 아니면 마케팅에 집중하는가? 대규모 팀을 이끌고 싶어 하는가, 아니면 소규모 팀을 선호하는가?

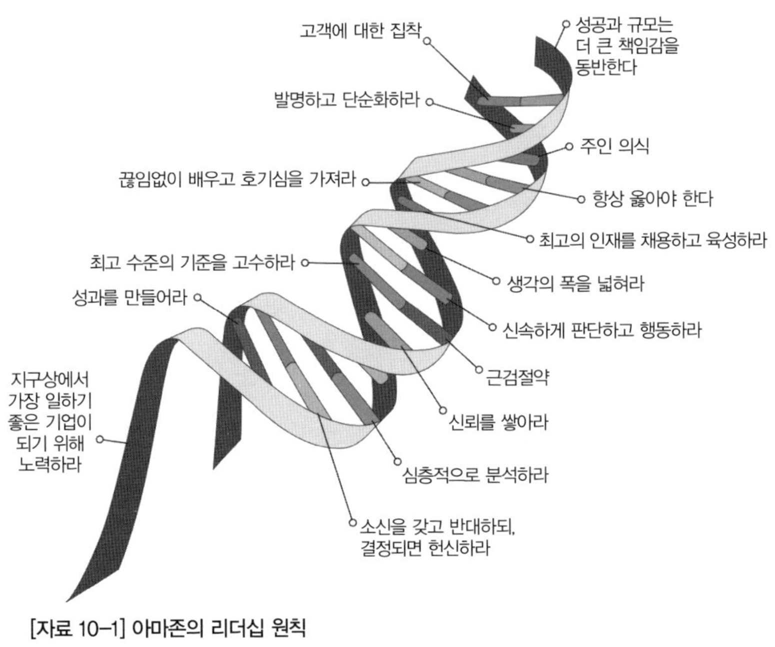

[자료 10-1] 아마존의 리더십 원칙

오늘날 우리가 직면한 도전은 정보의 부족이 아니라, 그것을 활용하는 판단력의 결여라는 점을 거듭 강조할 필요가 있다. 당신이 수행하는 채용 실습(364쪽 박스 〈5개의 점 면접 실습〉 내 [자료 10-2] 참조)은 지원자가 어느 정도의 판단력을 입증하는지 보여주도록 설계되어야 한다. 이러한 실습을 활용하면, 높은 판단력을 보여주는 지원자는 다른 후보자들과 확실히 차별화될 것이다. 우리는 숫자를 숭배하는 문화 속에 살고 있다. 사실과 수치가 중요하기 때문이다. 결국, 우리는 데이터를 쫓는 사냥개다. 비즈니스의 규모가 대기업이든 소기업이든, 자본이 넉넉한 스타트업이든 차고에서 시작한 기업이든 상관없이 모든 비즈니스에는 하나의 반복되는 테마가 있다. 바로 모두가 정보 과부하로 고통받고 있다는 점이다. 우리는 중요한 사실을 발견하고, 통찰을 도출하며, 이를 영향력 있게 전달하는 방법을 알지 못해, 혁신의 기회를 놓치고 고객을 잃는 사례를 수없이 목격했다. 오직 선택된 소수만이 데이터의 힘을 이해하고, 던져야 할 질문을 알며, 이를 전사적 비즈니스 전략과 연결하여, 고객을 참여시키고 매출 목표를 달성한다. 성공적인 리더는 판단력과 비판적 사고, 그리고 창의성을 갖춘 유능한 동료들로 팀을 구성한다.

많은 경우, 정량적 직관 역량을 쌓는 것은 개별적인 기술을 습득하는 차원을 넘어, 정확한 사고방식과 새로운 업무 방식을 형성하는 것과 관련이 있다. 아마존은 이를 보여주는 훌륭한 사례다. 제프 베이조스는 '끊임없이 배우고 호기심을 가져라', '최고 수준의 기준을 고수하라'와 같은 16가지 리더십 원칙([자료 10-1] 참조)을 정의함으로써 이러한 환경을 반복적으로 조성해 왔다. 또한 '데이 원(Day 1)' 철학을 조직에 심어 놓았다. 아마존에서 "데이 원은 아마존이 하는 모든 일의 중심에 고객을 두는 문화이자 운영 모델이다. 데이 원은 끊임없이 호기심을 갖고, 기민하게 움직이며, 실험적인 태도를 유지하는 것을 의미한다". ('데이 원'은 창업 첫날의 긴장감과 열정을 잃지 말자는 아마존의 핵심 경영 철학으로, 규모가 커져서 관료주의에 빠지는 '데이 투(Day 2)' 상태를 경계하는 개념이다.-옮긴이)

5개의 점 면접 실습

우리가 사용하는 한 가지 실무 과제는 지원자에게 데이터의 '점'들을 그래픽으로 연결해 보라고 요청하는 것이다([자료 10-2] 참조).

지원자들의 답변은 보통 매우 다양한 양상으로 나타난다([자료 10-3] 참조). 어떤 사람들은 하나의 선으로 합리적이고 논리적인 연결성을 보여준다(A). 두 번째 그룹은 평균치를 나타내기 위해 직선을 그린다(B와 C). 반면 세 번째 그룹은 점들을 그룹화하여 시각적으로 연결함으로써 창의성을 발휘한다(D, E, F).

정답은 정해져 있지 않다. 실제로 우리가 찾고자 하는 것은 데이터에 가장 적합한 선이나 누군가가 얼마나 빨리 선을 긋는지가 아니다. 이것은 속도 테스트도, 논리 테스트도 아니며, 지원자가 3차원에서 물체를 조작할 수 있는지 확인하는 공간 지각 능력 평가도 아니다. 우리는 이 실습을 통해 지원자가 업무에

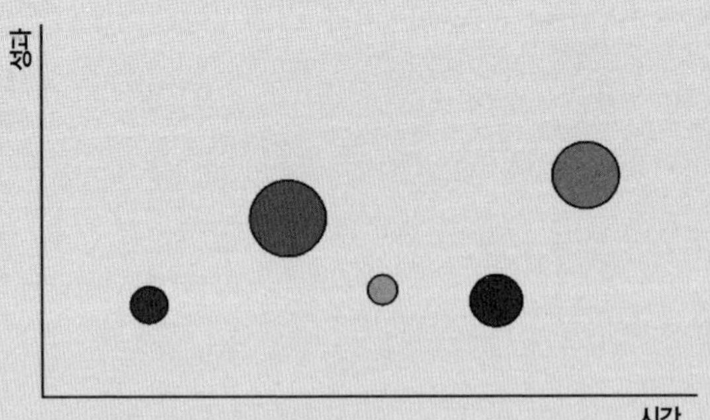

[자료 10-2] 정량적 직관 채용 실습

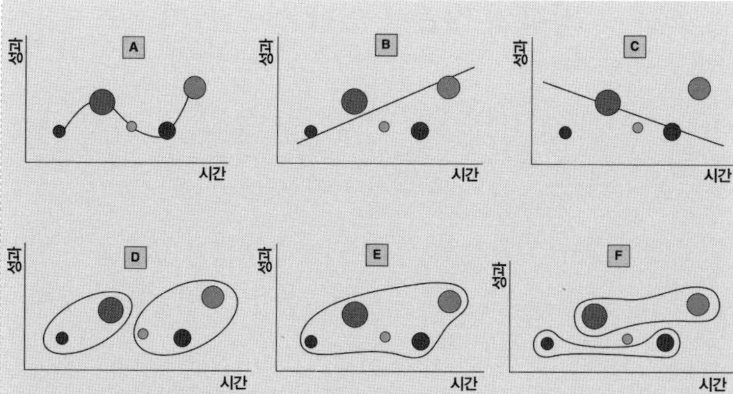

[자료 10-3] 정량적 직관 테스트: 가능한 답들

어떻게 접근하는지를 확인하고자 한다. 그들이 즉시 작업에 뛰어드는가, 아니면 잠시 멈춰 질문을 던지는가? 데이터를 심층적으로 '조사'하는가?

다섯 개의 원은 숫자가 없는 데이터 포인트들로, 데이터를 다루기 전에 먼저 이해하려고 노력해야 할 정보들을 상징한다. "원의 크기가 다른 것이 무엇을 의미하는가? 원의 음영이 관련이 있는가? x축과 y축의 척도는 일관적인가? '성과'와 '시간' 중 무엇이 더 중요한가?" 이 실습을 경험이 풍부한 전문가들과 반복해 보았을 때도, 비슷한 패턴이 나타났다. 사람들은 행동 편향을 가지고 있다. 이는 사람들이 데이터 세트를 받았을 때 보이는 행동과도 유사하다. 그들은 문제를 설정하지 않고 데이터에 뛰어들며, 데이터의 맥락을 파악하지 못하거나, 원하는 결과가 무엇인지 이해하기 위해 잠시 멈추는 과정을 생략한다.

정량적 직관을 위한 팀 만들기

거의 모든 조직과 직급에서 정량적 직관 기술을 익히는 것이 분명 도움이 되지만, 이 모든 역량을 한 사람이 다 갖추기는 어렵다. 급성장하는 기업의 유능한 리더들은 최적의 결과를 내기 위해 문제를 해결하는 능력이 결국 적절한 팀을 구성하는 데서 나온다는 사실을 잘 알고 있다. 그렇다면 '적절한 팀'이란 무엇일까? 여기서 말하는 '적절한 팀'이란 제약에 얽매이지 않고 상황을 전체적으로 조망하는 동시에 편향을 제어하여, 모두가 납득할 수 있는 창의적인 해결책을 이끌어내는 팀이다. 이러한 해결책은 때로 단순하거나 대담하며 혹은 도발적일 수도 있지만, 본질적인 문제를 효과적으로 해결하며 지속적인 영향력을 발휘한다. 무엇보다 중요한 것은, 이러한 팀의 결과물이 사람들로 하여금 기존의 사고방식을 재점검하게 하거나 최종 제안 사항을 실행에 옮기게 만드는 등 실질적인 변화와 행동을 이끌어낸다는 점이다.

앞서 언급했듯이, 정량적 직관 기술은 데이터 지능과 인간의 판단력이 조화를 이룬 결과물이다. 우리의 연구에 따르면, 이러한 역량은 정량적 직관 팀의 초석이 되는 네 가지 역할, 즉 데이터 과학자, 데이터 엔지니어, 데이터 번역가, 그리고 데이터 아티스트에게서 발견된다. 이 정량적 직관 팀은 다양한 배경, 경험, 전문성, 근속 연수의 조합으로 구성되어 있으며, 원하는 결과를 달성하기 위해 하나의 단위로 일한다. 이게 말은 쉽지만, 실행은 어렵다. 성공적인 리더들은 이러한 장애물들을 헤쳐 나가는 동시에, 다양한 재능을 가진 인재들의 조합이 성공하는 문화를 조성함으로써 팀을 결집시킨다. 이는 매우 희귀하고 가치 있는 능력이다. 정량적 직관 기술을 갖춘 인재를 어떻게 채용할지 고민할 때, 바로 이 지점이 우리의 출발점이 되어야 한다.

데이터 과학자

데이터 과학자는 건축가와 같은 존재다. 이들은 통찰을 구축하기 위한 뼈대 역할을 하는 청사진을 설계한다. 구글의 수석 경제학자인 할 베리안은 데이터 과학자의 역할을 "21세기 가장 섹시한 직업"이라고 말하기도 했다.[1] 이들은 복잡하고 비정형화된 데이터 속에서 보물을 캐내는 능력을 갖추고 있다. 또한 컨조인트 분석(conjoint analysis), TURF(Total Unduplicated Reach and Frequency) 분석, 텍스트 분석, 회귀 분석, 신경망, 예측 머신러닝 도구, 코호트 분석 등 수많은 분석 도구와 기법에 정통하다. 데이터 과학자들은 이러한 도구들을 활용해 정형 및 비정형 데이터를 세분화하여 정보의 전체상을 더욱 명확하게 보여주는 역할을 한다.

중요한 점은 이러한 청사진이 프로젝트 시작 단계에서 정보 수집 방법을 안내하기 위해 작성될 수도 있고, 이미 데이터 큐브(data cube, 데이터를 시간, 지역, 제품 등 여러 관점(차원)에서 즉시 분석할 수 있도록 입체적으로 구조화한 데이터 덩어리. 루빅스 큐브처럼 데이터를 다각도로 쪼개고 돌려보며 입체적인 통찰을 얻는 데 사용된다.-옮긴이)가 확보된 후반 작업 단계에서 작성될 수도 있다는 것이다. 데이터 과학자가 언제, 어느 지점에 개입할지는 질문의 복잡성에 따라 달라진다. 투입되는 정보가 적고 답을 내기 쉬운 단순한 질문은 청사진과 같은 견고한 구조를 필요로 하지 않는다. 반면 더 복잡한 문제의 경우, 데이터 과학자는 체계적이고 방법론적인 접근을 통해 데이터 모델링, 관계형 데이터베이스, 통계학 분야의 전문 역량을 발휘하며 데이터 큐브를 분석하는 데 핵심적인 역할을 수행한다.

인공지능(AI)과 머신러닝이 비즈니스 프로세스 전반에 대세가 되면서, 데이터 과학자에 대한 수요는 더욱 증가할 것이다. 이들은 모델을 구축하고 통찰을 창출하기 위한 방법론, 알고리즘, 기술이 교차하는 지점에 서 있는 존재이기 때문이다. 수학, 통계학, 컴퓨터 과학 기술을 두루 갖춘 데이터 과학자들은 복잡한 질문에 답할 수 있는 전문적인 기술 지식을 제공한다.

데이터 엔지니어

데이터 엔지니어는 데이터가 흐를 수 있도록 파이프라인을 구축하는 역할을 한다. 집을 짓는 과정에 비유하자면, 데이터 엔지니어는 배관공이나 전기 기술자와 같다.

첫 번째 단계, 데이터 엔지니어는 데이터를 수집한다. 이들은 웹사이트, 모바일 기기, 클라우드 기반 시스템, 설문 조사, GPS

또는 거래 데이터 등 다양한 소스로부터 데이터를 연결하는 핵심 기술을 제공한다.

두 번째 단계, 데이터 입력값의 다양성, 속도, 양, 정확성을 고려할 때, 데이터 엔지니어는 규칙을 설계하여 데이터를 조화롭게 통합하여 다양한 소스의 데이터를 결합할 수 있는 스키마(schema, 데이터베이스에 데이터를 저장하는 방식과 관계를 정의한 데이터 설계도 혹은 표준 틀-옮긴이)를 만든다. 이러한 규칙은 데이터의 일관된 뷰를 제공하기 위해 데이터를 어떻게 명명하고, 변환하고, 처리하고, 병합할지를 정의한다. 이는 판단력과 기술, 그리고 비즈니스 지식이 모두 필요한 복잡한 과정이다. 데이터는 어디에서나 올 수 있기 때문에, 이를 활용 가능한 상태로 만들려면 단일 위치에 저장해야 한다. 흔히 빅데이터의 가치가 데이터 세트의 길이나 관찰값의 수, 혹은 수십만 명의 고객이나 수백만 건의 거래 데이터를 보유하고 있는지에 따라 결정된다는 잘못된 믿음이 존재하곤 한다.

하지만 빅데이터의 진정한 가치는 단순히 데이터의 '길이(양)'가 아니라, 개별 데이터 단위에서 관찰되는 수많은 변수들이 서로 연결되어 있다는 점, 즉 데이터의 '너비'에서 나온다. 이렇게 통합된 데이터는 비즈니스 전반을 360도로 입체적 분석을 할 수 있도록 돕는다. 태도, 판매, 운영, 재무, 그리고 마케팅 데이터를 하나의 관점으로 연결하면 의사결정의 민첩성, 품질, 그리고 속도를 획기적으로 개선할 수 있다.

세 번째 단계, 그들은 그렇게 모은 데이터를 저장할 수 있도록 공간을 만들고, 데이터 큐브에 보관한다. 데이터 큐브는 본질적으로 행과 열로 이루어진 데이터베이스다. 가장 단순한 형태는 엑셀 스프레드시트지만, 데이터 간의 관계를 분류하고 그룹화하며 매핑하는 훨씬 더 복잡한 관계형 데이터베이스로 확장될 수 있다. 데이터 엔지니어의 중요한 역할 중 하나는 데이터의 상호운용성을 보장하는 것이다. 즉, 데이터가 한 시스템에서 다른 시스템으로 이동할 수 있게 하고, 시스템이 업그레이드되거나 완전히 교체되더라도 시스템 간, 그리고 시간의 흐름에 따라 데이터가 유기적으로 연결되도록 보장해야 한다. 과거 데이터가 소실되는 가장 흔한 원인은 아마도 데이터 입력 방식이나 저장 시스템의 변경 때문이었다. 데이터 엔지니어는 데이터 과학자와 데이터 번역가가 각자의 직무를 수행할 수 있게 뒷받침한다. 데이터 과학자는 데이터 큐브 없이는 모델을 구축할 수 없으며, 데이터 번역가 역시 원천 데이터(raw data)를 통찰로 변환해낼 수 없을 것이다.

데이터 번역가(데이터와 직관의 결합)

데이터 번역가는 구체적인 비즈니스 질문에 답을 내놓는 역할을 한다. 이들은 정량적 기술과 직관력을 동시에 갖추고 있다. 가장 유능한 번역가는 비즈니스 이해관계자, 데이터 과학자, 데이터 엔지니어, 그리고 데이터 아티스트 사이를 연결하는 통역사로서 이견을 조율한다. 이들은 비즈니스의 언어와 데이터의 언어를 연결하여 데이터 기반의 의사결정을 가능하게 한다. 데이터 번역가는 질문을 통해 문제를 정의하고, 데이터를 깊이 있게 파헤치며, 데이터를 문제의 맥락에 대입한다. 그리고 정보를 종합하여 효과적인 의사결정으로 이끈다. 데이터 번역가의 역할에는 비즈니스의 우선순위에 기반을 두고, 결과를 끌어내는데 집중해야 하는 필요성을 갖는다. 데이터 분석은 목적을 달성하기 위한 수단일 뿐이다. 성공적인 데이터 번역가는 문제를 전체적인 관점에서 바라보며, 다양한 분석 도구를 활용하여 비즈니스 전략에 영향을 미친다. 데이터 번역가는 타고난 호기심을 바탕으로 끊임없이 "왜?" 혹은 "그래서 뭐?"라고 자문한다. "그래서 뭐?"(자세한 내용은 6장 참조)라는 질문은 데이터를 비즈니스 맥락에 대입함으로써 그 데이터가 실제로 무엇을 의미하는지 논의하는 과정이다. 이들은 데이터를 깊이 파고들어 테스트하고, 측정하고, 배우며, 이 과정을 반복한다.

성공적인 데이터 번역가는 분석적 사고방식을 갖고 있다. 이는 단순히 분석 도구나 방법론을 익히는 것과는 차원이 다른 문제다. 분석적 사고방식은 거의 모든 리더가 추구하는 역량이지만, 정작 이를 갖춘 이는 드물다. 분석이나 수학에 능숙하다고 해서 반드시 분석적 사고방식을 가졌다고 볼 수는 없다. 우리는 심도 있는 분석 기술을 보유한 영리한 수리 통계학 박사들을 수 없이 보아왔지만, 그들 중 상당수는 정작 분석적 사고방식을 갖추고 있지 않았다. 분석적으로 사고한다는 것은 데이터라는 숲속에서 길을 잃고 헤매는 대신 핵심적인 질문의 목적을 명확히 하는 것을 의미한다. 또한 통계적 관점이 아니라 타당성의 관점에서 데이터와 분석 결과에 대해 끊임없이 의문을 제기하는 것이다. 종합적인 사고를 통해 데이터의 흩어진 점들을 연결하고, 마침내 단순한 의견이나 사실의 나열이 아닌 팩트에 기반한 완성도 높은 서사를 들려주는 능력을 갖추는 것이다. 종종 최고의 컨설턴트와 유능한 데이터 번역가가 기업에 가져다주는 가장 큰 가치는 바로 분석적이고 구조적인 사고 능력이다. 데이터 번역가는 앞서 언급한 정량적 직관 리더에게 필요한 핵심 역량 대부분을 모두 가지고 있는 경우가 많다. 이 때문에 데이터 번역가는 정량적 직관 팀에서 가장 중요한 역할 중 하나인 동시에, 시장에서 가장 찾기 힘든 인재이기도 하다.

데이터 아티스트(직관을 시각화하는 기술)

데이터 아티스트는 사람들이 복잡한 데이터를 한눈에 이해할 수 있도록 그래프, 차트, 인포그래픽 등 다양한 시각화 자료를 만든다. 이들은 8장에서 다룬 '전달 역량'을 풍부하게 갖춘 전문가들이다. 훌륭한 시각화는 더 많은 사람을 대화에 참여시킴으로써 대화의 장을 넓혀준다. 그 결과, 의사결정은 더욱 빨라지고

품질 또한 향상된다. 데이터 시각화에 대한 흔한 오해 중 하나는
이러한 기술을 완벽히 마스터하려면 엄청나게 창의적이어야 한
다는 것이다. 우리는 그 주장에 근본적으로 동의하지 않는다. 사
람들이 '데이터 아티스트'라는 말을 듣고 시각화에 할당되는 시
간을 과소평가한다면, 이는 해당 분야에 대한 깊은 이해가 부족
하거나 역량의 격차가 있기 때문이다. 흔히 데이터 시각화라고
하면 미술이나 공예 정도로 생각하곤 하는데, 이는 사실과 거리
가 멀다. 론 크로슬랜드는 그의 저서 《보이스 레슨》에서 다음과
같은 통찰력 있는 말을 남겼다. "사실 그 자체만으로는 설득하기
어렵고, 영감을 주는 경우도 드물다." 콘텐츠(내용)가 중요한 것은
두말할 나위 없다. 하지만 시각화는 사람들이 그 콘텐츠와 제안
사항을 바탕으로 행동하게끔 영감을 불어넣는 역할을 한다. 시
각화는 또 다른 목적도 있다. 우리 뇌의 작동 방식 때문에 인간
은 들은 내용의 전체 합계보다는 평균을 기억하는 경향이 있다.
데이터 시각화는 데이터에서 중요한 요약 정보를 두드러지게 강
조하고, 불필요한 노이즈를 제거하여 핵심을 꿰뚫어 볼 수 있게
해준다.

  가장 높은 수준의 숙련도를 가진 데이터 아티스트는 데이터
과학자의 전문성과 그래픽 디자이너의 기술을 동시에 겸비한
다. 하지만 다른 모든 기술과 마찬가지로, 데이터 시각화에도 숙
련도의 차이는 존재하기 마련이다. 몇 가지 핵심 원칙들을 일관
되게 적용하기만 해도 여러분의 프레젠테이션 수준을 즉각적으

로 한 단계 높일 수 있다. 이러한 기본 원칙에는 다음이 포함된다. (1)여백의 미 활용하기, (2)한 페이지에 하나의 메시지만 담기, (3)큰 폰트 사용하기, (4)색상 사용 제한하기, (5)단순 요약이 아닌 종합하기. 더 풍부한 자료를 원한다면 익스트림 프레젠테이션 메소드(Extreme Presentation™ Method)에서 제공하는 '차트 선택기(Chart Chooser)'를 참고하면 좋다. 만약 영감을 찾고 있다면, 복잡한 데이터 세트를 단순한 시각화로 구현하여 보이지 않던 연결고리와 패턴을 찾아내는 현대 데이터 아트의 선구자 데이비드 맥캔들리스(David McCandless)를 추천한다. 기억하라, 당신의 목표는 단순한 '발표'가 아니라 '설득'이다.

우리는 이 역할들을 네 가지의 서로 다른 직무로 설명했지만([자료 10-4] 참조), 기술, 접근 방식, 교육 및 경험 측면에서 분명 중첩되는 부분이 존재한다. 특정 역할을 전공으로 삼되, 두 번째 역할을 부전공으로 택하고, 나머지 역할들을 교양 과목처럼 섭렵할 수 있다. 예를 들어, 훌륭한 데이터 시각화를 하기 위해 반드시 전문 그래픽 디자이너가 되어야 할 필요는 없다. 성공적인 전문가는 이러한 기술들을 조화롭게 혼합하여 갖춘 사람이다.

팀원들이 정량적 직관 역량을 쌓을 수 있도록 리더가 대화를 '유도'하는 환경을 조성할 수 있다. 이는 프레젠테이션을 연습할 때나 1:1 면담처럼 리스크가 낮은 상황에서 시도하는 것이 좋다. 학습을 위한 안전한 공간을 마련해 주는 것이 목적이기 때문이다. 발표자에게 슬라이드를 덮어둔 채 결과를 설명해 보라고 요청한다. 예를 들어, 데이터 중 이상치나 설명되지 않는 발견 사항들에 대해 질문을 던진다. 슬라이드라는 시각적 단서를 치워 버렸을 때, 대화가 얼마나 풍성해지는지 확인해 보라. 팀원이 정보를 완벽히 숙달했음을 증명하는가? 문제에 대한 자신의 관점을 제시하는가? 비즈니스 과제와 관련된 함의에 관해 이야기할 수 있는가? 만약 그렇지 못하더라도 괜찮다. 이는 보완해야 할 지점을 파악하는 과정이기 때문이다. 이 연습을 반복할수록 팀원들은 점점 더 철저하게 준비된 인재로 거듭날 것이다. 팀원들은 시간이 흐름에 따라 자신감을 얻게 될 것이다. 이는 그들이 분석을 통해 실제 행동을 이끌어내는 경로에 들어서게 만든다.

	데이터 과학자	데이터 엔지니어	데이터 번역가	데이터 아티스트
역할	설계자	인프라 담당	연결자	시각화 담당
도구	고급 분석 기법 (컨조인트 분석, TURF, 텍스트 분석, 회귀 분석, 머신러닝 신경망, 요인 분석 등)	SQL, AWS, Spark, Hadoop	엑셀, 파이썬, 태블로	프레젠테이션 소프트웨어 (파워포인트, 구글 슬라이드, 어도비, 태블로)
기술	통계, 수학, 커뮤니케이션	프로그래밍	정량 분석, 종합 역량, 비즈니스 인사이트, 커뮤니케이션, 프로그래밍	데이터 분석 및 과학적 이해, 그래픽 디자인
접근 방식	체계적이고 방법론적임	세부 사항 중심적이며, 운영과 품질에 집중함	집중적이면서도 병렬적이며, 여러 부서를 아우름	폭넓은 관점을 유지함
최종 결과물	데이터 분석을 위한 청사진 또는 모델	데이터를 전달하기 위한 파이프라인 및 인프라 구축	구체적인 비즈니스 질문에 대한 답변 제공	참여와 설득 유도, 사람들을 행동하게 만듦

[자료 10-4] 정량적 직관 팀의 역할 및 역량

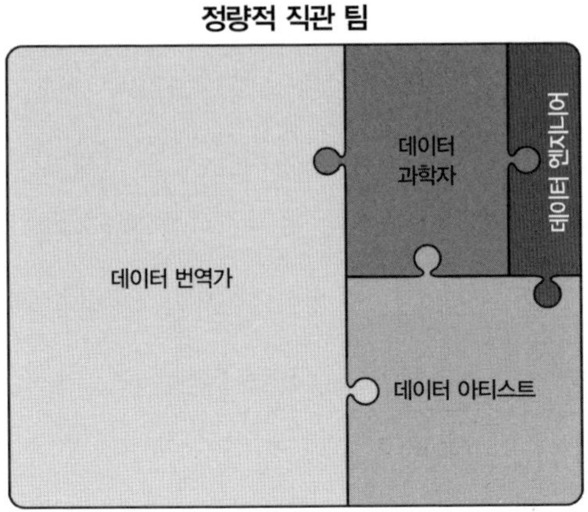

[자료 10-5] 정량적 직관 팀 구조화(적정 비율 사례)

이제 필수 역량과 그 역량들이 네 가지 역할에서 어떻게 나타나는지 이해했으므로, 팀의 구성에 대해 논의해야 한다. 네 가지 역할 모두 중요하지만, 동일한 비중으로 필요한 것은 아니다([자료 10-5] 참조). 비즈니스의 규모, 정보량, 산업군에 따라 달라지므로 정해진 비율은 없다. 개념적으로 비중이 큰 순서부터 나열하자면, 데이터를 해석할 데이터 번역가, 참여와 설득을 도울 데이터 아티스트, 모델을 구축할 데이터 과학자, 그리고 데이터가 계속 흐르도록 만드는 데이터 엔지니어가 필요하다.

정량적 직관 조직 성장시키기

정량적 직관 팀을 성장시킬 때는 정량적 직관에 대한 접근 방식과 불확실성 속에서 의사결정을 내리는 조직의 준비도 사이의 관계를 이해하는 것이 가장 좋다. 이는 리더 자신과 팀을 위한 성숙도 모델의 출발점으로 연결될 수 있다.

　모든 데이터를 대할 때와 마찬가지로, 자신의 정량적 직관 역량을 객관적으로 진단해 보아야 한다. 불확실한 상황에서 업무를 수행하며 정량적 렌즈와 직관적 렌즈를 동시에 적용하는 것이 아직 생소한가? 아니면 이전에 심층적인 분석과 인간의 통찰력을 결합하여 견고한 의사결정 프로세스를 구축해 본 적이 있는가? 그것도 아니라면, 정보와 직관을 유기적으로 연결하는 고도의 정량적 직관 역량을 발휘하는 동시에 조직 전체가 이를 따를 수 있도록 이끌고 있는 상태인가?

　이제 조직의 관점으로 돌아가서, 기업 문화와 조직의 성숙도를 고려해 보아야 한다. 해당 조직은 매우 유연한가, 아니면 조심스럽지만 변화할 준비는 되어 있는가, 그것도 아니면 상당히 경직되어 불확실한 상황을 헤쳐 나가는 속도가 현저히 느린 편인가?

　이를 단순한 매트릭스([자료 10-6] 참조)에 대입해 보면 다음과 같은 모습일 것이다. 정량적 직관 챔피언이자 숙달자로서 자신은 상단 행에 속해 있다고 생각하겠지만, 당신의 조직은 어떠한가? 설립된 지 100년 된 기업이 매우 유연한 경우도 있고, 반대로 스타트업이 경직된 경우도 있다. 이러한 측면은 때로는 기업의 모습을 제대로 이해하는 데 방해가 되며, 조직의 진정한 문화와 방

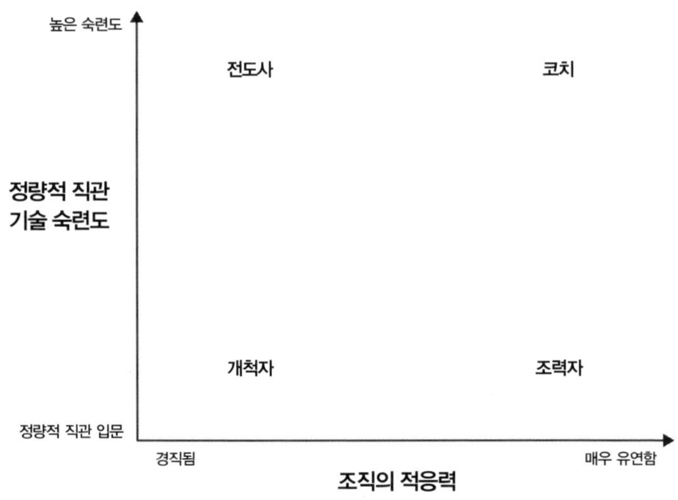

[자료 10-6] 조직 내 정량적 직관 도입에 있어서 역할

향에 대한 정직한 평가가 필요하다. 일단 조직의 변화에 대한 열망을 이해하고 나면, 본인이 비슷한 생각을 가진 의사결정자들과 협력하고 있는지 아니면 경직된 조직을 앞으로 나아가게 하는 전도사 역할을 하고 있는지 판단할 수 있다. 불확실성 속에서 더 나은 의사결정 방식을 흡수하고 궁극적으로 채택하기 위해, 진화하는 조직 내에서 자신의 역할을 이해하는 것은 매우 가치 있는 일이다.

우리는 정보가 폭발적으로 증가하고 종종 부담스러울 정도로 쏟아지는 시대에 살고 있다. 하지만 실제로는 이처럼 방대한 정보를 보유하게 된 것은 행운이다. 핵심 역량을 갖춘 적절한 팀은 비즈니스를 혁신하는 선구자가 될 것이며, 성장을 위한 핵심 영역에 대한 통찰을 제공할 것이다. 결국 데이터의 힘을 이해하고, 던져야 할 질문을 알며, 이를 더 큰 비즈니스 전략에 적용하고, 고객과 소통하며, 궁극적으로 수익 목표를 달성하는 이들은 소수에 불과하다. 앞서 언급한 네 가지 역할을 수용함으로써 조직은 더 빠르고 생산적인 의사결정을 내리게 될 것이다.

10장의 핵심 내용

- 현재 인력 수준의 격차는 심층적인 분석 기술을 가진 사람의 부족보다는, 그들을 이끌고 분석을 통해 더 나은 의사결정을 내릴 수 있는 리더의 부재에서 발생한다.

- 개인을 채용할 때는 정량적 직관의 세 가지 기둥인 정밀한 질문, 데이터에 맥락을 반영하기, 그리고 종합 능력을 갖추었는지 확인해야 한다.

- 면접 시에는 지원자들이 '무엇?'에서 출발하여 '그래서 뭐?', 그리고 '이제 무엇을 할 것인가?'로 나아가는 능력이 있는지 확인하라.

- 데이터 과학자, 데이터 엔지니어, 데이터 번역가, 데이터 아티스트라는 네 가지 역할로 구성된 팀을 구축하라.

- 시각화에 시간과 에너지를 투자해야 하며, 데이터 아티스트를 채용하라.

- 데이터 번역가가 팀의 대다수를 차지해야 한다.

11장.

데이터 기반 의사결정과 AI

■ 미래가 당신을 불안하게 만들도록 내버려 두지 마라. 필요하다면, 오늘 현재에 맞서고 있는 것과 같은 이성의 무기를 가지고 미래와도 마주하게 될 것이다.

– 마르쿠스 아우렐리우스

점점 더 복잡해지는 데이터 기반 의사결정 분야에서 앞서 나가기 위해서는 리더가 그 어느 때보다 빠른 속도로 민첩하게 정보에 입각한 결정을 내려야 한다. 빅데이터 시대의 초기에는 데이터의 양(volume), 속도(velocity), 다양성(variety)이라는 '3V'에 초점이 맞춰졌다. 하지만 이후 데이터가 일관되게 가용 가능한지를 뜻하는 변동성(volatility)과 데이터의 진실성 혹은 무결성을 의미하는 정확성(verity)이라는 두 가지 'V'가 추가되었다. 이제 데이터 문해력을 갖춘 리더는 이 5V로 묘사되는 거대한 신호의 흐름을 받아들이고 검토하며 판단을 내려야 하는 상황에 놓여 있다. 이 신호들은 한 사람의 정신으로 실시간 해석하기에는 너무나 방대하다.

다행스럽게도 앞서 논의했듯이, 의사결정은 팀 스포츠이며 향후 10년 동안 업계 리더와 학계에서 쏟아져 나오는 수많은 도구와 기법들이 의사결정을 도울 것이다. 계산 속도가 빨라지고 AI 방법론이 정교해짐에 따라, 의사결정 역량의 새로운 확장은 비즈니스 리더들이 점점 더 복잡해지는 의사결정 환경에 대처하는 데 도움을 줄 것이다. 의료 영상 판독, 주식 거래, 또는 가격 결정과 같은 반복적인 의사결정을 대체하기 위한 자동화 도구들이 개발되고 있으며, 이는 하이브리드 자동화 방식으로 인간의 의사결정을 보완하는 의사결정 지원 도구 역할을 한다. 컴퓨팅 파워의 발전과 계산 속도의 향상은 디지털 트윈 모델과 같은 보다 진보된 예측 분석 및 시뮬레이션 기법을 가능하게 한다. 이러한 추세는 리더들이 데이터에 접근하는 방식에 있어 인간의 확률적 또는 불확실한 사고뿐만 아니라, 기계 예측의 확률적 특성과 불확실성까지 수용하는 조정을 요구한다. 그 결과로 나타날 의사결정 환경은 정량적 기법을 더욱 깊이 있게 채택하는 모습이 될 것이다. 이는 데이터 수집 및 분석과 같은 전통적인 정량적 작업의 상당 부분을 기계가 대체할 것이다. 하지만 동시에 심층적인 분석과 직관 및 비즈니스 통찰력 사이의 균형을 맞추는 데 필요한 인간의 참여 비중은 더욱 증가할 수 있다. 역설적으로 데이터

와 자동화가 늘어날수록, 인간의 직관(I)과 정량적 직관(QI)의 역
할이 오히려 주도권을 잡게 될 수 있다.

자동화와 인간의 판단력

지난 세기 동안 자동화는 예측 가능하고 반복적인 인간의 업무를
대체함으로써 노동 시장을 변화시켜 왔다. 아마도 자동화가 가
장 먼저 적용된 사례는 1901년 올즈 모터 비히클(Olds Motor Vehicle
Company) 공장에서 조립 라인을 이용해 올즈모빌 자동차를 대량
생산한 일일 것이다. 이는 1913년 헨리 포드가 자신의 조립 라인
을 가동하면서 더욱 개선되고 확장되었다. 자동차 제조 다음으로
자동화의 대상이 된 것은 데이터의 처리와 분석이었다. 최근 계
산 방법론과 AI의 발전은 판단, 창의성, 종합, 그리고 사회적 지
능이 필요한 비정형 업무의 자동화까지 가능하게 하였다.[1]

리더십과 비즈니스 의사결정은 아마도 완전히 자동화되는 마
지막 과업이 될 것이다. 그러나 의사결정의 순간은 흔히 상대적
으로 일관되고 반복적인 활동들의 전후 맥락 속에 존재한다. 이
러한 반복 가능한 패턴을 정의하면 인간의 참여와 자동화된 작
업이 결합된 워크플로(workflow)로 체계화할 수 있다. 반복적인
작업을 자동화할 때 얻는 가장 큰 이점 중 하나는 신뢰성과 효율
성이다. 인간과 달리 기계는 동일한 입력값이 주어지면 매번 동

일한 결과를 산출한다.

정의된 파라미터와 워크플로가 있다면, 우리는 5V의 도전을 해결하고 의사결정 프로세스를 가속화하기 위해 컴퓨터 자동화를 활용할 수 있다. 자동화의 가치는 단순히 소프트웨어 루틴이나 계산 작업에 적용될 때가 아니라, 비즈니스의 시작과 끝 전반을 관통하는 프로세스에 적용할 수 있을 때, 비로소 실현된다. 완전히 반복될 가능성이 높은 특정 작업의 경우 자동화가 전체 작업을 손쉽게 완료할 수 있다. 반면, 더 많은 판단과 종합이 필요한 다른 작업의 경우에는 하이브리드 솔루션이나 제안 사항을 제공하는 의사결정 지원 시스템이 활용되며, 이 경우 의사결정자가 주도하는 방식의 자동화가 선호될 가능성이 높다.

가트너(Gartner)의 정의에 따르면, 비즈니스 프로세스 자동화(BPA)는 전통적인 데이터 조작이나 기록 보관 활동을 넘어선다. 이는 '사업 수치를 집계하는' 방식의 자동화가 아니라 '사업을 운영하는' 유형의 자동화 노력에 초점을 맞춘다. 이러한 유형의 자동화는 주로 이벤트 중심적이고, 임무 수행에 필수적이며, 핵심적인 프로세스들을 다룬다.

자동화의 모든 적용 사례에서 비즈니스 리더는 자신의 비즈니스 목표와 핵심 성과 지표(KPI) 중에서, 자동화가 가능한 반복적 과업으로 분해할 수 있는 영역이 무엇인지, 그리고 인간의 의사결정이 반드시 필요한 프로세스가 무엇인지 결정해야 한다. 보험금 청구 처리, 미수금 관리, 구매 주문 처리, 고객 서비스 데스크 응대, 그리고 급여 조정과 같은 많은 인사(HR) 기능들이 이러한 형태의 시스템 가속화를 통해 가치를 얻을 수 있다. 이때 중요한 점은 의사결정권 자체를 포기하는 것이 아니라, 감독된 기준 아래에서 권한을 위임하는 것임을 인식하는 일이다.

콜센터를 예로 들어보겠다. 정량적 관점을 가진 사업 리더는 고객 서비스 데스크의 상호작용에 자동화를 적용하여 통화 시간을 줄이려고 할 것이다. 비록 자동화된 응답이 종종 매력적이지 않게 느껴질 수 있지만, 사용자는 효율적인 상호작용(예: "등록된 결제 수단으로 잔액 확인 및 결제를 진행하려면 1번을 누르세요")에서 가치를 발견한다.

하지만 다른 영역에 더 많은 가치가 있을 수 있다. 파레토 법칙(전체 요청 사항의 80%가 20%의 노력으로 해결된다는 원리)에 따라 대부분의 인바운드 통화를 자동화하면, 상담원들이 진정으로 해결이 필요한 고객의 전화를 처리할 수 있는 시간을 확보하게 된다. 이는 또한 상담원들이 더 복잡한 통화를 처리하게 됨에 따라, 해당 비즈니스 영역에서 더 높은 전문성을 갖추어야 함을 의미한다. 이처럼 더 상호작용적이고 복잡한 관여로의 전환은 최종 고객과의 더 깊은 유대감을 반영하며, 업계 명칭이 '콜센터'에서 '고객 접점 센터(contact center)'로 바뀌는 계기가 되었다.

더 나아가 일상적이고 단조로운 업무 대신 다양하고 고도화된 문제를 다루는 것은 직원의 직무 만족도와 근속률을 높이는 데 도움이 될 수 있다. 실제로 미국의 한 대형 건강보험 회사가 온라인 셀프 서비스 채널을 추가했을 때, 콜센터로 걸려오는 전화 수는 감소하지 않고 오히려 증가했다. 하지만 전화의 성격은 달라졌다. 온라인 채널이 고객들에게 건강 보험 정책, 청구, 보장 범위에 관한 많은 양의 정보를 제공하자, 소비자들이 건강 보험 약관에 대해 훨씬 더 정밀하고 수준 높은 질문을 던지기 시작한 것이다.[2]

마찬가지로, 경제학자 데이비드 오토는 은행 업계에 자동화 기기(ATM)가 도입되었을 때 나타난 효과에 대해 말한다.[3] ATM 이 은행원을 대체한다는 점을 생각할 때, ATM 도입 이후 지점 수와 은행원 수가 감소할 것으로 예상했다. 하지만 정반대의 효과가 나타났다. ATM 덕분에 은행은 신용카드나 주택 담보 대출과 같이 더 복잡하고 수익성이 높은 사업에 집중할 수 있었다. 은행은 사업을 확장하고, 더 많은 지점을 개설하고, 더 많은 은행원을 고용했다. 이러한 새로운 환경에서 은행원들은 더 복잡한 고객 상호작용을 다루게 되었으며, 이는 그들의 가치를 떨어뜨리기보다 오히려 더 높여주었다. 자동화 이후의 시대에 은행원들은 더 많은 판단력과 직관을 사용하며, 더 많은 비즈니스 의사결정에 대한 담당을 하고 있다.

마지막으로, 의료비 지불 기관이나 자동차 보험사의 보험금 청구 처리 방식이 불필요한 검토 주기로 인해 관료적 지연이 상시 발생한 업무가 점차 달라지기 시작했다. 과거의 노동 집약적 워크플로에서 벗어나기 시작한 것이다. 현대적인 자동화 시스템은 몇 주가 걸리던 청구 처리를 단 몇 분 만에 효율적으로 처리하며, 최종 환자나 고객의 경험에 집중한다. 동시에 프로세스와 심층적인 정량 분석을 활용하여 숨겨진 패턴을 포착해 사기 행위를 방지할 수도 있다. 통찰력 있는 비즈니스 리더는 대다수의 청구가 일상적이며 명확한 가이드라인 내에 들어맞는다는 점을 이해하고, 이러한 청구 집행을 신속하게 처리한다. 이는 다시 한 번, 더 깊은 인간의 판단이 필요한 영역의 복잡한 비즈니스 과제로 노동력을 전환할 수 있게 해준다.

모든 도구나 방법론이 그러하듯, 자동화 역시 신중하게 적용되어야 한다. 잘못된 프로세스나 이미 비효율적인 프로세스를 자동화하는 것은, 통제 불능의 기술이 이로운 것보다 해로운 일이 더 많다는 오해를 더욱 심화시킨다. 이러한 이해를 바탕으로 비즈니스 리더는 정보 기술 투자 수익을 극대화하고 인재 풀의 활동을 최적화하기 위해 자신의 자원을 더 효율적으로 투입할 수 있다. 안타깝게도 우리는 가장 뛰어난 인재들이 여전히 자동화할 수 있는 일상적인 업무에 매몰되어 있는 모습을 자주 목격한다. 이는 자원의 낭비이며, 조직이 가진 가장 소중한 자산인 '사람'의 잠재력을 끌어내는 것을 방해한다. 사람은 판단력을 발휘하고, 비즈니스 통찰력과 본능을 사용하여 여러 데이터를 연계하며, 직관을 통해 예상치 못한 상황에 대처하고 새로운 해석이 필요한 일을 해결할 수 있는 존재이기 때문이다.

데이터와 분석을 인간의 판단력과 결합하는 우리의 정량적 직관 프레임워크와 마찬가지로, 자동화의 모범 사례는 결국 하이브리드 자동화 방식으로 이어진다. 하이브리드 자동화 방식에서는 일상적이고 단조로운 업무는 자동화하지만, 더 복잡하거나 미묘한 차이를 다루어야 하는 업무는 인간 전문가에게 맡긴다. 사실, 미래에는 자동화가 전화를 어디로 연결할지와 같은 반복적인 의사결정에서 인간을 대체할 것이며, 나아가 해당 업무를 언제 자동화할지 아니면 언제 인간에게 넘길지까지 스스로 결정하게 될 것이다. 가장 관계 중심적이고 판단력이 요구되는 업무 중 하나인 영업직의 자동화 사례 연구를 살펴보자. 영업사원은 고객과 장기적인 관계를 구축하는 능력과 소위 '영업 기술'이라 불리는 중요한 역량을 발휘하는 것으로 잘 알려져 있다.

공저자인 오데드는 동료인 야엘 칼린스키-시초어(Yael Karlinsky-Shichor) 교수와 함께 미국의 한 중견 금속 소매업체와 협력하여 영업 조직의 가격 책정 의사결정을 자동화하는 작업을 진행했다.[4] 이들은 각 영업사원의 과거 가격 결정 데이터를 사용하여, 고객으로부터 들어오는 견적 요청 가격을 예측하는 모델을 만들었다. 그런 다음, 영업사원들이 견적 가격을 책정하기 전에 자신들의 과거 가격 결정 패턴을 바탕으로 산출한 추천 가격을 미리 볼 수 있도록 하는 현장 실험을 실행했다.

그들은 영업사원들에게 자기 자신의 '로봇 버전'을 보여주는 것이 의사결정의 일관성을 높이고 수익성을 향상시킨다는 사실을 발견했다. 자동화된 버전의 자기 자신이라면 해당 견적에 얼마를 책정했을지 알려줌으로써, 영업사원들이 이전 견적의 수락 또는 거절 여부에 과도하게 반응하는 것과 같은 심리적 편향을 피하도록 도울 수 있었다. 또한 가격 책정이 최적의 모델에서 벗어나는 정도를 통해 영업사원의 현재 피로도나 집중력을 파악할 수 있다. 하지만 고객의 긴급성 수준이나 특정 견적에 대한 가격 민감도처럼, 자동화 모델은 알 수 없지만 영업사원만이 가진 가치 있는 정보가 존재하는 경우도 분명히 있었다. 이러한 상황에서는 모델의 가격을 따르기보다 인간의 직관과 판단을 따르는 것이 더 유익하다. 연구원들은 일부 견적 요청은 자동화된 모델이 처리하고, 나머지는 영업사원이 처리하는 하이브리드 자동화 시스템을 설계하는 것이 최적의 자동화 전략이라는 사실을 발견했다.

구체적으로 연구원들은 인간의 판단이 필요한 복잡한 견적 요청이나 신규 고객의 요청은 영업사원에게 배정하고, 보다 일반적인 견적 요청은 자동화된 모델이 처리하도록 하는 것이 효과적임을 발견했다. 사실 이들은 2단계 자동화 시스템을 제안했다. 첫 번째 단계에서 자동화 모델은 특정 견적의 가격을 책정할 때 자신이 인간보다 더 잘 수행할 수 있는지 여부를 먼저 예측한다. 모델이 스스로 할 수 있다고 판단하면 직접 가격을 책정하며, 반대로 인간의 판단이 개입되는 것이 유리하다고 판단하면 숙련된 영업사원에게 해당 건을 전송한다. 따라서 자동화를 단순히 개별적인 결정을 내리는 수단으로만 볼 것이 아니라, 인간의 판단력이 필요한 시점을 포착하여 적절한 인적 자원에게 과업을 배분하도록 추천하는 시스템으로 이해할 수 있다.

영업 조직 자동화 연구의 추가적인 이점은 자동화가 조직의 지식과 영업사원의 직관을 시스템 내에 유지하는 데 도움이 되었다는 점이다. 즉, 사람에게 도움이 되는 자동화 기술인 것이다. 자동화 시스템에 대한 영업사원들의 반응은 자신들이 부재 중일 때 누군가 다른 사람이 고객의 전화를 대신 받더라도 자신을 '복제'한 모델이 있다는 것이 매우 유용하다는 것이었다. 이러한 자동화 시스템은 직원이 질병이나 출산 및 육아 휴직으로 인해 어쩔 수 없이 자리를 비워야 할 때도 그들의 지식과 판단력을 회사 내에 유지할 수 있게 해주며, 그들이 필요한 휴가를 더 평온하게 보낼 수 있도록 돕는다. 또한, 해당 직원이 퇴사하고 다른 사람이 업무를 인계받을 때, 전문가의 판단력과 직관을 시스템에 유지하면서 신규 채용자를 교육함으로써 훨씬 더 수월한 업무 전환을 가능하게 한다.

아이러니하게도 과업의 자동화를 가속하는 정량적 방법론의 발전은 오히려 리더가 정량적 도구에 덜 집중하게 만드는 결과를 가져올 수 있다. 데이터 수집이나 데이터 분석과 같은 많은 정량적 과업들이 자동화될 것이기 때문이다. 이를 통해 리더는 전통적인 정량적 기술보다는 종합적 사고, 판단력, 통찰력, 직관 및 의사결정이 필요한 가장 중요하고 도전적인 과업에 더 집중할 수 있게 된다. 다시 말해, 자동화는 정량적 직관 리더의 역할

중 정량적 분석(Q)의 비중은 줄이고, 직관(I)의 비중은 높이는 결과를 초래할 것으로 예상된다.

예측과 디지털 트윈

조직 내의 고위 경영진부터 실무진에 이르기까지 모두 자동화를 통해 가치를 얻는 데 큰 관심을 두고 있지만, 자동화의 진정한 가치가 무엇인지에 대해서는 여전히 서로 상충하는 견해가 존재한다. 시장조사기관 IDC에 따르면, 대부분의 조직은 조직 내부의 자동화에만 집중하고 있으며, 이는 실제로 생산성 향상으로 이어진다. 하지만 기업이 비즈니스의 민첩성과 유연성을 진정으로 확보하려면 기업 내부에 갇히지 말고, 자동화의 영역을 기업 너머와 산업 생태계 전반으로 확장해야 한다. [5]

비즈니스 리더가 인간의 개입이 반드시 필요한 영역을 스스로 정의할 수 있다는 사실을 깨닫기 전까지는 자동화의 심층적인 도입을 망설이는 경향이 있다. 하지만 자동화 시스템은 정보처리 속도를 비약적으로 높이면서도, 워크플로 내에 인간을 배치하여 가장 중요한 선택을 내리도록 설계할 수 있다. 비즈니스 리더는 자동화 시스템의 향상된 속도를 활용해 실시간으로 여러 대안을 빠르게 계산하고, 의사결정자에게 최적의 선택지들을 제안하는 구조를 구축할 수 있다.

과거에는 시스템이나 모델 내부의 입력값과 출력값 사이의 관계가 파악되었을 때, 입력값의 변화가 결과에 미치는 영향을 살피는 민감도 분석을 통해 대안을 검토할 수 있었다. 그러나 이제 자동화된 프로세스에 대한 민감도 분석은 정적인 내용에 지나지 않는다. 이제는 시뮬레이션, 에이전트 기반 모델, 그리고 디지털 트윈과 같은 새로운 기술이 적용된다. 이제는 가상의 시나리오를 계산할 수 있는 동적 민감도 분석이 가능해졌다. 이러한 시뮬레이션은 전체 공정이나 기업 전체에 대한 실시간 이벤트 기반 모델을 생성한다. 디지털 트윈은 물리적 개체(예: 모터나 제조 라인) 또는 전체 비즈니스 프로세스(예: 공급망)를 상세하게 묘사한 가상 모델로, 이를 통해 시뮬레이션을 실행하고 성능 문제를 파악하며 개선 권고안을 만들어낸다. 이는 7장에서 논의한 바와 같이 의사결정자가 자신의 결정을 사전에 압박 테스트하여 검증해볼 수 있게 한다.

디지털 트윈 시스템의 유산은 NASA가 우주로 보낸 각 우주선과 똑같은 복제품인 '아날로그 트윈(Analog Twin)'을 지상에 제자하던 시절로 거슬러 올라간다. 1960년대 당시에는 고도의 컴퓨팅 능력이 없었음에도 불구하고, 지상의 아날로그 트윈을 활용해 다양한 대안을 시뮬레이션하고 검토함으로써 비행 책임자가 우주 비행사들에게 최적의 해결책을 권고할 수 있었다. 이와 마찬가지로 오늘날의 비즈니스 리더들 역시 팬데믹이나 자연재해, 군사적 갈등과 같은 위기 상황뿐만 아니라, 일상적인 경영 환경에서도 복잡하고 실시간적인 비즈니스 현황 파악과 그에 따른 모델링을 통해 얻는 통찰력에서 큰 가치를 발견하게 될 것이다. 비즈니스 리더는 실시간 데이터, 분석적 통찰력, 그리고 자신의 직관 사이에서 균형을 잡으며 대안을 검토함으로써, 제조 라인이 끊임없이 가동되고 고객을 위한 제품 재고가 선반에 항상 채워지도록 실시간으로 계획을 수정하고자 할 것이다. 핵심 프로세스에 디지털 트윈을 도입함으로써 리더는 실시간으로 조직을 운영할 수 있다. 또한 실제 상황이 전개됨에 따라 발생하는 대안들을 결정할 때 5V를 고려하며 더욱 높아진 자신감을 바탕으로 대처할 수 있다.

빠듯한 일정과 그보다 더 박한 이익 마진을 가진 소매업체를 생각해 보자. 공급망을 최적화하면, 곧 이익 개선으로 직결된다. 공급망을 모델링하기 위해 디지털 트윈을 구축하면 자산 간의 세부적인 상호작용을 파악할 수 있다. 여기에 제조 라인 및 배송 정보와 같은 내부 시스템을 실시간 교통, 날씨, 지역 경보와 같은 외부 시스템과 연동하여 양방향 정보 흐름을 동기화하면, 공급망이 분 단위로 어떤 영향을 받는지 실시간으로 파악할 수 있다. 비즈니스 리더는 시스템의 한 부분에서 발생한 지연이 외부 요인에 의해 발생했다는 사실을 즉시 파악할 수 있다. 예를 들어, 주요 운송 경로가 갑자기 폐쇄된 경우 폭풍으로 인한 도로와 공항 봉쇄라는 외부 요인에 의해 발생했음을 파악하여 대안을 마련할 수 있다. 예측 모델링을 활용하여 최적화된 새로운 거점으로 운송 중인 물품을 전환하거나, 향후 2주 동안 다른 지역의 2차 공급업체로 변경하는 등의 대안을 선택할 수 있다. 이처럼 리더는 단순한 추측이 아닌 데이터 기반 통찰력과 비즈니스에 대한 자신의 본능 사이에서 균형을 잡음으로써, 더 나은 선택을 빠르고 명확하게 내릴 수 있게 된다.

방대한 컴퓨팅 파워, 신규 및 기존 시스템과의 상호 운용성, 고속 네트워크, 그리고 가정과 모바일 기기에서 사용 가능한 고화질 비디오 기능 덕분에 디지털 트윈은 '디지털 환자 트윈'을 통해 의료 분야에서 더욱 중요한 역할을 맡을 수 있다. 모바일 건강 추적기와 점점 더 정교해지는 센서의 확산으로, 실시간 가상 의사 진료는 단순한 화상 통화보다 조금 나은 수준이었던 초기 원격 의료 경험을 훨씬 뛰어넘게 될 것이다. 가까운 미래에는 디지털 환자 트윈이 가상 공간이나 공유된 메타버스에서 가상 의사와 만나는 일이 가능해진다. 실제 환자와 의사가 수 마일 떨어져 대화를 나누는 동안에도, 의사는 센서를 통해 디지털 환자 트윈에 공급되는 신호와 환자의 전체 모델과 지표들을 실시간으로 확인할 수 있다. 그동안 의사들은 환자들이 항상 "네, 괜찮습니다"라고 말하는 거짓 신호를 배제해 왔으며, 짧은 진료 시간 동안 환자의 실제 상태에 대한 데이터와 직관을 연계해야만 했다. 하지만, 가상 디지털 환자 트윈 진료를 통해 의사는 센서를 통해 실시간으로 전달되는 환자의 통증 신호를 확인하는 동시에, 이를 환자의 과거 데이터와 대조해 볼 수 있다. 즉, 심장 기능, 활동량, 수면 패턴, 혈액 검사 등 지난 30일이나 수개월, 어쩌면 환자의 평생에 걸쳐 축적된 생체 지표들을 종합적인 관점에서 비교 분석하는 것이 가능해진다. 환자가 실제로 느끼는 바를 제대로 설명하지 못할 때도 의사는 "물론입니다. 회복을 위해 노력 중이시군요"라고 말하며 대화를 이어갈 수 있다. 하지만 이때 의사는 디지털 환자 트윈에서 얻은 데이터 분석 결과와 환자에 대한 자신의 직관, 그리고 의학적 전문 지식을 결합하여 적절한 처방과 진단을 내릴 수 있다.

확률론적 사고 vs. 결정론적 사고

우리는 어릴 때부터 대부분의 질문에는 정답과 오답이 있다고 배운다. 사실 우리는 단 하나의 정답이 존재한다고 믿도록 길들여져 있다. 그래서 단 하나의 절대적인 답을 찾지 못하면, 우리는 얼어붙고 만다. 결정할 수 없는 단 하나의 정답을 찾아 헤매는 동안 개인과 가족, 기업, 그리고 국가 경제 전체가 마비될 수도 있다.

수학이나 컴퓨터 과학에서는 초기 상태나 특정 입력값을 정확히 안다면, 잘 정의된 시스템의 미래 상태를 계산할 수 있으며 항상 같은 결과를 얻게 된다. 이러한 결정론적 사고는 우리에게 안도감을 주지만, 무작위성과 다양한 대안을 다루어야 하는 현실 세계에서는 착각에 가깝다. 또한 결정론적 사고가 요구하는 정밀함은 인간의 본래 사고방식과도 일치하지 않는다. 우리는 대부분의 질문에 여러 회색 지대가 존재한다는 것을 본능적으로 알고 있다. 예를 들어, 기후 변화를 되돌릴 수 없는 지점을 이미 넘어섰는가? 팬데믹은 언제 끝나는가? 이러한 질문들에 대해 절대적인 수치와 높은 신뢰도를 가진 단 하나의 답을 내놓을 수 있겠는가?

우리는 어떤 질문에 대해서든 100% 사실로 증명되는, 단 하나의 대수적이고 실증적인 답을 찾으려 고집한다. 이는 이름이나 사실, 진실처럼 우리 모두가 명확히 알 수 있는 '인증된 데이터'와 같은 영역이다. 예를 들어, 어느 식당의 좌석 수가 몇 개인지 묻는다면 그 대답은 단 하나의 진실된 숫자로 존재한다. 하지만 토요일 저녁 8시에 6명 자리를 예약할 수 있느냐는 질문을 받는 순간 상황은 훨씬 복잡해진다. 우리는 이처럼 결정론적인 절대 정답을 얻기 힘든 상황에 직면하면, 정답이 없는 상태에 갇히지 않기 위해 직관을 발휘해 그 돌파구를 찾는다.

이를 위해, 우리는 더 많은 절대적인 데이터를 모은다. 해당 식당은 예약을 받지 않으며, 현재 저녁 8시 타임에 약간의 여유 좌석이 있고 대기 명단도 없는 상태다. 그다음으로 확률론적 통찰을 더해본다. 가벼운 눈 예보가 있지만, 이곳은 연말 시즌의 맨해튼 극장가이며 대부분의 쇼는 저녁 8시 전에 시작된다. 이제 더 이상의 추가적인 사실은 없으며, 당신은 오직 발생 가능한 확률들을 따져볼 수 있을 뿐이다. 그렇다면 당신의 직관은 좌석이 있을 것이라고 말하는가, 아니면 다른 식당을 찾아보라고 하는가?

인간의 경험과 상호작용은 명확한 사실에 일련의 관찰이나 사건에 대한 기대를 결합하는 활동의 연속이며, 이는 '대안들의 분포'라는 표현으로 가장 잘 설명할 수 있다. 이러한 확률론적 관점은 우리가 찾는 절대적인 정답과는 정반대되는 개념이다. 하지만 이것이 현실 세계를 모델링하는 가장 현실적인 방법이다. 확률론적 접근 방식은 모델(즉, 질문 자체)의 불확실성과 데이터의 불확실성을 모두 고려하면서, 무엇이 타당한지를 결정하고자 노력한다.

앞서 논의한 머신러닝 예측 모델과 디지털 트윈의 장점은 이러한 무작위성을 처리하고, 가능성에 기반한 예측과 가정 시나리오를 생성하는 데 최적화되어 있다는 것이다. 이러한 도구들은 불확실성의 정도와 그것이 의사결정에 미치는 영향을 정량화하기 쉽게 만들어 준다. AI 관련 박사 학위가 없는 비즈니스 리더라도 가설(질문)로부터 추론하거나 결론을 도출하는 과정은 프로그래밍으로 처리할 수 있으며, 설명 가능하다는 점을 인식하는 것이 핵심이다. 간단히 말해, 기업은 비즈니스 로직과 가용 데이터에 확률을 적용하여 불확실성을 줄이고 결과를 예측할 수 있다.

정량적 직관에 기반을 둔 비즈니스 리더는 확률론적 AI 모델이 제공하는 데이터 분석과 제안 사항을 자신의 비즈니스 통찰력 및 직관과 연계한다. 이를 통해 단순히 실행 가능한 것이 무엇인지를 넘어, 자신의 사업과 고객이 수용할 수 있는 최선의 선택이 무엇인지 파악한다. 미래의 AI 리더는 데이터를 사용하여 불확실성을 줄이는 데 그치지 않고, 시뮬레이션과 디지털 트윈을 활용해 다양한 대안 시나리오에 따른 결과까지 면밀히 검토할 수 있게 될 것이다.

할리우드 영화에서 자주 강조하듯이, 새로운 기술은 파괴적일 수 있다는 믿음이 널리 퍼져 있다. 따라서 기술을 조기에 도입하는 리더들은 안전과 보안에 중점을 두는 것이 현명하다. 리더는 의사결정의 미래를 연구하는 선도적인 기관들에 의지하여, 쏟아져 나오는 새로운 방법론과 도구들을 의사결정에 어떻게 활용할지 지침을 얻을 수 있다. 또한 고도화된 분석 기술과 AI 시스템 제어를 넘어, AI를 책임감 있고 투명하며 안전하고 공정하게 적용할 수 있는 구조와 규범을 세우는 거버넌스 프레임워크가 반드시 필요하다. 이 책이 출판될 당시, 미국 국립표준기술연구소(NIST)는 2022/23년 겨울 출시를 목표로 'AI 위험 관리 프레임워크'를 검토하고 있었다. 그들의 목표는 "AI와 관련하여 개인, 조직 및 사회가 직면한 위험을 더 잘 관리하고, AI 제품, 서비스, 시스템 설계, 개발, 사용 및 평가 과정에서 신뢰성 고려 사항을 통합하는 능력을 향상하는 것"이다.[6]

딜로이트나 IBM 등에서 제공하는 현재의 '신뢰할 수 있는 AI'

상용 프레임워크들은 AI의 개인정보 보호, 민첩성, 설명 가능성, 그리고 새롭게 부상하는 규제 준수에 관한 지침을 제공한다. 미래의 리더들은 이러한 프레임워크를 통해 데이터 지능과 인간의 판단력을 결합하여 실제 실행으로 옮기는 정량적 직관의 균형을 인식하게 될 것이다.

신뢰할 수 있는 AI 프레임워크

글로벌 회계·컨설팅 기업 딜로이트는 여섯 가지 영역을 설명하는 '신뢰할 수 있는 AI(Trustworthy AI™)' 프레임워크를 제공한다.[7]

· **공정성과 객관성:** AI 시스템이 모든 참여자에게 공정하게 적용될 수 있도록 내부 및 외부 점검 체계를 갖추고 있는지 평가한다.

· **투명성과 설명 가능성:** 데이터가 어떻게 사용되고 AI가 어떤 과정을 거쳐 의사결정을 내리는지 참여자가 이해할 수 있도록 돕는다. 알고리즘, 속성, 상관관계는 모두 검토 가능하도록 개방되어야 한다.

· **책임감과 책임 소재:** AI 시스템이 내린 결정의 결과에 대해 누가 책임을 질 것인지 명확히 판단할 수 있도록 조직 구조와 정책을 수립한다.

· **견고성과 신뢰성:** AI 시스템이 인간 및 다른 시스템으로부터 학습할 수 있는 능력을 갖추었는지, 그리고 일관되고 신뢰할 수 있는 결과를 도출하는지 확인한다.

· **개인정보 보호:** 데이터 프라이버시를 존중하며, 고객 데이터를 고지된 목적 이외의 용도로 사용하지 않는다. 고객이 자신의 데이터 공유 여부를 직접 선택할 수 있도록 보장한다.

· **안전과 보안:** 물리적·디지털적 피해를 일으킬 수 있는 잠재적 위험(사이버 위험 포함)으로부터 AI 시스템을 보호한다.

이와 유사하게, 인간 중심의 신뢰할 수 있는 AI를 향한 IBM의 접근 방식은 다음과 같이 제안한다. [8]

· **설명 가능성:** 신뢰는 이해를 통해 형성된다. AI가 어떤 과정을 거쳐 결정을 내렸는지, 그리고 어떤 요인들이 그 결정에 영향을 미쳤는지 파악하는 것이 무엇보다 중요하다.

· **공정성:** 편향싱이나 데이터의 변질을 완화하기 위해 적절한 모니터링과 안전장치를 마련함으로써, 모든 사람에게 더 공정하고 평등한 대우가 보장되도록 한다.

· **견고성:** 대규모로 운영되는 신뢰할 수 있는 AI는 외부의 적대적 위협과 잠재적 침입으로부터 스스로를 방어하여 시스템의 건강성을 유지한다.

- **투명성:** 투명성은 신뢰를 강화한다. 다양한 역할을 가진 이해
  관계자들과 정보를 공유하는 과정은 더 깊은 신뢰를 낳는다.
- **개인정보 보호:** AI 시스템은 학습 단계부터 실제 운영 및 거
  버넌스에 이르기까지 데이터의 전 생애 주기 동안 개인정보
  를 안전하게 보호한다.

더 좋은 의사결정을 위한 시간 확보

자동화에서 시작해 예측 모델링과 디지털 트윈 시스템으로, 그
리고 다시 확률론적 사고와 AI의 도입으로 이어지는 일련의 진
화는 우리에게 마지막 질문을 던진다. 이러한 방식과 수많은 새
로운 기술이 확산됨에 따라 우리에게 주어질 새로운 역량을 가
지고, 인간인 우리는 과연 무엇을 할 것인가?

낙관적으로 본다면, 일상적이고 단조로운 업무들이 신속하게
처리되고 관리되면 우리는 진정으로 중요한 일에 집중할 추가
시간을 계획할 수 있다. 우리는 실제로 창의성에 집중할 수 있
게 될 것이다. 아이러니하게도 더 많이 자동화하고 더 복잡한 기
술을 적용할수록, 우리는 인간적인 차원에서 무엇이 더 중요한
지 논의할 시간을 갖게 될지도 모른다. 향후 수십 년 동안 기업
리더들은 깊이 있는 정량적 이해와 직관적인 사고방식 사이에서

끊임없이 균형을 잡아야 할 것이다. 사실, 정량적 분석의 속도와 복잡성에 대응하기 위해 훨씬 더 높은 수준의 직관이나 인간적인 고려가 요구될 수도 있다.

가속화되는 데이터 기반 영역과 AI 분야를 제대로 모니터링하고 관리하며 신뢰할 수만 있다면, 정보의 진정한 투명성이 확보될 것이다. 또한 상호 의존적인 시스템과 조직 간의 협력이 원활해짐에 따라, 개인과 기업이 서로를 지금보다 더 깊이 신뢰하는 것도 가능해질 것이다.

그 결과 어떤 일이 일어날 수 있을까? 시스템이 의사결정 프로세스의 전반을 처리할 수 있게 되면, 기존의 제약들이 사라지면서 혁신의 속도가 더욱 빨라질 수 있다. 오늘날 통제되지 않고 단절된 채 불확실하게 흐르는 정보를 관리하는 데 쏟아붓는 방대한 노력과 자원, 그리고 창의성을 이제는 좀 더 생산적으로 사용할 수 있을 것이다. 즉, 새로운 비즈니스를 빠르게 성장시키고, 운영 모델을 발전시키며, 혁신적인 신제품을 출시하는 데 재투입할 수 있게 될 것이다.

정량적 직관에 기반을 둔 현명한 인재들이 전략적으로 사고할 수 있는 더 많은 시간을 갖게 되는 것, 이것이 바로 우리 앞에 놓인 거대한 도전 과제들을 해결하고 '수치보다 결정(decisions over decimals)'을 우선시하는 길이다.

완벽한 결정은 없다,
오직 실행을 위한 결정뿐

■ 사람들이 발견의 순간이라고 생각하는 것은, 사실 질문을 발견하는 순간이다.

— 조너스 소크(소아마비 백신을 개발한 미국의 의과학자)

책의 마지막에 다다랐으니, 다시 처음으로 돌아가 보는 것이 도움이 된다. 의사결정이란 무엇인가? 본질적으로 의사결정은 '변화'를 의미한다. 즉, 무언가를 기존과 다른 방식으로 하는 것을 고려해야 하는 시점을 뜻한다. 본래 인간은 변화에 적응하도록 설계되지 않았으며, 오히려 변화에 저항한다. 리더의 역할은 고객, 동료, 또는 이해관계자들이 이러한 변화를 편안하게 받아들일 수 있도록 이끄는 것이다.

그렇다면 어디서부터 시작해야 할지 스스로 질문하고 있을지 모른다. 책을 다 읽은 시점에서 보면 당연해 보일 수 있지만, 그

동안 IWIK, 역방향 사고법, 혹은 페르미 추정 같은 기법들을 실제로 활용해 왔는지 자문해 보라. 더 나은 의사결정자가 되고 싶다면 '질문'과 '직관', 즉 1장, 4장, 5장에서 다룬 '의외성'과 '맥락'이라는 두 가지 기술을 구축하는 것부터 시작하라. 이들의 결합은 다른 사람들을 설득하여 행동을 이끌어내는 원동력이 된다.

다음번에 분석가가 지난 3주 동안 작성한 30페이지 분량의 표와 텍스트로 가득 찬 발표 슬라이드를 들고 당신을 찾아온다면, 평소와는 다른 길을 택해야 한다. 그들이 공유하려는 내용에 관심이 있고 분석가 역시 자신의 결과물을 보여주고 싶어 하겠지만, 이 시점에서 그들에게 간단한 질문을 던져볼 것을 권장한다. "무엇이 가장 의외였습니까?" 혹은 "데이터를 작업하면서 놀라웠던 점 한두 가지만 말해줄 수 있습니까?"

이 질문을 하면 보통 두 가지 결과 중 하나에 도달하게 된다. 분석가가 느낀 의외성이 당신이 알고 있는 맥락적 관찰을 통해 쉽게 설명되는 경우라면 분석 과정에서의 오류를 찾아낼 수 있다. 반대로, 당신과 분석가 모두가 몰랐던 흥미롭고 예상치 못한 무언가를 함께 발견하게 될 수도 있다. 어느 쪽이든 당신은 논의를 한 단계 진전시킨 셈이다. 이는 분석가가 세부 사항을 꼼꼼히 살펴보는 본연의 임무에 충실했는지를 확인하는 과정이라기보다, 진정으로 중요한 문제에 대해 사려 깊은 대화와 수준 높은 논의를 시작하는 과정에 가깝다. 이를 통해 분석가는 전략가로 거듭나기 시작한다. 또한, 이는 10장에서 논의한 대로 분석가가 번역가로서의 역량을 쌓도록 돕는 과정이기도 하다. "무엇이 가장 의외였습니까?"라는 간단한 질문은 군더더기를 걷어내고 바로 요점으로 들어가게 만든다. 그리고 유용한 통찰을 즉각적으로 드러내며, 분석가가 모든 슬라이드를 일일이 설명해야 하는 수고를 덜어준다. 당신은 리더로서 의외의 발견, 즉 새로운 배움이나 설명되지 않는 데이터가 주는 놀라움에 열린 자세를 가져야 한다. 다른 사람들이 이상치라고 부르는 데이터 속에는 종종 풍부한 배움의 기회가 숨어 있다. 색다른 대화가 가능한 공간을 마련하라. 예상치 못한 것을 공유하게 함으로써 새로운 학습의 불꽃을 일으켜야 한다.

새로운 배움과 밀접하게 연관된 것이 바로 맥락이다. 인간은 패턴을 파악하고 유사점과 차이점을 인식하는 데 매우 능숙하다. 반면, 사물을 절대적인 수치만으로 평가하는 데는 서투르다. 따라서 4장에서 논의한 바와 같이, 어떤 숫자를 마주하든 반드시 그 맥락을 물어야 한다. 모든 데이터 포인트를 세 가지 각도로 살펴보라. 즉, 절대적인 수치뿐만 아니라 시간에 따른 변화 추이, 그리고 경쟁사나 벤치마크와의 상대적 비교를 병행하여 논의해야 한다. 사람들을 움직여 행동하게 만들고 싶다면 데이터를 반드시 맥락 속에 놓아야 한다. 심지어 가정에서도 누군가 "이게 믿어져?"라고 말을 꺼낼 때 신중하게 맥락을 묻는 시도를 해보라. 대화가 얼마나 더 풍성하게 발전하는지 확인할 수 있을 것이다.

우리가 진정으로 중요하게 여기는 것은 행동을 이끌어내는 것이다. 우리는 저자이자 학자이기도 하지만, 그 이전에 실무자다. 《데이터로 질문하고 직관으로 결정하라》는 비즈니스의 최전선에서 일하며 탄생했다. 데이터를 수집하고 스프레드시트에 파묻혀 고민하던 시절부터, 승리하는 전략을 수립하고 팀을 성장시키며 이끄는 리더가 되기까지의 과정에서 우리는 끊임없이 배웠다. 또한 우리는 치열한 토론의 대상이 되기도 했고, 도전적인 회의에 참여했으며, 비즈니스 세계에서 가장 뛰어나고 성공적인 리더들로부터 매서운 질문 공세를 받으며 단련되기도 했다.

우리는 경청하고 관찰했다. 그리고 더 나은 의사결정으로 이끄는 사람, 프로젝트, 회의의 기저에 깔린 역동성을 해석하는 데 매료되었다. 어떤 결정은 채택되고 어떤 결정은 거부되는지, 그 이유를 이해하기 위해 끝없는 호기심을 가졌다. 그러다 빅데이터가 폭발적으로 증가했다. 우리는 넘쳐나는 데이터의 호수에서 수영하고, 데이터 창고를 거닐며, 데이터 큐브를 돌려보았다. 이것이 답이 될 것이라고 확신했다. 데이터 기반의 의사결정이 모든 문제를 해결할 연고가 되리라 믿었다. 하지만 놀랍게도 그것은 진정한 정답이 아니었다. 사람들은 마치 소방 호스에 직접 입을 대고, 뿜어져 나오는 물을 마시는 것 같은 압박감을 느꼈다.

처음에는 모호했지만 그림이 서서히 선명해지기 시작했다. 데이터는 필수적이지만, 그게 전부가 아니었다. 핵심은 데이터 지능과 인간의 판단력 사이의 균형에 있었다. 우리는 그 적절한 균형을 잡는 방법을 연구하고, 이를 공식화하면서, 좀 더 폭넓게 검증하기 시작했다. 기법과 핵심 질문들을 다듬어 다양한 산업과 기업, 그리고 여러 직무 경험을 가진 이들에게 가르쳤다. 컬럼비아대학교에서 7년 동안 정량적 직관을 가르치며, 의사결정 프로세스의 격차를 이해하기 위해 한 가지 질문을 던졌다. "의사결정과 관련하여 당신이 겪는 가장 큰 어려움은 무엇입니까?" 돌아온 일관된 답변은 데이터 탐색이 아니라, '질문'과 '실행'에 관한 것이었다. 우리는 수년간의 연구와 교훈을 체계화하기 위해 '정량적 직관(QI™)'이라는 개념을 개발했다. 이는 리더들이 더 빠르고 훌륭한 의사결정을 내리도록 돕고, 불완전한 정보 앞에서도 확신을 가지고 나아가는 민첩한 팀을 구축할 수 있게 하기 위함이다.

실무적인 교훈이 먼저 나왔고, 이 책은 그다음이었다. 우리가 논의하는 내용은 정확하게 따라야 할 공식화된 방법론이 아니라, 필요에 따라 쉽게 적용할 수 있는 일련의 기법들이다. 정량적 직관은 일종의 즉각 대응 도구 세트와 같다. 그 방식은 폭포수처럼 일방적으로 떨어지는 것이 아니라, 재즈 연주처럼 서로 오간다. 의미가 있다고 판단되는 지점부터 시작하여, 인접한 질문이나 기법들을 순차적으로 탐색해 보라. 이러한 움직임이 통찰을 어떻게 진전시키는지 관찰하고, 때로는 무엇이 중요한지에 대한 프레임을 재설정하기 위해 논의의 주제로 되돌아가 보기도 해야 한다. 처음에는 일부 도구를 익히는 데 노력이 필요할 수 있지만, 계속 사용하다 보면 이러한 도구들이 일상적인 업무와 조직에 완전히 스며드는 '무의식적 역량' 단계에 도달하게 된다(40쪽 프롤로그 [자료 P-2] 참조). 즉, 도구 자체가 직관이 되는 것이다. 《데이터로 질문하고 직관으로 결정하라》를 언제든 다시 찾아보는 참조 매뉴얼로 활용하기 바란다.

이 책에서 공유한 접근 방식들을 적용하면 팀의 사고력은 높아지고, 또 다른 대화의 문이 열리며, 승리하는 전략을 수립하기 위한 질문을 던지기 시작할 것이다. 당신은 명확하고 더 나은 의사결정을 주도함으로써 조직의 성장을 돕는 필수적인 역할을 하고 있음을 깨달아야 한다. 오늘날의 디지털 시대는 더 빠른 의사결정을 요구하지만, 의사결정은 종종 변화의 촉매제가 되기보다 안전한 선택으로 도망치려는 성향을 반영한 합의에 의해 이루어지곤 한다. 이러한 데이터 기만적 환경은 뉘앙스와 통찰을 놓치고 대안에 대한 균형 잡힌 시각을 잃은 채, 완벽한 데이터와 분석, 그리고 완벽한 결정만을 좇는 무모한 사고방식을 부추긴다. 불확실성을 제거하기 위해 끊임없이 데이터를 조사하고 데이터의 양을 늘려가도 성장은 좀처럼 뒤따르지 않는다. 우리는 이미 가지고 있는 데이터에 의문을 제기하고, 더 많고 더 나은 데이터와 분석을 계속 요구하지만, 정작 직관적으로 무엇을 해야 할지 알고 있음에도 실행에 옮기지 못하는 무력함에 좌절하곤 한다. 통찰력 있는 리더들은 이것이 잘못된 접근 방식임을 알고 있다. 리스크 없이 비즈니스를 성장시킬 수는 없으며, 데이터만으로는 결코 완벽한 결정을 내릴 수 없다.

더 나은 의사결정자가 되기 위해 단순히 더 뛰어난 분석가가 되려고만 하지 마라. 이 개념이 바로 정량적 직관의 핵심이다. 분석은 복잡한 문제를 더 잘 이해하기 위해 세부 구성 요소를 상세히 평가하는 과정이다. 이는 반드시 필요하지만, 행동을 이끌어내기에는 충분하지 않다. 행동을 이끌어내려면 이해관계자들을 데이터가 아닌 의사결정을 중심으로 결집시켜야 한다. 거창한 분석 모델이 아니라 의사결정의 순간에 그들을 참여시켜야 한다. 세부 요소로 파고드는 대신 맥락을 제공해야 하며, 요약이 아닌 종합을 해야 한다.

우리가 살고 있는 세상, 즉 정보의 과잉과 끊임없는 연결, 그리고 디지털 미래가 지배하는 세상은 혼란과 의심이 자라나기 쉬운 토양이다. 우리는 더 많은 데이터와 완벽한 정답을 쫓느라 진정으로 중요한 문제의 실마리를 잃곤 한다. 당신은 이러한 대화의 흐름을 바꾸는 데 필수적인 역할을 해야 한다. 기존의 패턴을 깨뜨려라. 맥락과 의외성 사이의 동맹을 구축하라. 그리고 현업 부서와 리서치/인사이트팀 간의 파트너십을 구축하라. 그들에게 커피 한 잔을 대접하며 공간을 마련하고, 반짝이는 통찰이 겉으로 드러날 수 있게 하라.

앤드루 랭의 명언 중 하나를 인용하며 마무리하겠다. "사람들은 술 취한 사람이 가로등을 이용하듯 통계를 이용한다. 조명이 아니라 지탱하기 위해서 말이다." 우리는 모두 사람들이 데이터를 통찰이 아닌 지탱하는 수단으로만 사용하는 상황을 많이 봐왔다. 정량적 직관은 빅데이터를 무시하지 않으면서도 그 너머를 생각하는 힘을 길러줄 것이다. 또한, 완벽한 결정이란 존재할 수 없음을 인정하는 동시에 완벽만을 쫓는 태도에서 벗어나게 해줄 것이다. 그 결과는 앞길을 비추는 의사결정으로 나타날 것이다. 그 결정들이 완벽하지는 않더라도, 당신을 앞으로 나아가게 할 것이다. 핵심은 테스트와 학습에 열린 자세를 갖는 것이며, 선원이 바뀌는 바람에 맞춰 돛을 조절하며 나아가듯 끊임없이 경로를 수정하는 것이다.

어떠한 중대한 과업도 제대로 해내려면 결코 혼자서는 불가능하다. 이번 발견과 창조의 여정이 현실이 될 수 있었던 것은 수많은 이들의 지원과 도움 덕분이었다. 우리 개개인에게 직접적으로 영향을 준 분들을 언급하기에 앞서, 이 책을 구체화하는 데 역할을 해준 특별한 분들에게 감사의 마음을 전하고자 한다.

우선 이 책의 시작 단계에서 의견 청취자 역할을 해주었던 저널리스트이자 편집자, 방송인인 조지 콕스에게 감사를 전한다. 그녀는 기획 초기 단계에서 초기 원고들로 이어졌던 우리의 의식의 흐름을 묵묵히 들어주었다. 아이디어를 구체화하는 혼란스러웠던 초기 작업 과정에서 우리를 중심을 잃지 않게 붙잡아주고, 각자의 아이디어가 더욱 돋보이도록 도와준 조지에게 깊이 감사한다. 그녀는 우리의 첫 번째 편집자였을 뿐만 아니라 이제는 소중한 친구가 되었다. 또한 우리의 사고를 날카롭게 다듬어

주고, 메시지가 명확하고 설득력 있으며 매력적으로 전달될 수 있도록 힘써준 편집자 카렌 브로트소스에게도 감사를 표한다.

책을 쓰는 것은 쉽지 않은 작업이다. 빈 페이지는 그 자체로 두려움인 동시에 새로운 가능성을 나타내는 신나는 도전이다. 우리는 세 명의 저자가 함께함으로써 이 도전의 난도를 낮출 수 있었다. 대신 세 개의 목소리를 하나로 엮어야 했고, 다양한 아이디어들이 조화를 이루어야 했다. 각자가 개인적인 생각을 표현하며 역량을 발휘하는 동시에, 친숙하게 공유된 내용을 바탕으로 흐름에 맞춰 정렬할 수 있었던 '정량적 직관 재즈 트리오'를 결성하게 된 것을 행운으로 생각한다. 방금 당신이 읽은 내용은 지난 7년 동안 함께 가르쳐 온 세 사람의 최신 결과물이며, 그 속에서 우리의 조화가 독자에게도 들렸기를 바란다.

이 심포니에 화음을 더해준 수많은 친구와 동료들은 컬럼비아 대학교의 정량적 직관 프로그램에서 기꺼이 시간을 내어 찬조 강연을 해주었다. 트레이시 거서, 에릭 코이비스토, 토드 트라우트, 스콧 펜버시, 트레이시 캠비스, 톰 갈리지아, 타니샤 고든, 피터 반더슬라이스, 리사 눈, 아시프 하산, 바렛 레스터, 맥스 커비, 그리고 크리스 데이비에게 깊은 감사를 표한다. 또한 출판 제안서 초안과 카탈로그 홍보 문구를 검토해주고, 이 책의 다양한 측면을 다듬는 데 다각도로 풍부한 조언과 지원을 아끼지 않은 케이티 버클리, 브랜트 크루즈, 사라 구지노, 히텐드라 와드와, 마티아스 버크, 폴 잉그램, 데이비드 로저스, 니콜라스 파디야, 그리고 릭 레이크에게도 감사를 전한다. 이들은 매번 결정적인 의사결정의 순간마다 우리의 곁을 지켜주었으며, 문자 한 통이나 전화 한 통에도 주저 없이 응답하며 가장 값진 조언을 건네주었다. 진심으로 감사드린다.

마지막으로 몇 가지 개인적인 소회와 감사의 인사를 전하며 마무리하고자 한다.

크리스토퍼 프랭크

많은 분들이 책을 쓰는 여정을 함께 도와주었지만, 나의 가족보다 더 특별하고 힘이 되어준 존재는 없다. 데이터를 맥락 속에서 파악하는 일의 중요성에 대해 끊임없이 이야기하는 내 말을 들어주고, 무엇이 그들을 놀라게 했는지 질문을 던져주었으며, 이 창의적인 여정을 지지해준 미셸, 알렉산더, 로런에게 감사를 전하고 싶다. 그들은 이 책의 제목과 부제, 그리고 표지 디자인을 결정하는 과정에서 나의 포커스 그룹이 되어 주었다. 이들이 보내준 사랑과 지지, 격려는 나에게 세상의 전부와도 같다. 특히 미셸은 반려견 엔조와 함께 산책하며 각 장의 아이디어를 나눌 때 놀라운 의견 청취자 역할을 해주었다. 인내심이 깊고 친절하며, 자신의 아이디어를 아낌없이 나누어 주었다. 그녀는 언제나 내 곁을 지켜주는 존재이다.

폴 매뉴니

교육을 거의 받지 못한 이민자의 아들로서, 최고의 교육을 받고 산업계와 학계의 거대한 전당에서 일할 수 있었던 것이 얼마나 큰 행운이었는지 잘 알고 있다. 하지만 결국 최선의 길을 안내하는 것은 상식인 경우가 많기에, 나에게 호기심과 근면함, 그리고 훌륭한 판단력을 심어주신 부모님 알베르토와 그라치아에게 감사드린다. 나를 더욱 단단하게 지탱해주는 것은 아내 수잰의 사랑과 지지, 그리고 아름답도록 창의적이고 탐구적인 마음을 가진 아이들 루크와 이브다. 아이들이 각자의 여정을 시작함에 따라 우리는 가끔 나의 어린 시절 교훈을 되새기곤 한다. 하지만, 우리 모두는 최고의 순간이 아직 오지 않았음을 알고 있다.

오데드 네처

학자로서 나는 멘티와 멘토의 역할을 모두 경험할 수 있었던 행운을 누렸다. 이 두 역할은 이 책에 반영된 나의 발전과 사고를 형성하는 데 큰 영향을 주었다. 정량적 기술과 직관을 결합하는 첫걸음을 가르쳐 주신 나의 박사 과정 지도 교수님들, 짐 라틴 교수님과 스리니바산 교수님께 형용할 수 없는 빚을 지고 있다. 마찬가지로 내가 매일 배움을 얻고 있으며, 나에게 '데이터를 파고드는 수사관'이라는 명성을 안겨준 나의 수많은 박사 과정 제자들에게도 깊은 감사를 표한다. 이 책을 읽으면서 이제 데이터에 적절한 맥락을 반영하기를 바란다. 무엇보다 이 여정 내내 끝없는 지지와 격려를 보내준 나의 가족에게 감사한다. 수전, 탈리아, 엘라, 그리고 아비브는 아이디어의 아주 초기 단계부터 내용 개발과 집필, 그리고 제목과 디자인 선택에 이르기까지 이 책에 관한 수많은 토론의 의견 청취자가 되어 주었다. 그들은 자신들의 의사와 상관없이 이 책의 주요 학습 내용 중 많은 부분을 반복하고 암송할 수 있을 정도가 되었다. 나의 아내 수전은 원고의 많은 부분에 대해 매우 귀중한 조언과 검토 의견을 주었을 뿐만 아니라, 언제나 내 곁에서 지지와 격려를 보내주었다. 수전, 당신은 나의 든든한 버팀목이오. 또한 멀리서도 변함없이 조건 없는 지지를 보내준 드로라, 도론, 카르밋과 그들의 가족들에게도 특별한 감사를 전한다. 이 책을 쓰는 동안 나는 수년 전 돌아가신 나의 아버지 막스와 수없이 마음속으로 대화를 나누었다. 나는 특정 문장이나 단락, 혹은 개념에 대해 '아버지는 어떻게 생각하셨을까? 무어라 말씀하셨을까?'라고 자주 자문하곤 했으며, 그때마다 돌아본 아버지의 생각은 언제나 정확했다. 나의 아버지는 내가 만난 사람 중 가장 호기심이 많은 분이었을 뿐만 아니라, 우리가 이 프레임워크를 세상에 내놓기 수년 전부터 이미 훌륭한 정량적 직관을 갖추고 계셨던 분이다.

프롤로그. 확실성에 대한 잘못된 믿음

1. Howell, William Smiley. *The Empathic Communicator.* Wadsworth Publishing Company, 1982.

2. "2013 State of the Industry: Juice & Juice Drinks." *Beverage Industry,* July 10, 2013.

3. "The Great Juice Rush of 2013." *QSR,* March 2013.

4. Salamouris, Ioannis S. "How Overconfidence Influences Entrepreneurship." *Journal of Innovation and Entrepreneurship,* 2013, 2(1): 1–6.

5. Kahneman, Daniel, and Shane Frederick. "Representativeness Revisited: Attribute Substitution in Intuitive Judgment." *Heuristics and Biases: The Psychology of Intuitive Judgment,* 49 (2002): 81.

6. Chabris, Christopher F., and Daniel J. Simons. "The Invisible Gorilla: And Other Ways Our Intuitions Deceive Us." *Harmony,* 2010.

2장. 문제의 프레임 설정하기

1. The Current and Future State of the Sharing Economy, Brookings India IMPACT Series NO. 032017, March 2017.

2. Kaufman, Sarah M., and Jenny O'Connell. "Citi Bike: What Current Use and Activity Suggests for the Future of the Program." NYU Rudin Center for Transportation, February 2017. Available at: link.

3. Maizland, Lindsay. "A Chinese Company Tried Making Umbrella–Sharing a Thing. It Didn't Go Well. *Vox.com,* July 11, 2017.

4. Osborn, Alex F. (Author) and Lee Hastings Bristol (Foreword). *Applied Imagination: Principles and Procedures of Creative Thinking.* Scribner Book Company, Revised Edition, Paperback, April 1, 1979.

3장. 마지막에서 시작하는 역방향 접근법

1. Andreasen, Alan R. "Backward Market Research." *Harvard Business Review,*

1985, 63(3): 176 – 182.

2. Bryar, Colin, and Bill Carr. *Working Backwards: Insights, Stories, and Secrets from Inside Amazon*. Pan Macmillan, 2021.

4장. 데이터를 집요하게 파고드는 수사관

1. Wagner, Clifford H. "Simpson's Paradox in Real Life." *The American Statistician*, February 1982, 36(1): 46 – 48.

6장. 분석에서 종합으로

1. Minto, Barbara. *The Minto Pyramid Principle*. Minto International Inc., 1996.

7장. 의사결정의 순간

1. Deloitte. "About the Business Chemistry Types." Available at: https://www2.deloitte.com/us/en/blog/business-chemistry/2019/the-4-types.html.

2. AWS. From "Elements of Amazon's Day 1 Culture." Available at: https://aws.amazon.com/executive-insights/content/how-amazon-defines-and-operationalizes-a-day-1-culture/.

3. Available at: https://www.metoffice.gov.uk/research/approach/modelling-systems/dispersion-model.

4. Available at: https://www.usgs.gov/programs/VHP/comprehensive-monitoring-provides-timely-warnings-volcano-reawakening.

8장. 의사결정의 전달

1. Campbell, Joseph. *The Hero with a Thousand Faces*, 3rd Edition. New World Library, 2008 (originally published in 1949).

2. Robson, David. "How East and West Think in Profoundly Different Ways." *BBC Future*, January 19, 2017. Available at: https://www.bbc.com/future/article/20170118-how-east-and-west-think-in-profoundly-different-ways.

3. Dawkins, Richard. *The Selfish Gene*, 2nd Edition. Oxford University Press, October 25, 1990.

9장. 의사결정의 추적

1. Ospina Avendano, D. (2020). Available at: www.toolshero.com/change-management/beckhard-harris-change-model.

2. Beckhard, Richard, and Reuben T. Harris. *Organizational Transitions: Managing Complex Change.* Reading, MA: Addison-Wesley Publishing Company, 1987.

3. Available at: http://pastatenaacp.org/wp-content/uploads/2017/03/Beckhard-Harris-Change-Model-DVF.pdf.

4. Mdletye, Mbongeni, Jos Coetzee, and Wilfred Ukpere. "The Reality of Resistance to Change Behaviour at the Department of Correctional Services of South Africa." University of Johannesburg, *Mediterranean Journal of Social Sciences.* 5(3): 548. doi:10.5901/mjss.2014.v5n3p548.

5. Available at: https://www.sec.gov/Archives/edgar/data/1018724/0001193125 16530910/d168744dex991.htm.

6. Iyengar, Sheena. *The Art of Choosing,* Paperback, Twelve; Reprint Edition. March 9, 2011.

7. Available at: https://circleforward.us/consent-is-a-third-option/.

10장. 정량적 직관 문화 만들기

1. Davenport, T. H., and Patil, D. J. "Data Scientist." *Harvard Business Review,* 2012, 90(5): 70 – 76.

11장. 데이터 기반 의사결정과 AI

1. Chui, M., J. Manyika, and M. Miremadi. "Where Machines Could Replace Humans—and Where They Can't (Yet)." McKinsey Quarterly, July 2016. Available at: https://www.mckinsey.com/~/media/mckinsey/business%20functions/mckinsey%20digital/our%20insights/where%20machines%20could%20replace%20humans%20and%20where%20they%20cant/where-machines-could-replace-humans-and-where-they-cant-yet.pdf.

2. Kumar, A., and R. Telang. "Does the Web Reduce Customer Service Cost? Empirical Evidence from a Call Center. *Information Systems Research,* 2012, 23(3-part-1): 721 – 737.

3. Frank, M. R., D. Autor, J. E. Bessen, E. Brynjolfsson, M. Cebrian, D. J. Deming,

... and I. Rahwan. "Toward Understanding the Impact of Artificial Intelligence on Labor." *Proceedings of the National Academy of Sciences*, 2019, 116(14): 6531 – 6539.

4. Karlinsky-Shichor, Y., and O. Netzer. "Automating the B2B Salesperson Pricing Decisions: a Human-Machine Hybrid Approach." *SSRN*. Presented May 6, 2019. Last revised November 18, 2020. Available at: https://papers.ssrn.com/sol3/papers.cfm?abstract_id=3368402.

5. Lava, Shari. "Why Automation Leveraging Shared Expertise and Operations Is the Future of Industry Ecosystems." *IDC*, 2022. Available at: https://www.idc.com/getdoc.jsp?containerId=US48969222.

6. Available at: https://www.nist.gov/itl/ai-risk-management-framework.

7. Available at: https://www2.deloitte.com/us/en/pages/about-deloitte/articles/press-releases/deloitte-introduces-trustworthy-ai-framework.html.

8. Available at: https://www.ibm.com/watson/trustworthy-ai.

옮긴이 | 알렉스 정

커뮤니케이션과 비즈니스를 연결하는 전략가이자 저자다. 연세대학교 신문방송학과를 졸업하고 대학원에서 경영학을 공부했으며, 광고회사에서 스마트폰 광고의 기획·전략을 맡아왔다. 현재는 온라인 전략을 담당하며 브랜드와 소비자의 접점을 설계하고 있다. 지은 책으로 《페르소나 인터뷰》, 《2030 인류학 보고서, 구독, 좋아요, 알림설정까지》, 《소비자와 기업의 행복한 연결, ESG 커뮤니케이션》(공저) 등이 있다.

AI 시대, 데이터와 직관 사이에서 완벽한 균형을 찾는 법

데이터로 질문하고 직관으로 결정하라

초판 1쇄 인쇄 | 2026년 4월 3일
초판 1쇄 발행 | 2026년 4월 14일

지은이 | 오데드 네처·크리스토퍼 프랭크·폴 매뇨니
옮긴이 | 알렉스 정
펴낸이 | 전준석
펴낸곳 | 시크릿하우스
주소 | 서울시 마포구 월드컵북로 400 서울경제진흥원 5층 23호
대표전화 | 02-3153-1355
팩스 | 02-3153-1356
이메일 | secret@jstone.biz
블로그 | blog.naver.com/jstone2018
페이스북 | @secrethouse2018
인스타그램 | @secrethouse_book
출판등록 | 2018년 10월 1일 제2019-000001호

ISBN 979-11-94522-34-8 03320